KB216672

태공 월주 큰스님 법문집

태공 월주 큰스님 법문집

세간과
출세간이

둘이
아니다

민족사

머리말

●

"스님, 스님을 뵈면 인도의 간디 같아요. 참 많이 닮으셨어요."
"스님, 건강 비결이 무엇인지요? 정말 젊어 보이십니다."

살아오면서 사람들에게 가장 자주 듣는 말이 이 두 가지입니다. 그
냥 지나칠 수도 있는데, 나는 매사 곧이곧대로 받아들이는 편인지라 곰
곰 생각해 본 적이 있습니다. 초등학교 6학년 때 교장선생님께 간디의
얘기를 듣는 순간 매료되었고, 내 가슴에 자리 잡은 분입니다. 나는 불
보살님의 가르침을 믿고 그 가르침대로 살아가려 애쓰는 수행자로서
불보살님 다음으로 존경하는 분이 간디입니다.

사실 간디와 닮았다는 말을 듣는 것조차 부끄러울 정도로 부족한 사
람이지만, 그런 말을 들을 때마다 그분의 삶을 떠올리게 되고, 그와 같은
삶을 살아야겠다는 생각을 더욱 확고히 갖게 되었습니다. 내가 대사회

적인 복지운동, 사회운동, 평화운동, 인권운동에 관심을 가지고 꾸준히 활동하게 된 것도 간디의 영향을 받았다고 할 수 있습니다.

한편 사람들이 건강 비결을 물을 때마다 생각해 봅니다. 사실 나는 어릴 적에 많이 아팠습니다. 그런데 타고난 태생적인 병을 치유하고 이 나이까지 건강한 삶을 유지하고 있으니 내가 생각해도 신기할 따름입니다. 이 모든 것이 부처님과 부처님의 가르침 덕분입니다.

제법종연생(諸法從緣生)

제법종연멸(諸法從緣滅)

인연 따라 생하고 인연 따라 멸하는 법입니다. 이 세상만물이 연기의 이치로 이루어졌다는 것을 알고 연기법대로 살아가다 보면 번뇌 망상이 사라집니다. 연기법을 알면 탐진치 삼독심에 끄달리지 않게 됩니다. 그래서 항상 마음이 편안하고, 섭생을 잘하고 무리하지 않으면 건강은 따 놓은 당상입니다. 마음의 안정, 섭생과 아울러 손꼽을 수 있는 것은 행복입니다. 그래서 언제 가장 행복했는지 생각해 보았습니다.

사실 수행자에게 가장 큰 행복은 수행의 법열을 느낄 때입니다. 그래서 법열만큼 행복한 때를 돌이켜 보니 주위 사람들이 기뻐하고 행복해 하는 모습을 볼 때였습니다. 지구촌공생회에서 마실 물이 없어 고통받는 이들에게 우물을 파주고 완공식(우물 200개·600개·1,000개·2,000개 완성 시 완공식 거행, 2016년 6월 현재 2,243기 완공)을 할 때 그 나라의 지도자들과 관계자들, 수많은 마을 주민들이 참석합니다. 그렇듯 각계각층에서 구름처럼 모여든 사람들이 좋아하는 모습, 교실이 없어서 천막을 치고 공부하던 아이들에게 학교를 지어주고 나서 방문했을 때 아이들과 선생님들, 마을주민들의 환한 웃음과 행복한 표정을 보면서 나 역시 기쁘고 행복했습니다.

요즘 세상은 변화가 빠른 만큼 인과응보도 빠릅니다. 내생까지 갈 것도 없습니다. 베풀면 즉각 받게 됩니다. 물질을 약간 나누었을 뿐인데, 내 것만 나눠준 게 아니라 여러 사람들이 십시일반 정성을 모은 것을 심부름한 게 더 많은데, 세상 사람들이 가장 중요하게 여기는 건강과 행복을 받았으니 인과응보가 얼마나 즉각적으로 나타나는지 새삼 깨닫게 되었습니다.

나는 평소 '귀일심원(歸一心源) 요익중생(饒益衆生), 본래의 마음자리로 돌아가서 중생을 이익케 하라', '천지여아동근(天地與我同根), 만물여아일체(萬物與我一體), 천지가 나와 한 뿌리요, 만물이 나와 한 몸'이라는 가르침을 강조하고 있습니다. 이는 부처님께서 깨달으신 연기법의 다른 표현입니다. 나와 남이 둘이 아닌 연결된 존재요, 상대방을 위하는 것이 곧 자기 자신을 위한 것임을 아는 것만으로도 평화로운 세상을 만들 수 있습니다. 그러고 보면, 나의 일생은 연기법에 입각해서 보현행원(普賢行願)을 실천하기 위해 노력해 온 삶이라 할 수 있습니다.

요즘 가족이 해체될 정도로 세상이 각박해지다 보니 관계론이 주목받고 있습니다. 지금까지 인류사에 출현한 가장 아름다운 관계의 법칙이 바로 연기법입니다. '이것이 있으므로 저것이 있다'는 연기법을 깨치면 자기 혹은 자기 것에 대한 집착과 그로 인해 파생된 망상이 사라지고 저절로 자비보살행이 나오게 되어 있습니다. 수행자가 출가 초기에 경전을 공부하고 화두를 들고 참선 수행을 하는 것도 연기법을 깨닫고자 하는 것입니다. 궁극적으로는 자비보살행을 실천하는 데 있습니다.

불교는 지혜와 자비의 종교입니다. 지혜의 수행과 자비행의 실천이 수레의 양쪽 바퀴와 같고 새의 양 날개와 같이 균형을 이뤄야 합니다. 그런데 그동안 한국불교는 수행에만 지나치게 치우친 측면이 있었습니다. 나는 이러한 한국불교의 풍토를 반성하면서 세상 사람들과 어떻게 기쁨과 슬픔을 나눌 수 있을까를 고민하였습니다. 그리고 '누군가 앞장서야 한다면 내가 하자' 하는 생각으로 임하다 보니 번다할 정도로 많은 소임을 맡아서 다양한 활동을 하게 되었습니다.

불법재세간(佛法在世間)
불리세간각(不離世間覺)
이세멱보리(離世覓菩提)
흡여구토각(恰如求兎角)

불법은 세간에 있으며
세간을 떠나서 깨닫지 못하네.
세간을 떠나서 보리(깨달음)를 찾는다면
그것은 마치 토끼뿔을 구하는 것과 같다.

위와 같은 육조 혜능 대사의 말씀처럼 불법은 세간에 있습니다. 사람들의 소리를 듣고 무엇을 원하는지 잘 살펴서 밥이 필요한 사람에게는 밥을 주고, 약이 필요한 사람에게는 약을 주어야 합니다. 이렇게 기본적인 삶의 질을 높여주고 법(佛法)을 베풀어 줄 때 모래사장에 물이 스며들 듯이 법을 받아들일 수 있습니다. 밥과 법을 함께 나누는 삶, 자비와 지혜가 함께하는 삶이 되어야 합니다.

아주 오래 전부터 상좌들을 위시해서 여러 지인들이 그동안 해 온 법문을 모아 책으로 출판하라고 권유했습니다. 그 때마다 "부처님께서는 한평생 중생들을 찾아다니시며 교화의 수레바퀴를 굴리시고도 단한마디도 설한 바 없다고 하셨는데, 내가 무슨 법을 설했다고 법문집을 내겠느냐"며 사양했습니다.

그런데 몇 년 전부터 내 회고록을 준비하던 상좌들이 법문집을 함께 출판하는 것이 좋겠다며 "스님의 수행과 포교 원력이 담긴 법문집은 혼돈과 불안의 이 시대에 우리 삶의 거울이요, 이정표가 될 것입니다. 한국 현대불교사의 산증인이라 할 수 있는 스님의 법문은 우리 불교계가 나아갈 방향을 제시하고, 더 나아가 혼탁하고 어지러운 이 시대에 새로운 희망의 불씨가 될 것입니다"라고 권청하는데 더 이상 거절할 명분이 없었습니다.

바로 지금 이 순간까지도 법복이 무겁게 느껴지는데, 내가 그동안 조계종 총무원장, 우리민족서로돕기 운동본부 상임공동대표, 금산사와 영화사 조실, 지구촌공생회 이사장, '나눔의 집' 이사장, 함께 일하는 재단 이사장 등의 소임을 맡고 있으면서 해온 법문과 축사, 권두언, 인터뷰 기사 등의 편린을 모아 한 권의 책으로 엮고 보니 부끄럽기 짝이 없습니다. 회고록과 일정 부분 중복된 내용도 없지 않을 것입니다. 그 점

미리 독자 제현의 양해를 바랍니다.

　모쪼록 한 줄이라도 세상 사람들에게 위안이 되고, 이익이 되고, 조금이라도 고통에서 벗어나게 하고 행복의 나침반이 된다면 더 이상 바랄 나위가 없겠습니다. 감사합니다.

　나무 석가모니불

　나무 석가모니불

　나무 시아본사 석가모니불.

　불기 2560년(2016년) 중추가절에

　모악산 금산사 만덕전에서

　태공월주 합장

차례

제2장

보현행이 곧 깨달음이다

제3장
나눔이 희망이다

제4장
불법은 세간에 있다

제1장.

영원히
사는 길은
무엇인가?

모두가 평화롭게
사는 길

○

"오직 마음을 불도에만 두어 항상 자비를 행하며 스스로 성불할 것을 알고 결정코 의심이 없으면 이는 작은 나무요, 신통에 편안히 머물러 물러나지 않는 법문을 설하며 무량한 천 백 억의 중생을 제도한다면 이와 같은 보살은 큰 나무다. 부처님의 평등한 말씀은 한 맛을 지닌 비와 같다. 중생의 성품에 따라 받아 지님이 같지 않으니 저 초목마다 각기 다르게 받는 것과 같다."

– 묘법연화경 약초유품

●

오직 마음을 불도에 두고 자비를 행하며 성불할 것을 알고 결정코 의심하지 않고 수행하는 것이 최상의 길이라는 생각을 가진 분들이 많습니다. 그런데 위의 인용문을 보면 이는 작은 나무입니다. 법문을 설해서 수많은 중생을 제도하는 보살이야말로 큰 나무입니다. 또한 부처님의 말씀은 한맛을 지닌 비와 같은데 중생의 근기에 따라 많이 받기도 하고 적게 받기도 한다는 말씀에서 반성을 하기도 하고, 위로를 받기도 했을 것입니다. 오늘 법문에 앞서 귀한 인연으로 이 자리에 모이신 여러분 모두 이왕이면 작은 나무보다는 큰 나무가 되시라는 염원으로 말쏟드렸습니다.

'나는 누구인가?'
'어디에서 태어나 어디로 가는 것인가?'
'영원히 사는 길은 무엇인가?'

여러분 모두 이러한 화두를 품고 살아가실 것입니다. 나 역시 마찬가지로 아주 어릴 때부터 밤하늘의 별을 바라보면서 '나'와 '영원히 사는 길'에 대해 골똘히 사유했습니다. 아마도 일제강점기에 나라 잃은 백성으로 태어나 감수성 예민했던 사춘기 시절에 6·25 사변이라는 동족상잔의 비극을 겪었기 때문일지도 모르겠습니다.

여러분도 잘 아시다시피 전쟁이 종식되고 휴전이 된 상황에서도 남북 간의 대결이 격심해 지고 정치적·경제적·사회적으로 혼란이 극심하여 나라가 무척 어수선한 상황이었습니다. 나는 이러한 사회 상황에 대해서 그냥 지나칠 수 없었습니다. 시대 상황에 직면해서 인생무상을 느끼던 차에 '무상하지 않고 영원히 살 수 있는 길은 무엇일까, 우리 모두가 평화롭게 살아갈 수 있는 길은 없는 것인가?'를 깊이 고뇌하다가 출가 입산하게 되었습니다.

부처님의 가르침에서
길을 찾다

전쟁에서 체험한 뼛속까지 저며 드는 아픔은 존재에 대한 탐구로 발전하고 나아가 우리 모두가 평화롭게 살아갈 수 있는 길에 대해 모색하는 계기가 되었습니다. 혼란한 세상, 어려움에 빠진 이들을 위해 무엇을 해야 할 것인가 고민하다가 나보다 먼저 법주사로 출가한 친구 혜정 스님을 찾아갔습니다. 이런저런 이야기를 나누고, 은사이신 금오 스님을 친견하고 대화를 주고 받으면서 '바로 이 길이다' 하는 생각이 들었습니다. 부처님의 가르침, 출가 수행자의 길에 분명 고뇌를 해결할 진리가 있으리라는 믿음이 생겼습니다. 그래서 불법의 망망 대해에 들어가게 되었습니다. 그 때가 1954년으로 6·25전쟁이 끝난 직후인 세속 나이 스무 살이었습니다.

입산 출가하여 삭발하고 은사스님의 말씀을 따라 행자생활을 하면서 안심입명(安心立命: 안온하고 편안한 경지에 도달하여 자신뿐만 아니라 다른 이에게도 바른 법을 전할 수 있는 경지에 도달함)의 수행생활을 시작하였습니다.

앞에서도 말씀드린 것처럼 당시 사회나 종단이나 매우 혼란스러운 상황이었는데 이럴 때일수록 부처님 법을 널리 펴는 것이 모두가 평화롭게 살아갈 수 있는 길이라는 확신이 들었고, 산사에서의 수도생활은 법열로 충만한 하루하루가 되었습니다.

부처님은 어둠과 미혹을 벗어날 희망의 빛으로 우리 곁에 오셨습니다. 그 빛은 내가, 우리가 있는 그대로 부처임을 깨우쳐 준 지혜의 빛이요, 내가 부처인 만큼 남도 부처이니 보살행을 서원하는 자비의 빛입니다. 지혜와 자비의 마음을 깨우치면 너와 나, 우리도 부처님과 똑같이 불성을 가진 존재임을 깨닫게 됩니다.

부처님을 떠올려 보십시오. 카필라 국의 싯다르타 태자로 태어나신 부처님께서는 스물아홉의 한창 나이에 그가 사랑했던 모든 것들, 아내 야소다라와 외아들 라훌라, 아버지 숫도다나 왕과 카필라 왕국과 화려한 의상, 호화 주택, 최고의 영광과 부귀와 명성 등 보통사람들이 평생토록 갈망하며 추구하는 모든 것들을 집어 던지고 출가를 단행하였습니다. 백마 칸타카를 타고 성문을 나와 스스로 머리를 깎고 맨발로 유행하는 의로운 수행자(修行者)가 되었습니다.

싯다르타는 남쪽으로 발걸음을 재촉하여 갠지스 강을 건너고 당시 인도의 강대국이었던 마가다 국(國)의 수도 라자그리하(王舍城) 근교에 잠시 머물면서 알라라 칼라마와 웃다카 라마풋타에게 선정을 배웠고 다시 서남쪽으로 나아가 네란자라 강(尼連禪河)이 굽이쳐 흐르는 우르웰라 촌(村)의 가야산(伽倻山, Gaya) 고행림(苦行林) 속으로 들어갔습니다. 여기에서 싯다르타는 인류 역사상 보기 드문 혹독한 고행에 몰입하였습니다. '설산(雪山)의 육년고행(六年苦行)'이 바로 여기 가야산에서 처절한 자기 고투(自己苦鬪)를 두고 일컫는 말입니다.

"나의 머리와 살갗은 마치 익지 않은 오이가 말라비틀어진 것 같았다. 뱃가죽을 쥐려 하면 등뼈가 잡히고 일어서려고 하면 머리를 땅에 박고 넘어졌다. 손바닥으로 몸을 만지면 몸의 털은 썩은 모근(毛根)과 함께 뽑혀 나갔다.

이러한 나를 본 어떤 사람은 '사문(沙門: 출가수행자) 고타마(Gotama:

싯다르타의 姓)는 검다' 하고 혹은 '사문 고타마는 갈색이다' 하고 혹은 '사문 고타마는 누렇다'고 하였다."

－『본생경 권1』

석가모니 부처님께서는 뒷날 가야산에서의 고행을 위와 같이 고백하였습니다. 그럼에도 불구하고 그는 '위없는 깨침'을 성취하지 못했던 것입니다. "육체를 괴롭히는 것은 육체의 극복이 아니라 도리어 육체에 대한 고집(집착)을 더한다."(『파리증지부』)는 진실을 깨달았을 때 싯다르타는 자리를 박차고 일어섭니다.

"불사(不死)를 위해 고행을 닦은 나머지 전혀 이익 없음을 깨달았노라. 육지에 놓여 진 삿대와 같이 (맹목적 고행이) 오직 무익한 줄을 마땅히 알라."

－『상응부 경전-4』

싯다르타는 이렇게 소리쳐 선언하고 가야산에서 우르웰라 촌으로 내려왔습니다. 극도의 고행으로 쇠약해진 싯다르타는 네란자라 강에서 몸을 씻고, 소치는 소녀 수자타(Sujata, 善生女)가 올린 유미죽(우유에 쌀을 갈아 넣어 만든 연한 죽)을 먹고 기력을 회복했습니다. 오랫동안 싯다르타를 따르던 다섯 수행자들은 이러한 모습을 보면서 "고타마는 타락하였다"고 비난하며 바라나시로 떠나가버렸습니다. 하지만 싯다르타는 이에 개의치 않고 네란자라 강을 건너 가야의 보리수나무 아래에서 4선을 수행하였고, 온 우주의 상주불변의 연기법을 깨닫게 되었습니다.

어떻게 살 것인지 고민할 때 부처님을 생각하면 곧바로 해답이 나옵니다. 부처님을 닮으면 됩니다. 부처님의 삶에서, 아니 부처님의 출가 정신만 보더라도 우리가 가야 할 길, 영원히 사는 길, 진정한 평화와 행복의 길이 보입니다. 사람들이 꿈꾸는 인생, 보통사람들이 한평생 갈구하는 부귀영화를 헌신짝처럼 버리고 출가하신 부처님을 보면서 마음에 미세한 변화라도 생겼다면 정말 다행입니다. 작은 변화가 더 큰 변화를 불러 일깨우고 부처님처럼 될 날이 멀지 않았기 때문입니다.

어떠십니까? 자기의 작은 욕망을 채우기 위해서 탐내고 성내고 어리석은 마음과 행동을 반성하고 조금씩 줄여나가야겠다는 생각이 드셨습니까? 그러면 성공입니다. 어느 한 순간에 중생심의 껍질을 벗겨내 본래 자기 안에 간직되어 있는 부처의 성품을 드러내어 환골탈태할 수 있습니다.

출가는 곧 크게
돌아오는 것이다

○
"그대들이 위없는 보리심을 일으키면 이것이 곧 출가요,
곧 구족(스님이 되기 위해 계를 받는 의식)이다."
– 유마힐소설경 제자품

●

언제부터인가 우리는 '불교' 하면 곧 '출가'를 생각하게 되었고, 출가 수행자를 떠올립니다. 한편 출가를 해야 불교를 제대로 공부할 수 있다고 생각하는 분들이 아주 많습니다. 물론 출가의 장점도 많고, 불교와 출가의 문제는 서로 떼려야 뗄 수 없는 관계이긴 합니다. 하지만 '출가는 무엇인가?' '진정한 출가 정신은 무엇인가?'라는 물음을 진지하게 생각해 볼 때 출가 수행자들뿐만 아니라 일반 재가불자들도 부처님의 참된 제자가 될 수 있다고 봅니다.

언제나 그러했듯이 우리는 진정한 의미에서의 '최초의 출가 행자'인 싯다르타의 족적을 주시하지 않을 수 없습니다. 싯다르타의 발자국을 충실히 따라갈 때, 우리는 거기에서 하나의 놀라운 변혁을 발견합니다. 그 변혁이 무엇입니까? 그것은 가야산의 육년 고행을 단호히 버리고 의연한 자세로 하산(下山)하였다는 사실입니다. 뿐만 아니라 고행자

로서는 금기(禁忌)로 되어 있는 우유죽을 받아먹고 온갖 계층의 사람들과 어울려 네란자라 강물 속에 첨벙 뛰어들어 육년 동안의 묵은 때를 훨훨 씻어버린 행동은 대단히 상징적인 의미를 갖고 있습니다.

고대 인도의 사회 윤리로 볼 때 싯다르타의 이러한 행동은 명백히 타락이요, 파계요, 수행자로서의 종말을 의미합니다. 실제로 그는 다섯 수행자로 상징되는 기성 수행 집단으로부터 '타락자'로 낙인찍혔습니다. 그러나 싯다르타는 이 엄청난 권위의 손상을 스스로 선택했습니다. 왕위를 계승할 태자로서의 고귀한 자리를 벗어던지고 출가한 것처럼 존경받는 수행자로서의 권위마저 벗어던지고 산에서 내려와 마을에 들어옵니다. 그 때 그는 비로소 사람들을 만나고 세상과 어울리게 되는 것입니다. 그가 버리고 떠난 모든 것들에게로 다시 돌아온 것입니다. 우르웰라 촌장의 딸인 수자타의 유미죽 공양은 다시 돌아온, 아니 참된 의미에서 처음으로 돌아온 싯다르타를 반가이 맞이한 따뜻한 애정과 감사의 몸짓입니다.

여기에서 출가의 의미를 깊이 생각해 봐야 합니다. 출가(出家·pabbajja)는 말 그대로 집을 버리고 떠나는 것입니다. 그러나 우리가 진실로 버리고 떠나야 할 것은 아내와 남편과 부모와 자식과 이웃과 세상이 아니라 탐욕과 증오와 어리석음의 성곽으로 둘러싸인 나와 이 세상과 이 체제의 낡은 껍질이요, 단단한 아집입니다.

그러나 이 너무나도 자명한 진실이 너무도 자주 망각되고 있습니다. 세상을 버리고 산속으로 들어가는 것이 출가요, 수행이라는 위압적인 고집들이 횡행해 왔습니다. 그러기 때문에 이 고집을 부수고 출가와 구족(具足·upasampanna)의 본래 정신을 회복하기 위한 외롭고 의로운 저

항의 물결이 불교사의 지평 속으로 흘러오고 있는 것입니다.

> "출가의 진리는 가족을 떠나고 산중에 들어가는 형식을 말함이 아
> 니라 보리심을 발하여 낡은 고집을 떠남이다."
>
> — 『한용운전집 3권』 유마힐소설경 강의

보리심이 무엇입니까? 위로는 보리 즉 깨달음을 구하고 아래로는
중생을 교화하려는(上求菩提 下化衆生) 마음입니다. 법회 때마다 부르는
사홍서원의 첫 구절 '중생을 다 건지오리다' 하는 그 마음입니다. 마찬
가지로 출가정신 또한 대비(大悲)의 마음, 이 세상으로 돌아와 대중과
하나가 되려는 크나큰 사랑의 마음입니다. 출가는 참 나에 대한 깨달
음에서 더 나아가 모두의 행복과 평화를 위한 큰 사랑의 길이어야 합니
다. 부처님처럼 연기법을 깨달으면 상구보리 하화중생, 자리이타 요익
중생이 그대로 해결됩니다.

우리는 모두 출가 행자

몇 년 전 어느 재벌이 세상에 큰 물의를 일으킨 적이 있습니다. 그
때 그가 "산에 들어가 수도나 하고 싶다"라는 말을 했다고 합니다. 그
때 같은 인간으로서 그의 아픔을 함께 나눠야겠다는 마음이 들면서 동
시에 '입산수도를 그렇게 해서야 되겠는가?' 하는 생각을 한 적이 있습
니다. 세상에서 실패하고 절망할 때 도피하기 위해 산에 들어가 수도하

는 게 아닙니다. 부처님의 위대한 출가정신이 제 의미를 잃고 변색되고 오용되고 있는 이 불행한 현실 속에서 우리는 저 유마힐의 신념과 한용운의 의(義)로 돌아가 불법의 본래 면목을 되찾기 위하여 사명감을 가지고 용맹 정진해야 합니다.

우리가 부처님께 돌아가 부처님의 가르침에 의지하며 합장 귀의할 때 이미 나와 당신은 스스로 출가 행자가 된 것입니다. 부처님 앞에 꿇어 엎드려 예배하는 일은 성곽처럼 낡은 고집을 스스로 버리는 결심이고, 삼귀의를 행할 때 나와 당신은 낡은 아집에서 뛰쳐나와 내 가정과 직장과 이웃과 민중과 세상으로 돌아가기를 진실로 서원하는 것입니다.

싯다르타의 출가를 바라보면서 불자들의 출가는 산으로 들어가는(入山) 데 있지 않고 산을 버리고 이 세상으로 돌아오는 크나큰 용기와 대비의 마음이라는 깊은 뜻을 발견해야 합니다.

그렇다고 해서 산(도량)에서 수행하시는 스님들이 마을과 도시로 모두 내려와야 한다는 얘기는 결코 아닙니다. 우리가 지혜와 자비를 실천하는 수행에 충실할 때 그 도량이 산이든 마을이든 무슨 상관이 있겠습니까?

갈 곳을 잃고 도회의 군중 속에서 방황하는 사람들의 여린 눈빛을 마주할 때마다 큰 아픔을 느낍니다. 삶이 고단하고 힘들지라도 자기 안에 깃든 불성을 알아차리면 삶은 훨씬 더 당당하고 행복할 텐데 하는 안타까움에 가슴을 쓸어내린 일도 적지 않았습니다.

여러분, 질문해 보고 스스로 대답을 해 보십시오.

나는 누구인가?

나는 부처님과 똑같은 불성을 갖춘 세상에서 가장 소중하고 존귀한 존재입니다. 나와 마찬가지로 세상의 생명 있는 모든 것은 다 소중하고 존귀한 존재입니다.

　'어디에서 태어나 어디로 가는 것인가?'

　부모미생전, '부모님이 태어나시기 전의 나는 어디에 있었는가?'를 화두로 삼고 궁구해 보십시오. 제행무상, 모든 만물은 변합니다. 하지만 변한다는 그 사실만큼은 변치 않는 진리이고, 우리 모두는 본래 부처였고, 부처로 살아가야 한다는 것만큼은 변치 않는 진리입니다. 바로 지금 이 자리에서 부처로 살면 됩니다.

　'영원히 사는 길은 무엇인가?'

　무아(無我), 홀로 존재한다고 생각하는 소아적 개념의 나를 버리고, 우리 모두가 연기적 존재임을 깨달아 모든 것을 소중히 여기고 자리이타(自利利他) 요익중생(饒益衆生)의 보살행을 실천하면 그것이 바로 영원히 사는 길입니다.

부처의 눈으로 바라보고
부처의 마음으로 나누라

○

"중생 그 자체가 그대로 진실한 모습입니다. 따라서 모든 것은 진여이며, 성인·현자 그리고 그대까지도 진여입니다. 그대가 최고의 깨달음을 얻으면 모든 중생도 최고의 깨달음을 얻게 될 것입니다. 왜냐하면 모든 중생 그대로가 깨달음의 실상이기 때문입니다. 그대가 깨달음의 경계에 이르면 모든 중생도 깨달음의 경계에 이를 것입니다. 왜냐하면 모든 부처님은 모든 중생이 마침내 깨달음을 얻고 그대로가 열반의 모습이며, 다시는 멸하는 일이 없음을 알기 때문입니다."

– 유마힐소설경 보살품

●

부처로 살 것인가,
평생 중생놀음만 할 것인가

진일심춘불견춘(盡日尋春不見春)

망혜답파롱두운(芒鞋踏破籠頭雲)

귀래우과매화하(歸來隅過梅花下)

춘재지두이시방(春在枝頭已十方)

하루 종일 봄(春)을 찾았으나,

봄(春)은 찾지 못하고,

이 산 저 산 헤매다가

짚신만 다 떨어졌네!

지쳐서 집으로 돌아와 보니

뜰 모퉁이 매화나무 가지마다

이미 봄(春)이 와 있네!

여러분이 잘 알고 있는 위의 게송은 중국 송나라 때 요연(了然) 비구니스님의 오도송(悟道頌)입니다. 이 산 저 산 헤매면서 찾아다닌 봄이 자기 집 매화나무 가지에 있다는 것은 본인이 본래 간직하고 있는 불성을 팽개치며 살고 있지는 않은지 자각하고, 부처님을 밖에서 찾지 말라는 말입니다. 자기 안에 본래 갖춘 불성을 보고 바로 지금 이 자리에서 욕심을 버리고 청정한 마음을 내어 부처님처럼 살아가면 됩니다.

세계적인 천재물리학자인 아인슈타인이 "인류의 희망은 수행의 종교인 불교에 달려 있다"고 말했습니다. 아인슈타인의 말처럼 불교는 수행의 종교입니다. 하지만 우리가 먼저 알아야 할 게 있습니다. 앞에서 언급한 『유마힐소설경』「보살품」의 말씀처럼 중생은 그 자체가 그대로 진실하고, 진여이고, 성인이고, 현자이며 깨달은 존재입니다. 수행은 본래 깨달은 존재임을 확연히 아는 과정입니다. 중생이라는 생각을 품으면 한평생 중생노릇에서 벗어날 수가 없습니다. 그런데 우리가 본래 부처라는 것을 깨달으면 부처 노릇을 하면서 살아갈 수 있습니다. 10분간 부처님을 닮으면 10분 동안은 확실한 부처입니다. 또한 내가 깨달으면 모든 중생이 깨닫는다는 것입니다.

정말 대단한 말씀입니다. 등불을 밝히면 주위가 밝아지듯이 나의 밝음, 나의 깨달음이 곧 중생의 밝음, 깨달음으로 이어집니다. 수행이 어두운 것을 닦는 것이 아니라 본래 밝음을 아는 것이요, 나의 밝음이 모두의 밝음이 된다는 사실만 인식해도 세상이 훨씬 더 평화로워집니다. 참선, 염불, 진언, 독경, 사경 등 각자 자기와 인연이 많은 수행을 하는데 무엇보다 먼저 모든 생명은 부처님처럼 자기 안에 불성을 갖추고 있다는 이치를 믿고 수행해야 한다는 것, 부처가 되기 위해 수행하는 것이 아니라 본래 부처임을 알기 위해 수행한다는 것, 아이가 어른이 되듯이, 본래 부처이기 때문에 부처임을 확실히 알아가고 부처행을 하는 것이 수행입니다.

그런데 보통사람들은 중생심에 갇혀서 중생놀음만 하고 있습니다. 지금 이 순간부터라도 자기 내면의 부처를 믿고, 부처의 눈으로 바라보고, 부처의 마음으로 나누고, 스스로 부처로 살아가겠다는 다짐을 가슴에 새기고 행동으로 옮길 때, 우리는 평정심을 회복하고 영원을 살 수 있습니다.

무엇보다 부처님께서 깨달으신 연기법을 체득해야 합니다. 모든 존재는 서로 서로 이어져 있고, 서로 의지해서 도움을 주고받으며 살아가고 있다는 연기의 이치를 깨달을 때 탐내고 성내고 어리석은 마음이 변화될 것입니다. 부처님께서 제시해 주신 연기법이 바로 모두가 평화롭게 살아갈 수 있는 해법입니다.

하지만 안타깝게도 우리 사회는 연기법을 깨닫지 못한 어리석은 중생들로 인하여 여전히 아집과 편견에 사로잡혀 서로를 헐뜯고 괴롭

힙니다. 나와 피부색이 다르다고 차별하고, 나보다 가난하다고 업신여깁니다. 국민이 아니라 오직 내 편만을 위해 일하는 정치인들도 적지 않습니다. 내 잘못은 무슨 수를 써서라도 덮어버리고, 남의 잘못은 조금도 용서하지 않는 권력자도 간혹 있습니다. 세대 간, 지역 간, 빈부 간 이념갈등이 커지는데도 분열을 통해 자신의 지위와 위상을 격상시키려고 하기 때문에 갈등이 점점 더 확대되기도 합니다.

이렇듯 너와 나는 다르다. 나는 너보다 우월하다는 소아적(小我的) 분별심이 사회를 분열시키고 나라를 혼란에 빠뜨리고 있습니다. 연기법을 일깨워서 모두가 본래 불성을 가지고 있고, 그런 점에서 한 몸, 한 뿌리라는 자각이 필요합니다. 한 사람 한 사람 부처의 마음을 자각하고 부처처럼 행동하는, 부처로 살아가는 운동을 펼쳐 이 땅을 부처님들의 나라인 불국토로 일궈야 할 때입니다.

화쟁은 곧 소통이고
공감과 배려로 귀결된다

일찍이 한국불교사의 위대한 선지식인 원효 스님은 화쟁 사상을 주창했습니다. 화쟁은 특정 종파를 고집하지 않고 불교를 하나의 진리에 귀결시켜 통합하기 위한 대안사상이었습니다. 신라가 주도한 삼국통일 후 고구려와 백제의 유민들을 보듬으며 민족 화합에도 이바지한 사상이 바로 화쟁이었습니다. 한편 화쟁은 한국불교에 원융의 정신이 자리매김하는 데 크게 기여했습니다. 자기만이 옳다고 고집하는 갈등과 반목의 현대사회에서, 소통과 화해로서의 화쟁은 여전히 그 의의가 큽니다.

우리 종단도 일체존재가 한 뿌리라는 연기 중도의 자세로 이념적 편향을 극복하고 불교계와 사회를 계도해 나가야 합니다. 지난 1994년 출범한 조계종 개혁종단도 '깨달음의 사회화'를 위해 사회의 아픔과 고통을 치유하고 갈등 해소에 참여하는 등 종단의 지평을 넓혀 왔습니다. 그러나 20여 년이 지난 오늘 우리의 다짐이 잘 지켜지고 있는지도 깊이 성찰해 봐야 할 것입니다.

화쟁이란 원융무애를 사상적 근간으로 삼아 현실세계의 갈등과 대립을 치유하는 방편이 될 수 있습니다. 각각의 종파들은 자신의 관점에서 다양한 주장을 펼치기 마련입니다. 물론 이들의 주장은 공통적으로 부처님의 말씀을 토대로 했다는 점에서 부분적으로는 진리입니다. 하지만 주장이 달라 보인다고 할지라도 부처님의 가르침으로 회통될 수 있으니 근본적으로는 동일한 것이라고 말할 수 있습니다.

예컨대 장님이 코끼리를 만질 때 누군가는 배를 만지면서 벽과 같다 하고, 누군가는 다리를 만지면서 기둥과 같다고 주장할 수 있습니다. 모두가 자신의 입장에서만 세상만물에 대해 판단하는 데서 생기는 오해입니다. 그런데 이들이 코끼리의 실상을 올바르게 파악하려면 자기 자신이 장님이라는 사실을 인정하고 받아들여야 합니다. 자신이 장님이라는 사실을 인정하지 않은 채 자신의 관점만이 정당하다고 주장한다면 코끼리를 벽이라 하거나 기둥이라고 하는 잘못된 오류를 범하게 됩니다. 자아에 대한 집착에서 비롯된 탐욕과 분노와 어리석음을 참회해야만 비로소 진리의 본래자리에 도달할 수 있습니다.

씨앗이 벽에 걸린 채 씨앗이기만을 고집하고 땅에 뿌려지고 썩지 않으려 고집하면 또 다른 생명으로서 자신을 활짝 꽃피울 수 없습니다. 목적과 의도를 가지고 상대방을 설득하려 들면 공감을 얻기 어렵습니다. 겉으로는 소통을 주장하면서 타인의 의견에는 관심을 기울이지 않고 자신의 의견만을 관철하려는 사람들이 많은데, 이는 진정한 소통의 의미를 모르는 행동입니다.

스스로는 자기주장을 양보하는 마음을 갖지 않으면서 오직 상대방만이 자신의 의견을 들어주고 받아주어야만 소통이라 생각하는 경우도 많습니다. 그렇기 때문에 상대방에게 공감을 얻어내기 어려운 것입니다. 오직 자신을 철저히 비워야만 상대방의 마음을 감동시킬 수 있습니다. 씨앗이 스스로를 희생하고 몸을 던질 때에만 그것은 꽃과 열매로 승화되어 세상을 아름답게 장엄합니다.

또한 내가 아무리 옳다고 우겨도 남이 옳다고 인정해 주지 않으면 무용지물입니다. 나만이 옳고 다른 사람은 틀린 것이 아니라 내가 옳으면 다른 사람도 옳고, 다른 사람이 틀리면 나도 틀렸다는 성찰이 필요합니다. 대승불교에서는 자타불이(自他不二)와 자리이타(自利利他)의 원칙을 표방하고 있습니다. 나와 남이 다르지 않으므로 남을 이롭게 하면 곧 내가 이로워진다는 논리입니다. 상대방을 존중하고 배려할 때 자신도 높아지고 존귀해지는 것이 불교의 이치임을 명심해야 할 것입니다.

씨앗이 벽에 걸린 채 씨앗이기만을 고집하고
땅에 뿌려지고 썩지 않으려 고집하면 또 다른
생명으로서 자신을 활짝 꽃피울 수 없습니다.
목적과 의도를 가지고 상대방을 설득하려 들면
공감을 얻기 어렵습니다. 겉으로는 소통을
주장하면서 타인의 의견에는 관심을 기울이지 않고
자신의 의견만을 관철하려는 사람들이 많은데,
이는 진정한 소통의 의미를 모르는 행동입니다.

인연작복이
최고의 복이다

○

"병이 든 이가 모두 나에게 옴에 내가 다 치료하여 낫게 하며, 다시 향탕으로 몸을 씻겨서 향과 꽃과 영락과 좋은 의복으로 갖가지 장엄을 하고, 모든 음식과 재물을 보시하여 다 충족해서 모자람이 없게 해 준다. 그런 다음 그들에게 각각 알맞게 법을 말하되, 탐욕이 많은 이에게는 부정관을 가르쳐 주며, 미워하고 성내는 일이 많은 이에게는 자비관을 가르쳐 주며, 어리석음이 많은 이에게는 갖가지 법의 모양을 분별하도록 가르쳐 주며, 동등하게 행하는 이에게는 수승한 법문을 나타내 보인다."

– 대방광불화엄경

●

좋은 인연 만들기,
건강과 행복의 비결이다

사람들에게 원하는 것 두 가지를 꼽으라 하면 대부분 건강과 행복을 말합니다. 부귀영화를 누린다 해도 건강을 잃으면 모두 잃는 것이요, 행복하지 않으면 다 무용지물입니다. 그러고 보면 건강과 행복이 인생의 큰 가치인 것은 이론의 여지가 없습니다.

　하지만 건강과 행복보다 더 크고 소중한 것이 있습니다. 이것은 건강하기 위해서, 또 행복하기 위해서 꼭 필요한 것이기도 합니다. 무엇인지 아십니까? 바로 인연작복입니다. 좋은 인연을 짓는 복이 이 세상 최고의 복입니다. 좋은 인연은 개인적으로는 직접적으로 건강과 행복을 가져주지만 사회적으로도 우리의 삶의 환경을 좋게 만들어 주기 때문에 건강과 행복의 나침반이 되기도 합니다. 이렇게 볼 때, 좋은 인연을 짓는 작복이 전제되어야 우리는 더 행복해지고, 더 건강해질 수 있습니다. 『대방광불화엄경』의 말씀처럼 병을 치유해 주고, 옷과 음식과 재물을 충분히 주고, 더 나아가 성품과 능력에 따라 법을 설해주는 인연을 만난다면 그야말로 더 이상 바랄 게 없습니다.

　인연은 본래 불교용어인데, 일상적으로 흔히 쓰는 말인지라 이미 잘 알고 있을 것입니다. 본래 인(因)은 내적이고 직접적인 원인이요, 연(緣)은 외적인 요인, 즉 주변의 여러 조건을 뜻합니다. 쉽게 말해서 인이 씨앗이라면 연은 씨앗을 싹틔우는 데 필요한 땅, 햇볕, 물, 바람 등등 주변 환경의 조건입니다.

　종교는 제각기 만물의 생성에 대한 세계관을 제시하고 있는데, 신이 만물을 창조했다는 종교에 비해서 불교는 원인과 조건, 즉 인연에 따라 만물이 생성되었다가 역시 인연 따라 사라지는 인연생기의 법칙을 제창하고 있습니다. 그런데 우리는 이 법칙을 "다 인연이겠지요." "좋은 인연을 맺어주신 덕분에 위기를 모면할 수 있었습니다."라는 말에서도 알 수 있듯이 인연에 대해 사람과 사람 사이의 관계 또는 사람이 상황이나 일, 사물과 맺어지는 관계로 이해하고 있습니다. 또한 사람들은 아무렇지도 않게 '인연 따라 되겠지'라고 하면서 마치 인연이 아무런 행동을 하지 않아도 되는 것처럼 얘기하는 경우가 많은데 절대 그렇지 않습니다. 감나무 아래에서 감 떨어지길 기다리면 어느 세월에 감을 먹을 수 있겠습니까?

우주 만물이 생성하고 소멸되는 인연법에 대한 고차원적인 이해도 중요하지만, 우리네 삶 속에서 어떻게 해야 좋은 인연을 지을 수 있는지 고민하고, 또 좋은 인연을 짓기 위해 노력하는 자세가 더욱 소중하다고 할 수 있습니다.

좋은 인연 짓고 만나는 법

인연이란 저절로 되는 것이 아닙니다. 좋은 인연을 잘 지어야 합니다. 설령 저절로 된 인연, 우연처럼 보이는 것일지라도 눈에 보이지 않고 느끼지 못해서 그렇지 좋은 인연이든 나쁜 인연이든 전전생부터 자기가 지은 인연의 소치입니다. 부모자식, 일가친지, 스승과 제자, 친구, 이웃, 심지어 이 국토에 태어난 것도 인연 때문입니다. 무엇보다 『법화경』에서 "부처님은 부처님의 지견을 중생에게 열어 보이고 깨달음에 들게 하려는 일대사 인연 때문에 사바세계에 태어나셨다"고 말씀하신 것처럼 아주 귀하디귀한 인연으로 부처님을 만난 것입니다.

이렇게 소중한 인연법을 생각하면 만나는 사람마다 아니 동물이든, 자연 환경이든 모든 인연을 중요시해야 한다는 것을 절감하게 됩니다. 인연작복이 최고의 복이라는 말은 곧 세상의 여러 가지 복 가운데 가장 좋은 복은 좋은 인연을 짓는 복, 다시 말해 좋은 인연을 만나는 복이요, 좋은 인연을 지으면 행복한 삶을 살 수 있다는 이치입니다.

좋은 인연을 어떻게 지어야 할까요? 어렵다면 어렵겠지만 쉽다면 아주 쉬운 방법이 있습니다.

> "성 안 내는 그 얼굴이 참다운 공양구요,
> 부드러운 말 한마디 미묘한 향이로다.
> 깨끗이 티가 없는 진실한 그 마음이
> 언제나 한결같은 부처님 마음일세."
>
> – 문수보살 게송

위의 문수보살 게송처럼 성내지 않고 부드럽게 말하고 진실한 마음으로 살아가다 보면 반드시 좋은 인연을 쌓게 되고 더 큰 복덕으로 돌아옵니다. 좀 손해 보는 듯 양보하고 사소할지라도 상대방을 배려하며 도와주어야 됩니다. 남을 돕는 일이 곧 자기를 돕는 것임을 돕다 보면 알 수 있습니다. 남을 돕는 그 순간 내면에 기쁨이 충만해지는 것만으로도 복을 받은 것입니다. "곳간에서 인심 난다"는 속담을 거론하며 돕고 싶어도 재물이 없어서 돕지 못한다며 하소연하는 분들도 많습니다. 그러나 재물이 없어도 베풀 수 있는 무재칠시(無財七施)가 『잡보장경』에 나와 있습니다.

첫째, 화안시(和顏施)는 부드러운 얼굴로 베푸는 것입니다. 밝은 얼굴로 친절하게 웃으면서 대해 주는 사람, 얼굴빛이 좋은 사람을 보면 마음이 저절로 편안해 집니다. 순간순간 상대방을 대할 때 웃는 모습과 부드러운 얼굴로 온 정성을 다하는 것이야말로 최상의 배려입니다.

언제 어느 때나 부드러운 얼굴, 밝은 미소로 상대방을 대하는 사람은 탄탄대로의 인생이 펼쳐져 있습니다. 부드러운 얼굴로 베풀면 만사형통입니다. 화안시, 좋은 인연을 맺는 가장 쉬운 품격 있는 보시입니다.

둘째, 언사시(言辭施)는 부드럽고 온화한 말, 즉 상대방을 배려하는 말로 베푸는 것입니다. 똑같은 내용도 어떻게 말하느냐에 따라서 상대방을 위로해 줄 수도 있고, 상심하게 할 수도 있습니다.

셋째, 심시(心施)는 마음으로 베푸는 것입니다. 마음으로 어떻게 베풀까 뜬구름 잡는 소리로 들릴지 모릅니다. 절대 그렇지 않습니다. 마음으로 베푸는 것이야말로 큰 힘을 발휘합니다. 재물로 도와주는 것은 한계가 있을 수밖에 없습니다. 하지만 마음은 무한대로 베풀 수 있습니다. 누군가 어려운 사람이 있을 때 그를 위해 정성을 다해서 기도해 주고, 기를 불어 넣어주고, 편안하게 대해주면서 마음으로 응원해 주고 위로해 주어야 합니다. 마음으로 사랑받고 위로받았을 때 절망을 희망으로, 불행을 행복으로 변화시킬 수 있는 힘을 기를 수 있습니다.

넷째 안시(眼施), 맑고 밝은 눈빛으로 베푸는 것입니다. 눈은 마음의 창입니다. 사람을 대할 때 눈빛을 보고 평가하는 경우가 많은데, 실제로 눈빛에 나타난 느낌이 맞을 때가 많습니다. 눈빛을 맑고 밝게 하는 것이야말로 인간관계, 좋은 인연을 맺는 시작이라 할 수 있습니다.

다섯째, 신시(身施), 몸으로 베푸는 것입니다. 요즘엔 몸으로 베푸는 봉사 활동을 할 수 있는 복지기관이 아주 많습니다. 학교에 다니는 자녀를 키우는 주부들이라면 교통 봉사 활동이나 학교 급식 봉사도 할 수 있고, 양로원과 복지관에서도 할 수 있는 봉사활동도 많습니다. 작은 일이라도 남을 위해 몸을 움직여 베풀면 베풂의 기쁨만으로도 몸과 마음 건강에 큰 보탬이 됩니다. 중년 여성들의 경우 평생 공들여 키운 자녀들을 다 성장시키고 나서 허전한 마음에 우울증을 호소하는 경우도 적지 않습니다. 이런 분들일수록 남을 위해 봉사하면 저절로 즐거워지니 일석이조, 삼조의 효과를 거둘 수 있습니다.

여섯째 상좌시(牀座施), 앉을 자리를 베푸는 방법입니다. 지하철이나 버스에서 자리를 양보해 주는 것만으로도 베풀 수 있으니 요즘에는 복 짓고 좋은 인연 맺기도 참으로 편한 시대입니다.

일곱째 방사시(房舍施), 편히 쉴 수 있는 방사를 제공하는 행위입니다. 주거문제가 사회문제로 대두되는 상황에서 어떻게 방사시를 할 수 있겠느냐, 남에게 내 방을 내 주면 나는 어떻게 사느냐고 현실적으로 불가능한 종목이라고 불평하실 수도 있겠습니다. 실제로 자기 방을 내 준다는 것은 쉬운 일은 아닙니다. 완전히 내 준다기보다 손님이 왔을 때 며칠이라도 마음 편히 쉴 수 있도록 자기 방을 내 줄 수는 있지 않겠습니까? 자기 집에 초대하고 자기 방에서 재울 때 정말 좋은 인연으로 발전할 수 있는 기회입니다. 손님에게 쉴 수 있는 공간을 제공하는 것은 그의 마음에 나를 완전하게 자리 잡게 하는, 내 존재감을 확실하게 각인시키는 방법입니다.

좋은 인연을 짓는 복이 최상의 복이라고 한다면 재물 없이도 베풀 수 있는 일곱 가지, 즉 무재칠시는 좋은 인연, 소중한 인연을 만드는 지름길입니다. 좋은 인연 중에서도 최고 인연은 불연(佛緣)을 맺어주는 것입니다. 부처님과 인연을 맺으면 운명이 바뀌고 모든 고통에서 벗어나 무량한 행복을 얻을 수 있기 때문입니다.

귀일심원(歸一心源)
요익중생(饒益衆生)

○

"본래 그대들을 구제하고자 나라와 도성, 눈과 머리, 처자식과 손,
발을 사람들에게 수없이 보시하면서 이제 비로소 해탈을 얻어 위없
는 대적멸을 성취했거니와 마땅히 그대들을 위해 설법하여 널리 감
로의 도를 열어 주리라."

– 불설미륵대성불경

●

　부처님께서 『불설미륵대성불경』에서 말씀하셨듯이 부처님의 본원
은 오로지 귀일심원(歸一心源) 요익중생(饒益衆生), 한마음의 근원으로
돌아가 중생을 이익케 하는 것입니다. 또한 자각각타(自覺覺他) 각행원
만(覺行圓滿), 나도 깨닫고 남도 깨닫게 하고 부처님처럼 행하는 것이야
말로 조계종의 핵심 가르침입니다. 종파를 초월하여 우리의 근본당체
인 부처님을 모시고 부처님을 본받아 부처님의 삶을 닮아가야 합니다.
　어떻게 해야 부처님을 닮을 수 있겠습니까? 부처님은 당신의 제자
들이 어떻게 살아가는 것을 가장 좋아하시겠습니까? 부처님이 어떠한
삶을 사신 분인지 돌아보면 답이 나옵니다.

중생들의 이익과 안락과
행복을 위하여 전도를 떠나라

생로병사(生老病死), 나고 늙고 병들고 죽는 괴로움은 생명이라면 누구나 갖고 있는 것이어서 근본적인 고통이라고 합니다. 부처님은 이 근본고(根本苦)에서 벗어나기 위해 한 나라의 왕이 될 수 있는 태자의 지위를 버리고, 아름다운 아내와 갓 태어난 아들도 뒤로 하고 출가하셨습니다. 이런 부처님의 출가 정신을 조금만 닮아도 근심 걱정이 사라집니다. 세상 사람들의 번뇌 망상의 뿌리가 무엇인지 살펴보면 제 말이 이해가 될 것입니다. 사람들의 번뇌 망상은 부와 명예, 욕망을 갈구하는 데서 옵니다. 그런데 부처님은 세상 사람들이 그토록 갈망하는 것들을 헌신짝처럼 버렸습니다.

부처님처럼 욕망을 버리고 수행을 하면 생로병사의 괴로움은 물론이고, 사랑하는 사람과 헤어지는 애별리고, 싫어하는 사람과 만나는 원증회고, 구하여도 얻지 못하는 구부득고, 오음 즉 오온에 대한 집착이 왕성한 까닭에 생기는 오음성고 등 팔고(八苦)에서 완전히 벗어날 수 있습니다.

부처님은 선정과 고행을 통해 최상의 경지에 올랐으나 완벽한 깨달음이 아님을 알아차리고 홀로 수행을 했습니다. 마침내 보리수 아래에서 연기(緣起)의 이법(理法)을 깨닫고 『화엄경』에 나타난 바대로 다음과 같이 말씀하셨습니다.

"희유하고 또 희유하도다. 일체 모든 중생에게 불성(佛性)이 있구나."

부처님의 깨달음은 인류의 역사상 최고의 혁명이요, 천지가 개벽하는 일이었습니다. 이 세상 모든 중생을 부처님으로 업그레이드시킨 대단한 사건이기 때문입니다. 부처님께서는 당신과 함께 고행했던 다섯 비구들에게 진리의 가르침을 일깨워주기 위해 사르나트의 녹야원으로 가셨습니다. 부처님께서 깨달으신 붓다가야에서 사르나트까지는 장장 250킬로미터나 떨어져 있어서 성인 남자 걸음으로 꼬박 일주일을 걸어야 겨우 도착할 만큼 먼 거리입니다. 인도의 뜨거운 태양볕을 쬐며 걷고 또 걸어서 사르나트의 녹야원에 도착한 부처님께서는 먼저 괴로움에서 벗어나는 네 가지 성스러운 진리인 사성제와 깨달음에 이르는 여덟 가지 길인 팔정도에 대해 설법하셨습니다.

부처님께서 다섯 비구에게 처음으로 가르침을 전한 초전법륜(初轉法輪)은 불교사에 있어 가장 큰 사건입니다. 이를 계기로 부처님의 깨달음이 한 개인에 머물지 않고 불교라는 보편적인 종교로 발전했기 때문입니다. 초전법륜을 통해 부처님은 전법으로 중생 구제가 가능하다는 것을 증명하셨고, 당신은 물론이고 제자들에게도 전법도생(傳法度生)을 가장 중요한 과제로 삼으라고 부촉하셨습니다.

제자들이 60명이 되자 부처님은 '전도 선언'을 통해 중생들의 이익과 행복, 안락을 위해 전법, 전도에 나설 것을 거듭 강조했습니다.

"제자들이여, 신과 인간의 이익과 안락과 행복을 위하여 전도를 떠나라. 처음도 좋고 중간도 좋고 끝도 좋으며 이치에 맞게 누구나 알아듣기 쉽게 진리를 설하라. 사람 중에는 마음의 더러움이 적은 이도 있거니와 법을 듣지 못한다면 그들도 악에 떨어지고 말리라. 들으면 법을 깨달을 것이 아닌가."

- 『아함경』

불교가 무엇입니까? 부처님의 가르침에 대해 묻는 사람들에게 어떻게 대답해 주고 계십니까? 이 질문에 바로 즉답을 해 줘야 불자라고 할 수 있습니다. 불교는 부처님이 깨달으신 연기법(緣起法)을 부처님처럼 깨닫고 실천하는 종교입니다. 연기법은 특별한 게 아닙니다. 우주의 모든 존재, 자연 환경이 상의상관 관계, 다시 말해 서로 서로 의지하고 관계를 맺고 있다는 이치요, 진리 그 자체입니다.

너와 나, 자연과 세상이 홀로 존재할 수 있는지 주의 깊게 살펴보십시오. 모든 존재는 서로서로 영향을 주고받으며 존재합니다. 겉모습은 별개로 떨어져 있지만 다 연결된 한 몸입니다. 첨단 과학이 발전할수록 연기법은 과학적으로 증명이 되고 있습니다. 동체대비, 우리 모두가 같은 몸임을 깨달을 때 큰 자비심이 흘러 나오게 됩니다. 누가 시켜서 자비심을 내고 자비행을 하는 것이 아니라 그냥 저절로 자비행을 하게 됩니다. 이렇게 자비행으로써 중생의 고통을 덜어주는 것이야말로 불교의 궁극적 목적이자 불교의 사회적 존재이유입니다.

또한 다른 생명의 고통을 느낄 줄 알고 다른 생명이 고통에서 벗어날 수 있도록 노력하는 것은 그 자체가 바로 자기수행의 원동력이 됩니다. 더 나아가 개인의 수행이 세상에 대한 이타행과 둘이 아님을 알게됩니다. 곧 법을 깨닫는 것입니다.

전법은 사람을 바꾸고
사람이 바뀌면 사바가 불국이 된다

부처님께서는 『금강경』에서 "사구게(四句偈)의 참뜻을 알고 이웃을 위해 설해주면 그 공덕은 삼천대천세계를 칠보로 장엄해서 보시한 공덕보다 더 크다"고 하셨습니다. 물질로 하는 보시는 아무리 많이 한다 해도 그 공덕은 유한합니다. 하지만 전법의 정신이 확대되고 전법을 통해 사람의 마음이 바뀌면 바로 그 자리에서 우리의 삶과 터전을 불국토로 만들 수 있습니다. 등불을 켜면 사방이 밝아지는 것처럼 내가 밝아지면 다른 사람도 밝아지고 주위가 다 밝아지고 온 세상이 밝아집니다.

스스로 깨닫고 법을 설해 줘서 다른 사람도 깨닫게 해 주는 것이야말로 부처님께서 우리 불제자들에게 가장 원하시는 바램입니다. 그래서 한국불교는 자신의 깨달음에서 더 나아가 다른 사람을 깨닫게 하는 실천을 밑바탕으로 삼고 있습니다. 특히 한국불교의 대표종단인 대한불교조계종 종헌에는 "부처님의 자각각타(自覺覺他) 각행원만(覺行圓滿)한 근본교리(根本敎理)를 봉체하며 직지인심(直指人心) 견성성불(見性成佛) 전법도생(傳法度生)함을 종지(宗旨)로 한다"고 밝혀 불교가 무엇인지, 불제자들이 어떻게 살아야 하는지 분명하게 보여주고 있습니다. 나와 남이 함께 깨닫게 하는 것, 참선법을 전해서 중생을 제도하는 것이 조계종의 궁극적인 목적입니다.

조계종이 『금강경』과 『전등법어』를 소의경전으로 하는 데서도 볼 수 있듯 참선을 수행 방법의 중심에 두고 있지만, 기타 염불·간경·진언 등도 배제하지 않고 폭넓게 수용하고 있습니다. 이는 한국불교가 선(禪)

과 교(敎)를 겸수하는 원융불교임을 표방하고 있습니다. 참선은 해탈에 이르는 지름길이므로 근기가 수승한 사람은 참선 수행을 통해 진리를 깨닫는 게 적합합니다. 하지만 보통사람은 참선을 통해 깨달음에 이르기가 매우 어렵습니다. 이에 비해 염불·간경·주력은 점차적으로 업장을 소멸하여 차근차근 깨달음에 들어가는 차제문(次第門)이기도 하고, 세간의 소망을 속히 성취할 수 있는 이행문이기도 해서 수행하기 좋습니다.

저는 일찍이 은사이신 금오 스님께 받은 시심마(이뭣고) 화두를 들고 지금까지 수십 년 동안 참선 수행을 해 왔습니다. 제자들, 인연 있는 스님들과 불자들에게도 참선 수행을 지도해 왔습니다. 그러나 일반 불자들에게는 참선 수행뿐만 아니라 각자의 근기에 맞는 수행을 해도 된다고 설해 왔습니다. 한국불교는 교리, 수행방법, 의식의례에 있어서 어느 하나만을 고집하지 않고 두루 포용하는 통불교입니다.

참선이든 염불이든 진언이든 수행을 통해서 연기법을 깨닫고 동체대비심이 우러나와 중생을 고통에서 벗어날 수 있도록 자비행을 실천해야 합니다.

마음을 깨달아 자기 본성자리로 돌아가는 것(歸一心源)과 세상의 중생을 이익 되게 하는 일(饒益衆生)은 둘이 아닙니다. 자기와 세상이 서로를 방해하지 않고 하나로 융합할 때, 아니 이미 하나로 연결되어 있는 한 몸임을 알아차릴 때 불교 본연의 역할을 할 수 있습니다. 그 때 비로소 자기 자신도 고통에서 벗어나 완전히 구제되고, 불법이 세상의 빛이 될 수 있을 것입니다.

문수보살 게송처럼 성내지 않고
부드럽게 말하고 진실한 마음으로
살아가다 보면 반드시 좋은 인연이
되고 더 큰 복덕이 되어 돌아옵니다.
좀 손해 보는 듯 양보하고 아주 작은
것일지라도 상대방을 배려하며
돕고 살면 됩니다. 남을 돕는 것이
곧 자기를 돕는 것임을 돕다 보면
알 수 있습니다. 남을 돕는 그
순간 내면에 기쁨이 충만해지는
것만으로도 복을 받은 것입니다.

태산보다 높고
바다보다 깊은 사랑을
어찌 갚으리

○

"부모가 병이 나면 곁을 떠나지 말고 친히 간호할 지니라. 밤낮으로 삼보께 귀의하고 부모의 병이 낫기를 축원하며 잠시라도 은혜를 잊어서는 안 된다. 부모가 완고하여 삼보(三寶)를 받들지 아니하며, 어질지 못하여 남의 물건을 상하게 하고, 의롭지 못하여 남의 물건을 훔치고, 예절이 없어 몸을 단정히 하지 못하고, 신의가 없어 남을 속이며, 지혜가 없어 술에 빠지거든 자식은 그 잘못을 말하여 깨우치게 해야 하느니라. 그래도 부모가 깨우치지 않으면 울음으로 호소하며 스스로 식음을 전폐하라. 부모가 비록 완고하다 하여도 자식이 죽는 것은 두려워하므로 은애의 정에 못 이겨 바른 길로 들어서게 되느니라."

－부모은중경

●

구원과 해탈의 길, 효도

유구한 우리 민족사에 있어 아름다운 미풍양속이며 전통문화인 효

사상과 효행을 우리 사회에 고취하고 장려하기 위해 '한국효운동단체 총연합회가' 발족되어 그 선도적 역할을 하게 됨을 축하하며 기쁘게 생각합니다.

효 비전 선언문에서도 천명하였듯이 효는 종교와 시대, 이념을 초월하는 통종교적 가치이며 통시적 문화이며 통념적인 정신임을 깊이 공감합니다.

불교에서는 효경(孝經)을 통하여 재가자나 출가자 모두 부모에게 효도를 다할 때 부처님의 진실한 제자라는 점을 강조하고 있습니다. 또한 참다운 효도는 수행을 성취해서 부모를 윤회고에서 해탈하게 해야 한다고 설하고 있습니다. "한 사람이 출가하면 구족(九族)이 생천(生天)한다", 즉 한 사람이 스님이 되면 직계는 물론이고 방계 혈족을 비롯한 집안사람들이 모두 하늘에 태어난다는 말이 있습니다. 이 말의 시초가 부처님이요. 목건련 존자입니다.

부처님께서도 어머니 마야부인을 위해서 도솔천에 올라가 법문을 하였습니다. 목건련 존자가 부처님의 도움을 받아 지옥에 떨어진 어머니를 구하는 장면이 마치 한 편의 드라마처럼 『불설우란분경』에 상세히 기술되어 있습니다.

부처님의 십대 제자 가운데 한 분인 목건련(目犍連) 존자가 수행을 통해 마침내 여섯 가지 신통[六通]을 얻자마자 부모의 은혜를 갚겠다는 효심을 냈습니다. 그리하여 돌아가신 어머니를 관찰해 보니 아귀지옥에 태어나 음식을 먹지 못해 피골이 상접해 있었습니다. 그 모습을 본 목건련이 슬피 울며 어머니에게 음식을 가져다 드렸지만, 어머니의 입에 음식을 가져가면 갑자기 불덩이로 변하여 먹을 수 없었습니다. 이 장면을 목격한 목건련의 마음이 어떠했겠습니까?

경전에서는 신통제일 목건련 존자가 큰 소리로 슬피 울면서 부처님께 달려가 이러한 광경을 자세히 여쭈었다고 합니다. 이에 부처님께서 "네 어머니는 죄의 뿌리가 아주 깊구나. 네가 효성이 깊어 그 이름이 천하를 울릴지라도 너 하나의 힘만으로는 네 어머니를 구할 수 없다. 또한 천신(天神)과 지신(地神)은 물론이고 사마외도(邪魔外道)와 도사(道士), 사천왕신(四天王神)들도 구하지 못한다. 시방의 여러 스님들의 위신력을 입어야 벗어날 수 있다. 내가 이제 네 어머니를 구제하는 법을 말해주겠다. 온갖 어려운 이들도 모두 근심과 괴로움을 여의고 죄업(罪業)을 완전히 멸할 수 있다"라고 말씀하셨습니다. 즉 음력 7월 15일 하안거 해제일을 맞아 자자(自恣)를 행할 때 시방의 스님들께 공양을 올려 부모의 업장을 소멸시키는 방법을 가르쳐주셨습니다.

음력 7월 15일에는 대중 가운데 청정한 계를 갖춘 성현들이 함께 있으니 모두 청정한 마음으로 공양을 올리라고 하신 것입니다. 성현들에게 공양을 올리면 현재의 부모와 전세, 7세에 이르는 부모와 6종(種) 친속이 괴로움에서 벗어나 해탈하고, 의식(衣食)이 저절로 두루 갖춰진다고 말씀하셨습니다.

이러한 연유로 음력 7월 보름 백중을 우란분절 혹은 목련재일이라하여 기도를 합니다. 먼저 운명하신 선망조상님들, 부모님을 위해 재를 베풀고, 하안거 해제를 맞이한 스님들에게 공양을 올려 공덕을 짓게 해드립니다.

물론 평소에 조상님들과 부모님의 은혜에 감사하며 살아야 되겠지만, 이날은 특별히 정성을 다하여 조상님과 부모님을 위해 공양을 올리며 지극한 마음으로 극락왕생을 기원하고, 생존하신 부모님은 기쁘게 해드리는 효행의 날입니다.

이외에도 과거에는 여러 가지 행사가 있었습니다. 잘 익은 과일을 수확해서 조상의 사당에 올렸으며, 종묘(宗廟)에 이른 벼를 베어 바치는 일도 있었습니다. 특히 농가에서는 머슴을 하루 쉬게 하고 보너스를 줍니다. 머슴들은 그 용채로 시장에 가서 술도 사마시고 음식을 사먹고 물건도 구입하니 '백중장'이라는 말까지 생겼습니다. 이러한 백중 명절은 중부 이남지방에서 성대하게 지냈고, 우리가 어릴 때만 해도 백중이면 마을의 농악대가 꽹과리, 장구, 북을 치면서 온 동네가 떠들썩하게 한바탕 잔치를 벌였습니다.

이렇듯 백중은 땀 흘린 농부들을 위로하고 격려하고, 선망 조상님과 부모님께 진정한 효도를 하고, 지옥의 생명조차도 고통에서 벗어나 지극한 즐거움을 얻게 하는 구원과 해탈의 날이기도 합니다.

특히 지옥문이 열리기 때문에 조상님의 영혼을 극락으로 천도하는, 최상의 효도를 하는 날임을 가슴에 되새겼으면 합니다. 근대화 이후 급격한 사회 변화로 인해 요즘 세시풍습으로서의 백중은 찾아보기 힘들지만, 사찰에서는 여전히 선망 부모님을 위한 백중기도를 올리고 있으니 얼마나 다행스러운 일인지 모릅니다.

효경 가운데 『부모은중경』에서는 태산보다 높고 바다보다 깊은 부모의 큰 10대 은혜를 조목조목 설명하고 있으니 효행을 하지 않고는 견성성불도 할 수 없다는 것을 가슴 깊이 간직하고 실천하십시오.

부모은중경 10대원

첫째, 아기를 뱃속에서 지켜주신 은혜

둘째, 해산할 때 고통 받으시며 낳아주신 은혜

셋째, 자식을 낳고 모든 근심을 잊으신 은혜

넷째, 쓴 것은 삼키고 단 것은 먹여 주신 은혜

다섯째, 마른자리 골라 아기 눕히고 젖은 자리에 누우신 은혜

여섯째, 젖을 먹여 길러주신 은혜

일곱째, 더러운 것을 깨끗이 빨아 주신 은혜

여덟째, 멀리 떠난 자식을 걱정해 주신 은혜

아홉째, 자식을 위해서는 나쁜 일도 하신 은혜

열째, 끝까지 사랑하고 가엾이 여기시는 은혜.

효는 백행(百行) · 백선(百善)의 근본

효는 백행과 백선의 근본으로서 효행을 하는 사람은 나라와 민족을 위해 충성할 수 있고, 이웃을 사랑할 수 있으며, 공존공생하며 베풀고 나누는 삶을 실천하는 이 시대에서 가장 모범적인 참 사람입니다. 더 나아가서 효는 단군의 홍익인간 정신, 기독교의 사랑, 유교의 인의, 불교의 자비 등 모든 종교의 교의와 사상·이념과 일맥상통합니다.

그런데 지금 우리 사회는 심한 도덕 불감증에 걸려 있어 효는 물론이고 선(善)의 가치에 대한 신념이 상실되고 전통적으로 내려온 품격 높은 윤리의식이 실종되어 가고 있습니다.

효의 실종은 도덕성 위기의 근본이라고 할 수 있습니다. 옛날에는 자식을 버리더라도 부모님을 봉양하는 효자의 미담에서 보여주듯 효는 삶의 가장 중요한 가치였다고 해도 과언이 아닙니다. 하지만 요즘은 부모를 버리는 세태까지 나타나는 등 불효자들의 천국이 된 까닭이 무엇이겠습니까? 그 원인을 자세히 살펴보면, 핵가족의 확산과 가족형제 간의 우애 결핍, 이기주의 팽배, 전통문화의 단절, 치열한 생존경쟁 등 원인이 매우 복합적으로 얽혀 있어 매우 안타깝게 생각됩니다.

오늘날 세계의 선진 국가들은 경제대국을 넘어서 문화대국을 국가의 기본 가치와 지향목표로 삼고 있습니다. 우리 또한 마땅히 문화대국을 지향해야 합니다. 그런 문화국가로 발돋움하기 위해서는 국민이 화합한 가운데 도덕성 함양, 윤리의식 회복, 가족 간의 화목과 사랑의 증진, 상부상조, 예술문화를 발전시키는 것이 무엇보다 필요합니다.

주목할 것은 효가 모든 일의 바탕이 되어야 한다는 사실입니다. 그 모든 것의 바탕은 효입니다. 효는 그 모든 것의 시작인 동시에 과정이요, 목적지입니다. 세계 평화를 위한 활동과 생태계를 보존하고 자연을 보호하는 일 또한 효 정신을 근간으로 해야 합니다.

효는 백행의 근본입니다. 비록 늦은 감은 있지만, 일전에 국가 차원에서 효를 장려하고, 효행을 지원하는 법률을 제정하고, 효 문화를 확산하기 위한 효문화진흥원을 설치하고, 효 교육과 효행에 대한 정부 지원 대책을 마련하고 있으니 꺼진 불씨를 다시 살리듯 천만다행이라고 생각됩니다.

아울러 우리 민간부문에서도 이번에 발족되는 한국효운동단체총연합회의 선도적 활동을 통해 효 윤리 회복을 위한 효 사상을 적극적으

로 홍보하고 효행을 장려할 수 있는 프로그램을 개발하며 크고 작은 효
실천 운동을 전국적으로 확산시켜 전개해야 합니다.

효행을 통해 서구 물질문명에 대한 폐해를 극복하고 내면적 정신
적 가치가 중시되고 물질적 탐욕이 절제되며 사랑과 자비가 인간을 초
월하여 자연과 함께하는 정신문화로 거듭나길 기원해 봅니다.

– 2007년 7월 24일 한국효운동단체총연합회 고문으로 이 단체에서 법문하였다.

우란분절(盂蘭盆節)에 새기는
진정한 효도

○

"모든 승려들이 스스로의 잘못을 점검하는 자자(自恣)를 행하는 7월 15일에, 과거의 부모와 현세의 부모 중에 재앙에 빠진 자가 있으면 밥을 비롯한 백 가지 음식과 다섯 가지 과일을 우란분(盂蘭盆)에 담고 향과 촛불을 켜서 시방의 승려들에게 공양해야 한다. 그리하여 수행하고 교화하는 모든 승려들이 이 공양을 받으면, 현재의 부모가 무병장수하며 복락을 누리고, 돌아가신 조상은 고통에서 벗어나 하늘에 태어나 끝없는 복락을 누리게 된다."

– 불설우란분경

●

우란분절의 의미와 유래

오늘 우란분절을 맞이해서 많은 분들이 조상 천도를 위해 백중법회에 동참하셨습니다. 먼저 우란분절의 의미와 유래에 대해 말씀드리겠습니다.

우란분은 산스끄리뜨어 우람마나(ullamana)에서 나온 말인데, 아왈라마나(avalamana)가 전화(轉化)하여 생긴 말로서 거꾸로 매달려 있다(倒

懸)는 뜻입니다. 죽은 사람이 사후에 거꾸로 매달리는 고통을 받고 있는 것을 구하기 위해, 후손들이 재물을 마련하여 스님들에게 공양하는 것을 우란분재(盂蘭盆齋)라고 합니다. 우리 세시풍속에서 백중이라 부르는 음력 7월 15일에 사찰에서 우란분재를 행함으로써 이날을 기념하는 의미에서 우란분절이라고도 합니다.

　우란분재의 유래는 불교 경전인 『불설우란분경(佛說盂蘭盆經)』과 『목련경(目連經)』에서 비롯되었습니다. 『불설우란분경』에는 부처님의 10대 제자 중에 신통력이 가장 뛰어난 제자인 목건련(目犍連) 존자의 일화가 담겨 있습니다. 수행을 통해 신통력이 열린 목건련 존자가 돌아가신 모친을 살펴보니, 모친이 선행을 닦지 못해 아귀도에 떨어져 배가 고파 피골이 상접해 있는 광경을 목격했습니다. 목건련 존자가 음식을 가져다 드렸으나 입에 들어가기도 전에 새까맣게 타서 도저히 먹을 수가 없었습니다. 그런 처참한 상황을 경험한 목건련 존자가 비통해 하며 그 원인을 부처님께 여쭤보았습니다. 부처님께서는 목건련 존자의 모친이 지은 죄업의 뿌리가 너무 깊어 그런 과보를 받게 되었고, 시방의 여러 승려들의 위신력(威神力)만이 구제할 수 있다고 조언해 주셨습니다.

　『목련경』에서도 이와 비슷한 내용이 기술되어 있습니다. 목건련의 모친이 생존 시에 악행을 많이 저질렀기 때문에 지옥에 떨어져 괴로움을 받는 것을, 목건련이 대승경전을 외우고 우란분재를 베풀어 지옥, 아귀, 축생으로부터 차례대로 구제하여 천상에 태어나게 하였다고 한 것입니다. 이런 의식을 7월 15일에 행하는 것은 그날이 자자일(自恣日), 즉 수행 정진하는 하안거(夏安居) 석 달 동안 보고 듣고 의심하던 일들을 서로 논의하고 잘못을 고백하여 참회하고 안거를 회향하는 마지막 날

이어서 승려들에게 공양을 올리기 좋은 날이기 때문입니다.

오늘 우란분절을 맞이해서 만감이 교차됩니다. 전생의 악한 과보로 지옥고를 받는 사후 중생뿐만 아니라 지금 우리와 함께 살고 있는 사람들의 고통에 눈을 돌려야 합니다. 가난하고, 못 배우고, 질병에 시달리고 인권을 탄압받고 있는 사람들도 지옥에서 거꾸로 매달려 있는 사람들처럼 고통 받고 있습니다. 우리 곁에서 함께 호흡하는 사람들이 고통에서 벗어날 수 있도록 도와주어야 합니다. 생류(生類: 살아 있는 것)나 사류(死類: 죽은 것)나 고통 받는 중생은 모두 구제해야 한다는 원력을 가슴 깊이 새기고 실천해 주셨으면 합니다.

우란분절의 역사

흔히 백중을 백종(百種), 중원(中元), 또는 망혼일(亡魂日)이라고도 합니다. 사찰에서는 백중날 많은 사람들이 모인 가운데 큰 법회를 개최해 왔습니다. 불교의 4대 명절은 보통 불탄절(佛誕節), 출가절, 성도절, 열반절로 꼽지만 이에 못지않게 성행한 법회가 우란분절(盂蘭盆節)입니다.

불교는 동아시아 문화권에 들어오면서 유학자들의 거센 반박을 받았습니다. 특히 부모를 떠나 삭발 출가한 스님들은 유교의 효(孝) 윤리와 충돌하면서 불효한다는 지적이 불교 배척의 중대한 논거가 되어 왔습니다. 이에 불교계에서는 불교야말로 진정한 효도를 하는 종교라고 대응하면서 우란분재의 의미를 부각시켰습니다. 우란분재는 돌아가신 부모가 혹 좋지 못한 과보를 받으면 후손들이 이를 천도하여 천상에 태어나도록 공덕을 짓는 의식으로 매우 중요한 의미를 지니게 되었습니다. 이를 근거로 우란분절은 불탄절(부처님 오신 날)과 함께 불교계의 가장 대표적인 명절이 되었습니다.

중국에서는 남북조시대인 양나라 무제 때 동태사에서 처음으로 우란분재를 지낸 이후 역대 제왕들이 우란분재를 봉행했습니다. 이런 행사는 7월 15일이 아닌 다른 날에도 행해졌고 당나라 중기 이후에는 민중 행사로 정착되어 승려와 일반인들이 함께 천도재를 시행하고 공양을 올렸습니다.

우리나라에서도 일찍부터 우란분재가 시행되었을 것으로 짐작하는데, 고려 이전의 자료는 남아 있지 않습니다. 다만 신라의 진평왕 대에 우란분재를 행한 일본의 기록으로 볼 때 신라시대부터 시행되었을 것으로 추정할 수 있습니다.

고려시대에는 문헌상 우란분재 기록을 자주 찾아 볼 수 있습니다. 예종 때인 1106년에 궁궐의 장령전(長齡殿)에서 선왕인 숙종의 명복을 빌고 천도를 기원하는 우란분재가 봉행되었습니다. 1109년에도 거행되었고, 의종 때인 1153년에는 봉원전(奉元殿)에서 개설했습니다. 그런데 충렬왕 때인 1285년에는 신효사(神孝寺)에서, 1296년에는 광명사(廣明寺)에서 시행되어 고려 말에는 궁궐에서 사찰로 개최 장소가 바뀌게 되었습니다. 한편 공민왕 때인 1356년에는 다시 내전(內殿)에서 우란분재를 개최하였습니다. 모두 음력 7월 15일에 실행된 기록을 보면 부모와 조상의 명복을 빌기 위한 천도의식이 분명합니다. 이 밖에 왕실 밖이나 각 사찰에서도 우란분재가 널리 열렸으리라 추측됩니다.

조선시대에도 건국 초기에는 우란분재가 시행되었습니다. 『태조실록』에는 태조 7년인 1398년 7월에 홍천사(興天寺)에서 우란분재를 봉행했다는 기록이 있습니다. 조선 전기의 풍속과 문물을 전하는 성현(成俔)의 『용재총화』 권 2에는 "7월 15일을 풍속에서 백종(百種)이라 부르는데 승가에서는 백 가지의 꽃과 과일을 모아 우란분재를 개설한다. 서울의 비구니 사찰에서 더욱 심하다. 부녀자들이 많이 모여들어 쌀과 곡식을 바치고 돌아간 조상의 영혼을 위해 제사를 지낸다. 때로는 승려들이 길가에 탁자를 놓고 거행하는 경우도 있다. 지금은 모두 금(禁)하게 하여 일부에 그친다"라고 하여, 이미 15세기 말에 국가의 금령으로 우란분절 행사가 크게 위축되었음을 알 수 있습니다.

그러나 민간에서는 끊이지 않고 중요한 행사로 전승되었습니다. 그런 과정을 거쳐 점차 일반화되고 풍속화된 우란분절은 각 사찰에서 망자를 위해 재를 지내는 행사로 널리 유행되었습니다.

우란분절의 현재

우란분절은 오늘날에도 과거와 거의 대동소이한 모습으로 시행되고 있습니다. 사찰에서는 음력 7월 15일에 갖가지 음식과 과일을 마련해 놓고 조상의 영혼을 천도하기 위한 의식을 거행합니다. 특히 음력 사월 초파일 부처님 오신 날에 연등을 밝혀 부처님의 탄생을 축하한다면 우란분절에는 백등(白燈)을 밝혀 사후의 조상을 추모합니다.

오늘날 거행하는 우란분절 법회 의식은 부처님 오신 날 봉축법회와 같은 절차와 규모로 진행되며, 다만 고혼(孤魂) 영가의 조상을 천도하는 의례가 추가됩니다. 조상을 천도하는 특성에 맞추어 독경은『천수경(千手經)』이나『지장경(地藏經)』또는『부모은중경(父母恩重經)』가운데 선택해서 시행하고『금강경』을 독송하고 있습니다.

요즈음 서울의 한 사찰에서 시행하는 우란분절 행사 내용을 살펴보기로 합시다.

먼저 순국선열과 선망부모를 비롯한 일체유주 무주고혼의 천도를 위해 스님들에게 공양을 올리는 사은법회로 진행됩니다. 1부는 부처님을 청하여 올리는 차례로 관욕(灌浴)과 상단불공축원을 합니다. 2부는 삼귀의, 보현행원, 청법가, 설법, 우란분 공양, 사은사 봉독(謝恩使奉讀), 불자대중 삼배 순으로 진행됩니다. 3부는 영가시식과 봉송소전을 올립니다. 우란분 공양에서는 사찰 신도회가 마련한 공양물을 사중의 스님들에게 올리고, 이어 신도들이 합장하고 사은사(謝恩使)를 봉독하며 스님에 대한 공경의 예(禮)를 표합니다.

우란분 공양에 앞서 대중스님들은『불설우란분경』을 함께 봉독합니다. 한편 신도들이 준비한 공양물에는 스님들의 내의, 양말, 면 티셔츠, 치약, 비누와 같은 일상용품을 담는데, 평소 필요한 생필품을 보시하는 절호의 기회인 셈입니다.

우란분절의 진정한 가치와 현재적 의의

앞에서도 말씀드렸듯이 우란분재는 효성이 지극한 목건련 존자가 악도(惡道)에 떨어져 갖가지 고통을 받고 있던 모친 청제 부인을 악도에서 벗어나 천상세계에 환생토록 한 눈물겨운 고사에서 시작된 불교행사입니다.

삼악도(三惡道: 지옥, 아귀, 축생)에서 고통 받는 중생을 삼선도(三善道: 천상, 인간, 아수라)로 인도하는 의식을 천도(遷度)라고 하는데, 목건련 존자가 청제 부인을 구원하기 위해 부처님께 여쭙자, 1년 365일 가운데 음력 7월 보름에 우란분재를 지내면 그 공덕이 무량하다고 하셨습니다. 부처님의 말씀대로 우란분재를 봉행하여 모친을 구제한 목건련 존자의 일화가 『불설우란분경』과 『목련경』에 나와 있습니다. 그 교훈을 계승하여 우리 불자들은 이 날을 기해 천도의식을 봉행하게 되었습니다.

중생의 삶은 단 한 번의 생으로 끝나는 것이 아닙니다. 성불하여 삼악도에서 벗어나지 않는 한 끊임없이 윤회 환생합니다. 마치 누에가 번데기로 변했다가 다시 나방이 되는 것과 같이 삶의 겉모습만 변할 뿐 영원한 생도 없고 영원한 사도 없습니다. 다만 인연의 집합체인 육신의 생성과 소멸이 반복될 뿐입니다. 그래서 『반야심경』에서 불생불멸, 나지도 않고 멸하지도 않는 공·반야의 도리를 깨우쳐야 한다고 명시하였습니다. 중생(생명을 가진 사람)이 모습을 바꾸어 거듭 태어나는 현상을 환생이라 하고, 이처럼 수레바퀴처럼 돌고 돌며 환생하는 삶의 모습을 윤회라고 하는데, 중생이 윤회하는 세계는 모두 여섯 가지의 갈래, 즉 육도(六道)가 있습니다.

천상·인간·아수라는 생전에 선(善)한 업을 지은 유정(有情)이 윤회하는 곳이므로 삼선도(三善道)라 하고, 지옥·아귀·축생은 악(惡)한 업을 지은 유정(有情)이 윤회하는 곳이므로 삼악도(三惡道)라고 합니다. 천도(遷度)는 생전에 지은 업력에 의해 고통스러운 과보를 받는 생명을 보다 안락한 세계로 인도하는 천도 의식입니다.

이는 비록 중생의 삶이 자업자득이어서 스스로 지은 업력에 의해 현재 고통을 받고 있지만 불보살(佛菩薩)의 위신력과 중생 구제의 대비 서원과 수행자들의 청정심이 결합되어 튼튼한 구원의 밧줄이 되는 것입니다. 비유하자면, 실수로 물에 빠져 허우적거리는 어린아이를 보고 지나가는 어른이 이를 가엾게 여기고 물속에 뛰어들어 구해 주며, 부모가 탈선한 자녀를 용서하고 바른 길로 이끌어 주는 이치와 같습니다.

요즘 자녀문제로 고민하는 부모들이 많은데, 집안에 탈선한 자녀가 있으면 온 집안이 불행해 집니다. 감옥에 갇혀서 고생하고 있는 사람이 있으면 그 집안 가족들은 단 한 순간도 편안하게 지내지 못합니다. 그와 마찬가지로 선망부모, 일가친척, 대대로 내려오는 조상 가운데 삼악도에 떨어져 한없는 고통을 받고 있는 중생이 있다면 그 가족의 마음이 편할 리 없습니다. 전기나 에너지, 기(氣)가 보이지 않아도 흐르는 것처럼 비록 생존하는 장소가 달라서 눈에 보이지 않더라도 그 영향을 받기 마련입니다.

이러한 현상을 직접적으로 느끼지 못할지라도 고통 받는 영혼은 항상 이승의 친척이 구원의 손길로 천도해 주기를 갈망하고 있는 것입니다. 그래서 그런 조상이나 친척을 둔 사람은 악몽을 꾸거나 하는 일에 장애를 겪는 등 음으로 양으로 그 영향을 입게 되기도 합니다. 그래서 그분들을 악도에서 구해내서 좀 더 나은 세상에 환생토록 천도의식을 베풀어 주면 죽은 망자뿐만 아니라 본인에게도 큰 공덕이 됩니다.

『지장경』의 「이익존망품」에 의하면, 재를 지내면 그 공덕의 7분의 1만 망자에게 가고 나머지는 다 살아 있는 사람, 즉 재를 지내는 사람이 받게 된다고 합니다. 경전을 독송하고 수행을 하고 효도를 하고 재를 지내는 모든 복전이 바로 지금 이 순간을 살아가고 있는 자기 자신에게 가장 큰 공덕이 됩니다. 이제 세상에 가장 훌륭한 효도가 무엇인지 확실히 아셨으리라 생각합니다.

오늘 이 순간 목건련 존자의 효성을 본받아서 한 번으로 안 되면 두 번, 두 번으로 안 되면 세 번, 세 번으로 안 되면 네 번, 거듭 불사에 동참하여 나를 낳아 주신 조상님과 부모님의 일신을 안락한 세계로 천도해 드려야겠다는 각오를 새롭게 하셨을 줄 믿습니다. 한 걸음 더 나아가 인내심을 가지고 주위 사람들을 바른 진리로 인도해야 하겠습니다. 아울러 우리들도 죽어서 악도(惡道)에 떨어져 자식들의 천도만을 기다리는 딱한 처지가 되지 않도록 살아생전에 선업(善業)을 부지런히 닦고 악한 행위를 멀리하겠다는 서원을 세우지 않으면 안 될 것입니다.

제악막작(諸惡莫作)

중선봉행(衆善奉行)

자정기의(自淨其意)

시제불교(是諸佛敎)

모든 악(惡)한 일을 하지 않고
좋은 일을 널리 받들고 행하여
스스로 마음을 청정히 하는 것,
이것이 모든 부처님의 가르침이다.

- 칠불통계게

과거 일곱 분의 부처님께서 한결같이 말씀하신 칠불통계게에서도 알 수 있듯 악행을 하지 않고 선행을 해서 자기 마음을 깨끗이 하는 것이 바로 한결같은 부처님의 가르침이고 불교의 목적입니다. 불자라면 누구나 다른 사람을 이롭게 해 주는 보살행을 실천해야 합니다.

다행히 오늘날 자비 보살행을 실천하는 불자들도 늘어나고 있고, 우란분재 또한 생명의 실상과 영혼의 의미를 되새기고 나눔을 실천하는 계기가 되고 있습니다. 굶주리는 이에게 먹을 것을 나눠주고, 병든 사람을 치료해 주며, 외로운 자를 위로해 주고, 청정한 수행자를 보호하라고 하신 가르침을 받들어 나눔의 공덕을 점차 확대해야 합니다.

선망 부모와 일체 무주고혼(無主孤魂)의 원한을 풀어 극락왕생하게 할 뿐만 아니라, 고통 받는 생명이 질곡에서 해방되어 죽은 자와 산 자가 한마음으로 만나는 행사야말로 우란분절의 참뜻을 실현하는 의식이라 생각합니다.

수해로 재난을 당한 사람들을 위해 천도재를 지내주고, 외국인 노동자들을 위로하는 행사도 개최해야 합니다. 복지시설을 찾아 노인들에게 음식을 대접하고 봉사하여 효를 실천하며, 이웃에게 따뜻한 베풂의 자리도 만들어야 합니다. 고통에서 헤매는 모든 생명들을 해방시키기 위해서 야생동물들을 산으로 돌려보내고 물고기를 놓아주는 방생도 하고 있습니다.

요즈음의 우란분절은 부처님의 위신력과 스님들의 수행력, 신도들의 공덕이 함께 어우러진 생명 해방의 축제의 장이 되고 있습니다. 이러한 일련의 변화의 모습을 보면서 희망찬 미소를 짓게 됩니다.

가치관이 흔들리는 혼돈의 시대입니다. 무엇이 옳고 무엇이 그른

지 판단하기 어려운 경우도 많습니다. 그러나 부처님께서 가르쳐주신 삶의 지혜를 가슴에 새기고 곰곰이 성찰해 보면 어떻게 살아야 할지 알게 됩니다. 행복의 법칙이 부처님 말씀에 다 담겨 있습니다. 행복하게 사는 비결은 결코 어렵지 않습니다. 그저 남의 가슴에 못 박는 행위를 하지 않고, 남을 위해 좋은 일을 하고, 때 묻은 자신의 마음을 깨끗이 하면 됩니다.

우리 불자(佛子)들은 오늘 우란분재 봉행을 계기로 악도에 떨어지지 않도록 자기 자신을 되돌아보고 더불어 선망 부모님뿐만 아니라 생존하신 부모님께서 돌아가신 후에 후회하지 말고 지금 바로 효도하십시오. 효도하는 방법은 많겠지만, 가장 큰 효도는 부모님이 부처님에 대한 바르고 깊은 신심을 갖도록 진리로 인도하는 일입니다. 부처님의 가르침은 저승길에서도 가장 확실한 재산이 되기 때문입니다. 조상님들과 부모님을 위하고 가족의 행복과 자기 자신의 진정한 삶을 위해서 부처님의 가르침을 바르게 실천하는 참된 불자가 되시기를 염원합니다.

- 금산사(金山寺) 백중법회에서

◆

자자(自恣)　하안거 마지막 날에 대중스님들이 모여서 자기 죄를 참회하고 고백해서 다른 스님들에게 경책(훈계)을 받는 일.

모든 존재는 서로서로 영향을 주고받으며
존재합니다. 겉모습은 떨어져 있지만 다 이어진
한 몸입니다. 첨단 과학이 발전할수록 연기법은
과학적으로 증명이 되고 있습니다. 동체대비,
우리 모두가 같은 몸임을 깨달을 때 큰 자비심이
발현됩니다. 누가 시켜서 자비심을 내고 자비행을
하는 것이 아니라 그냥 저절로 자비행을 하게
됩니다. 이렇게 자비행으로써 중생의 고통을
덜어주는 것이야말로 불교의 궁극적 목적이자
불교의 사회적 존재가치입니다.

중생의 소리를 다 듣고
구제해 주시는 어머니 관세음보살

○

"선남자야, 만일 한량없는 백 천 만 억 중생이 여러 가지 고뇌를 받을 때에 이 관세음보살의 이름을 듣고 일심으로 그 이름을 부르면 관세음보살이 곧 그 음성을 듣고 모두 해탈케 하느니라."

– 묘법연화경 관세음보살보문품

●

어머니처럼 다정다감하게 다가오는 관세음보살

날씨가 참 좋습니다. 미세먼지 때문에 걱정을 많이 했는데, 맑은 하늘을 보니 마음까지 유쾌해집니다. 오늘 날씨처럼 여러분 모두 청안청락하셨으면 좋겠습니다. 어떻습니까? 청안청락하십니까?

여러분의 환하고 빛나는 얼굴을 보니 마치 관세음보살님 같습니다. 평소 관세음보살님을 염하면 그 모습도 관세음보살님처럼 됩니다. 그런데 간혹 관음기도를 열심히 하는데도 얼굴빛이 어둡고 수심이 가득 찬 분들도 있습니다. 그런 분들일수록 지극정성 관음기도를 하면 완전히 환골탈태할 수 있습니다. 힘들고 괴롭던 시절이 있었기에 더욱 환희로운 기쁨을 맞이할 수 있는 것입니다.

새벽녘, 해가 뜨기 전에 더 짙은 어둠이 드리워지는 것을 보신 적이 있으십니까? 새벽예불 전에 자주 느끼면서 그때마다 '아, 그렇구나. 동이 트기 전에 더 깜깜한 어둠이 짙게 드리우는구나. 수행이 무르익기 직전에 마장이 오는 것도 그와 같은 이치겠구나' 하는 생각이 들었고, 그러한 체험이 수행할 때 가장 큰 힘이 되었습니다.

여러분은 어떠하십니까? 인생살이가 녹록치 않으시죠? 인간이면 누구나 겪을 수밖에 없는 나고 늙고 병들어 죽는 근본고(根本苦: 生老病死)에 구하는 것을 얻지 못한 고통(求不得苦), 사랑하는 사람과 헤어지는 고통(愛別離苦), 미워하는 사람과 만나는 고통(怨憎會苦), 색수상행식의 오온이 불길처럼 치성한, 인간으로 태어났기에 겪을 수밖에 없는 고통(五陰盛苦) 외에도 오만 가지 괴로움이 평생토록 떠나지 않습니다.

불교신자들은 괴롭고 힘든 일이 생길 때마다, 심지어 돌부리에 걸려 넘어졌을 때나 속상할 때도 무심결에 '관세음보살'을 부르는 분들이 많습니다. 그만큼 관세음보살은 우리에게 어머니처럼 다정다감하게 다가오는, 정말 친숙한 자비의 화신입니다. 관음신앙이 우리 내면에 깊이 뿌리 내린 연유를 알려 주는 단면입니다.

우리의 고통을 남김없이 듣고 구제해 주시는 현세 보살

대승불교에는 대표적인 4대 보살(四大菩薩)이 있습니다. 지혜의 문수보살, 실천의 보현보살, 원력의 지장보살, 자비의 관세음보살, 이 4대보살 중에서도 손꼽히는 분이 바로 관세음보살님입니다. 관세음보살님은 이근원통(耳根圓通), 소리를 관해서 깨달음을 이루시고 중생의 온갖 소리를 다 듣고 두루 통하지 않은 데 없이 다 구제해 주신다고 해서 원통보살이라는 칭호를 갖고 있습니다. 특히 관세음보살은 현세의 도량교주로서 어머니가 우는 아이의 소리를 듣고 문제를 해결해 주듯이 우리의 소리를 듣고 고통에서 벗어나게 해 줍니다. 그래서 흔히 관세음보살 앞에 어머니를 붙여서 '어머니 관세음보살'이라고 표현하기도 합니다. 또한 빛처럼 빠르게 세상의 소리를 듣는다 하여 광세음보살(光世音菩薩), 자유자재로 중생을 구제하는 보살이라 해서 관자재보살이라고도 합니다.

또한 『천수경』에 "천수천안 관자재보살"이라는 말이 있는데, 천 개의 손과 천 개의 눈을 가진 관세음보살이라는 뜻입니다. 천 개의 손은 중생을 구제하기 위한 자비방편이 한량없이 많다는 것을 상징하는 것이며 눈이 천 개라는 것은 세상을 낱낱이 꿰뚫어 보시는 무량한 지혜를 구비하고 있다는 의미가 담겨 있습니다.

관자재(觀自在)는 앞에서도 말씀드렸듯이 이 세상 온갖 진리를 조금도 걸림 없이 보는 데에 있어 마음대로 뜻대로 자유자재하다는 뜻입니다. 살다 보면 뜻대로 되지 않는 일이 더 많은데 관세음보살님처럼 자유자재하면 얼마나 좋겠습니까? 그런데 관음기도를 하면 관세음보살님의 가피를 받아 관세음보살님처럼 자유자재한 능력이 생깁니다. 뜻대로 되지 않아 고통 받았던 일이 신기하게도 해결됩니다. "갖가지 고뇌를 받는 무량 백 천 만 억의 중생이 관세음보살의 명호를 듣고 일심으로 청하면 관세음보살은 즉시 그 음성을 관하여 모두를 해탈케 한다."는 『법화경』「관세음보살 보문품」의 말씀이 실제로 성취된 사례는 이루 헤아릴 수 없을 정도로 많습니다.

　반면에 관음기도를 했는데도 뜻하는 소원을 성취하지 못했다는 분들이 있는데, 본인이 기도를 제대로 하지 않았기 때문입니다. 태양이 하늘에 떠 있어도 장님은 그 빛을 보지 못하듯이, 또 채널을 잘 맞춰야 방송을 시청할 수 있듯이 중생들이 관세음보살님을 정성을 다해 일념으로 부르지 않으면 구제해 줄 수 없습니다. 관세음보살님은 언제나 대기하고 있으니, 일심으로 간절히 정근해야 합니다. 그 때 응답이 오게 됩니다.

32가지 모습으로 나타나
중생을 구원해 주는 관세음보살

　거의 대부분의 대승경전 속에 등장하는 관세음보살님은 특히 대승경전의 정수라고 할 수 있는 『화엄경』 『법화경』 『아미타경』 『능엄경』을 중심으로 관음신앙을 전개하고 있습니다.

　『화엄경』 「입법계품」에 의하면 관세음보살님은 선재동자의 28번째 선지식으로 다음과 같이 대비행문(관세음보살의 수행법)을 설해 주었습니다.

　"선남자여, 나는 이 대비행문을 수행하여 항상 일체 중생을 구호하려 한다. 모든 중생이 험난한 길에서 공포를 여의며, 번뇌의 공포·미혹한 공포·(중략)·근심 걱정의 공포 등을 다 사라지게 한다. 또

원하기를 여러 중생이 나를 생각하거나 나의 이름을 부르거나 나의 몸을 보면 모두 일체 공포에서 벗어나게 한다."

－『화엄경』「입법계품」

큰 자비로 중생을 구원하는 것이 관세음보살님의 수행법입니다. 관세음보살은 "대비법문과 광명의 행을 성취하여 일체 중생을 교화하고 성숙하게 하며 항상 모든 부처님 처소에 머물면서 사섭법(四攝法)으로 중생을 받아들여 제도할 뿐만 아니라 중생을 제도하기 위해서 어디에서나 중생과 같은 몸을 나타내어 보호하고 제도한다"고 했습니다. 관세음보살의 서원은 섭취일체중생(攝取一切衆生), 일체 중생을 다 받아들여 온갖 공포에서 벗어나게 해 줍니다.

『법화경』에서는 "관세음보살의 이름을 마음에 간직하고 염불하면 ① 큰 불에 들지라도 능히 태우지 못하고(火難), ② 홍수에도 떠내려가 죽는 일이 없으며(水難), ③ 바다에서 폭풍을 만나 죽음에 임박했더라도 해탈을 얻게 하며(風難), ④ 죽음의 칼이 목전에 다다랐을지라도 그 칼이 저절로 부러지며(劍難), ⑤ 나찰 등 아무리 사나운 마귀라 할지라도 해를 끼치지 못하며(鬼難), ⑥ 죄가 있거나 없거나 감옥의 고통에서 벗어나 자유로워지며(獄難), ⑦ 원수나 도적도 해를 입히지 못하는(賊難) 등 모든 재앙을 면하게 한다"고 했습니다. 이렇듯 이 세상의 가장 대표적인 3재8난의 재앙을 만났을 때 관세음보살님을 생각하면서 명호를 부르면 다 녹아 없어지기 때문에 그토록 오랜 세월 동안 수많은 사람들이 관음신앙을 계승해 왔던 것입니다.

또한 관세음보살은 만일 중생이 부처님 몸으로 응하여 득도할 자에게는 곧 부처님 몸을 나타내어 법을 설하고, 벽지불로 응하여 득도할 자에게는 벽지불을 나타내어 중생을 구원한다고 했습니다. 경전에 의하면, 관세음보살님은 32응신[應身: 1. 불(佛), 2. 독각, 3. 연각, 4. 성문, 5. 범왕, 6. 제석천, 7. 자재천, 8. 대자재천, 9. 천대장군(天大將軍), 10. 사천왕, 11. 사천왕 태자, 12. 인왕(人王), 13. 장자(長者), 14. 거사(居士), 15. 재관(宰官), 16. 바라문, 17. 비구, 18. 비구니, 19. 우바새, 20. 우바이, 21. 여주·국부인·명부·대가(女主國夫人命婦大家), 22. 동남, 23. 동녀, 24. 천(天), 25. 용, 26. 야차, 27. 건달바, 28. 아수라, 29. 긴나라, 30. 마후라가, 31. 인(人), 32. 비인(非人)], 즉 서른두 가지 모습으로 우리 곁에 나투시는데, 요즘 같은 복잡다단한 시대는 더 많은 모습으로 오십니다. 언제 어떤 모습으로 관세음보살님이 오실지 모릅니다. 왜냐하면 관세음보살님은 일체 색신 삼매를 구족했기 때문입니다.

"만일 중생이 관세음보살을 공경하고 예배하면 복이 헛됨이 없으리니, 그러므로 중생은 다 마땅히 관세음보살의 명호를 받아 지니라"는 경전 말씀을 흐리멍텅하게 읽어서는 안 됩니다. 이 말씀의 포인트는 언제 어느 때나 대하는 모든 사람들을 관세음보살님처럼 공경하고 예배해야 한다는 의미가 담겨 있습니다.

만나는 모든 사람들을 관세음보살님처럼 공경하고 경청하고 배려하면서 자비롭게 대하십시오. 여러분을 도우러 오신 분이라면 더욱 열심히 도와줘서 여러분의 뜻하는 바가 다 성취될 수 있습니다. 한편 처음에는 여러분에게 해를 끼치려고 찾아온 사람일지라도 나중에는 여러분을 도와주는 관세음보살이 될 수도 있습니다.

관세음보살님은 상구보리 하화중생(위로는 깨달음을 구하고 아래로는 중생을 구제한다), 자리이타(자기도 이롭게 하고 타인도 이롭게 한다)의 대승불교의 궁극적 목표를 자비보살행으로써 충실히 완성하는 분입니다. 보살행은 자기 개인의 성불만이 아니라 중생을 성불시키고, 세계를 성불시키는, 다시 말해 개인의 깨달음에서 나아가 깨달음의 사회화를 이루는 길입니다.

한편 관세음보살님은 보배로 장식된 화려한 보관을 쓰고 아름다운 목걸이와 팔찌 등의 장식물로 장엄하고 있습니다. 오로지 중생 구제에 원력을 세우고 중생의 근기에 따라 구제하기 때문에 방편으로 장식품을 주렁주렁 달기도 하고, 어머니, 혹은 아름다운 아가씨의 모습으로 표현되기도 합니다. 중생들이 좋아하는 물질을 수용하여 누구든지 친근하게 다가오게 만들어 중생들이 복덕을 쌓고 공덕을 지어서 풍요로운 삶을 누릴 수 있도록 도와줍니다. 그리고 물질은 방편일 뿐, 물질을 탐내지 않고 물질에 집착하지 않으며 스스로 청빈한 생활을 영위하고 주위 사람들과 나누고, 상구보리 하화중생할 수 있는 가피를 베풀어 주십니다.

관세음보살님께 지극정성 기도하면 신비한 가피력으로 괴로움이 소멸되고 어려운 일을 극복하고 소원을 성취하고 마침내 아미타 부처님 세계에 갈 수 있습니다. 자기 구제뿐만 아니라 중생 구제까지 함께할 수 있는 것, 자력 수행과 타력신앙이 수레의 양 바퀴처럼 함께하는 것이 관음신앙의 목표입니다.

여러분은 선근 인연 공덕으로 이 법회에 참석했습니다. 오늘부터 한결같이 초지일관 전심전력으로 관세음보살님을 염하고, 관세음보살님의 가피력으로 원하는 소원을 다 이루시고, 관세음보살님처럼 자비롭게 자리이타 정신을 구현하며 살아가시길 축원 드립니다.

무불(無佛)시대,
지장보살의 화신으로 살라

○

"번뇌의 사나운 흐름을 건너는 이를 위해서는 다리가 되고, 열반의 저 언덕으로 가는 이를 위해서는 배가 된다. 이것은 탐하지 않고 성내지 않고 어리석지 않은 세 가지 선근(善根)의 훌륭한 과보이며, 세 가지 선근이 가져오는 한결 같은 인과이다."

– 대승대집지장십륜경

●

지옥 같은 고통에서 벗어나
해탈케 해 주는 지장보살

성인과 범부, 성인과 악인, 행복과 불행이 공존하는 이 땅을 불교에서는 사바세계라고 합니다. 사바세계는 참고 견뎌야 한다는 뜻을 가진 산스끄리뜨 어를 음사한 것입니다. 오늘날 우리 지구촌의 현실을 보면 정말 사바세계라는 말이 실감이 됩니다. 『아함경』 연화의 비유나 『법화경』 「비유품」에서 "세상이 불타고 있다"고 하신 부처님의 말씀처럼 물질 만능주의와 이기주의가 평화로운 세상을 고해로 만들고 있습니다. 아직도 지구촌 곳곳에서 전쟁이 발생하고, 인권 탄압으로 질곡된 삶에 빠지고, 귀중한 생명이 무참히 살상 당하는 사례도 적지 않습니다. 그뿐만 아니라 무분별한 개발과 환경 파괴, 온실가스 배출 급증으로 인한 지구온난화와 기상이변 때문에 발생하는 각종 자연재해도 큰 문제거리로 등장하였습니다.

또한 가진 자와 못 가진 자의 격차가 점점 커져서 계층 간 갈등도 깊어지고 있습니다. 인심은 점점 더 각박해지고, 차마 인간으로서 할 수 없는 잔인한 사건 사고들이 발생하고 있습니다. 하루라도 빨리 인간성을 회복하고, 생명 존중 풍토를 조성해야 합니다. 아울러 전 지구적으로 자연환경과 생태계를 보전하는 노력을 해야 합니다. 그렇지 않으면 도저히 생명체의 지속적인 삶을 기약할 수 없는 생명위기의 시대를 맞게 될 것입니다.

게다가 우리나라는 '헬 조선(지옥 같은 대한민국)', 'N포세대(다 포기한 세대)' 등의 신조어를 만들어 유행시킬 정도로 절망으로 괴로워하는 젊은이들이 증가하고 있습니다. 그야말로 "지옥 중생을 다 제도하기 전에는 성불하지 않겠다"는 지장보살의 대비원력과 위신력이 간절한 때가 되었습니다.

> "내가 이제 지장보살 위신력을 보니
> 항하사 겁 설하여도 다 말할 수 없어
> 보고 듣고 우러러 예배하면
> 인간 천상에서 그 이익 한량없어라.
> 진심으로 지장보살께 귀의하면 수명이 연장되고
> 모든 죄업이 소멸되리라."

위의 지장경의 게송에서 엿볼 수 있듯이 지장보살님의 위신력은 수많은 겁을 설하여도 다 말할 수 없고 지장보살님을 우러러 예배하는 이익 또한 한량없다고 하였습니다. 또한 지장보살님께 진심으로 귀의 하면 장수하게 되고 이미 정해진 죄업이 소멸된다고 말씀하셨습니다. 요즘처럼 도처에 위험이 도사린 시대일수록 지장보살님께 귀의하고 지극한 마음으로 기도를 해야 합니다. 그렇게 하면 무탈하고 행복한 인생이 열리리라 믿어 의심치 않습니다.

지장보살이
수행자의 모습인 까닭

지장보살님은 산스끄리뜨 어로 '크시티가르바(Kisitigarbha)', 뭇 생명을 탄생시키고 길러주는 대지를 모태로 하는 보살을 뜻합니다. 지장보살님은 땅 지(地) 자에 감출 장(藏) 자를 쓰는데, 우리의 신심으로 땅을 파고 들어가서 그 안에 감춰진 보물을 만난다는 뜻도 있습니다.

『지장경』에 의하면, 석가모니 부처님께서 지장보살님에게 번뇌와 죄업으로 고통 받는 육도(六道) 중생들을 제도하여 해탈케 하라고 부촉하셨습니다. 그리하여 지장보살님은 수많은 악업을 지은 사람이라 할지라도 한 가지라도 착한 행을 한다면 그 사람을 두호하여 버리지 않고 깨달음의 길로 인도하며, 더 나아가 지옥중생을 다 구제하기 전에는 성불하지 않겠다는 큰 자비의 원력(願力)으로 지금 이 순간에도 대비보살 행을 실천하고 있습니다.

그런데 지장보살님의 상호는 관세음보살님이나 대세지보살, 문수보살, 보현보살 등 대부분의 대승보살님들과는 다른 모습을 하고 계십니다. 화관도 쓰지 않았고, 영락도 달고 있지 않습니다. 대승보살들은 방편에 따라 멋진 화관도 쓰시고 영락으로 화려하게 장식하는 등 대부분 중생들이 좋아하는 형상을 하고 있습니다. 하지만 지장보살님은 이러한 대승보살의 모습과는 완전히 다릅니다. 지장보살님은 대부분 머리를 깎고 석장을 짚고 있는 평범한 수행자의 모습으로 조성돼 있습니다.

나는 지장보살님께 예배를 드릴 때마다 나 자신을 돌아보고 반조(返照)합니다. 대승보살님들 중에서도 으뜸 보살이신 지장보살님이 수행자의 형상으로 조성된 것은 부처님께서 우리 수행자들에게 지장보살님의 화신으로 살라는 부촉이 아닐까 싶습니다. 그러한 생각과 동시에 '나는 지장보살님처럼 살고 있는가?' '지옥 중생들의 고통을 다 건져주기 전에는 성불하지 않겠다는 지장보살님의 정신을 제대로 계승해서 살아가고 있는가?'라고 자문하면서 참회의 절을 올리고 있습니다.

지장보살님이 수행자의 형상을 한 이유는 수행자들 모두 지장보살의 정신으로 살라는 교지요, 더 나아가 모든 사람도 지장보살의 정신을 본받으라는 부처님의 부촉입니다. 지장보살님은 부처님이 계시지 않는 무불(無佛)시대에 지옥중생들을 구원하는 보살님입니다. 무불시대란 부처님의 가르침이 점차 없어져 가는 말법시대입니다. 말법시대는 곧 무법천지요, 지옥과 다르지 않습니다. 요즘 세태를 보면 여러 가지 정황상 말법시대의 양상을 보여주고 있습니다. 이런 때일수록 '지옥중생이 모두 다 구제될 때까지 성불하지 않겠다'는 지장보살님의 대비 대원력을 가슴에 새기고 우리 스스로 지장보살의 화신으로 살아야 하겠습니다.

우리 모두 지장보살님의 화신이 되어 부처님의 정법(正法)을 부지런히 전하고, 배고픈 사람들에게는 음식을 제공하고, 병든 사람들에게는 약을 주고, 배움터가 없는 사람들에게는 학교를 만들어 주고, 마실 물이 부족한 사람들에게는 우물을 만들어 주어야 합니다. 사막화가 진행되고 있는 토지에는 나무를 심어서 죽음의 땅이 되는 것을 방지해야 하고, 오염이 심한 지역은 청정지역으로 회복시키는 작업을 해야 합니다.

또한 다른 사람도 나와 똑같이 지장보살임을 인식하고, 존중해야 합니다. 이 땅 모든 중생들의 고통을 외면하지 않고, 다 구원하겠다는 지장보살님의 서원을 실천할 때 사바세계는 더 이상 지옥이 아니라 극락정토가 될 것입니다.

진정한 효도와
인과응보를 강조하는 지장신앙

"선남자여! 이 십륜이란 다른 법이 아니고 바로 십선업도(十善業道)임을 마땅히 알아라. 이와 같이 십종륜(十種輪)을 성취함으로써 보살마하살이라고 이름하느니라."

－『대승대집지장십륜경』「업도품」

불교는 자력신앙과 타력신앙을 동시에 구비하고 있습니다. 자기 안에 본래 부처가 될 가능성을 갖추고 있기 때문에 스스로 닦아서 성불하는 자력신앙적인 교리도 있고, 불보살의 위신력에 힘입어서 구원받는 타력신앙적인 교리도 있다는 말입니다.

지장신앙 또한 이 두 가지 교의를 다 가지고 있습니다. 우리는 지장보살의 가피로 구원을 받을 수 있습니다. 아울러 지장보살님께서는 중생을 구제하시기 위해 인천(人天: 인간과 천상)의 복업을 증진하고 10악의 죄업을 짓지 않도록 선도하고 있습니다. 10악업은 다음과 같습니다.

1. 생명을 죽이는 것(殺生)
2. 남의 물건을 훔치는 것(偸盜)
3. 부적절한 음행을 하는 것(邪淫)
4. 거짓말을 하는 것(妄語)
5. 이간질을 하는 것(兩舌)
6. 상대방을 해치는 욕설을 하는 것(惡口)
7. 도리에 어긋나는 것을 교묘히 꾸며서 말하는 것(綺語)
8. 지나치게 탐내는 욕심(貪慾)
9. 자신의 뜻에 거슬린다 하여 노여워하고 화내는 것(瞋恚)
10. 어리석어서 올바른 판단을 하지 못하는 것(癡暗)

이와 같이 10악업을 버리고 10선업을 실천해야 합니다. 10선업은 대·소승의 총상계에 속하지만 우리가 사회를 형성하고 유지하기 위해서 기본적으로 지켜야 할 윤리 규범이기도 합니다.

10악업 가운데에는 알게 모르게 짓기 쉬운 계목도 있습니다. 그런데 지장보살님은 우리가 이미 지은 죄업을 철저하게 참회하고 소멸시킬 수 있는 방법을 알려 주고 계십니다. 10악업을 짓지 않고 반대로 공덕을 지으면 10선업이 됩니다. 예를 들어 살생하지 않고 대신 방생하며, 도둑질하지 않고 다른 사람에게 베풀면 선업이 됩니다. 이와 같은 면을 보더라도 지장신앙이야말로 타력신앙을 뛰어넘어 우리 스스로 선업을 닦는 가르침입니다.

한편 『지장경』은 『부모은중경』과 함께 효사상을 선양하는 대표적인 경전입니다. 『지장보살본원경』에 지장보살님의 전생담이 기술되어 있는데, 그 출발이 효도입니다. 그 내용을 간략히 살펴보면 다음과 같습니다.

오랜 옛날 각화정자재왕여래의 상법시대에 한 바라문의 딸이 있었다. 그녀의 어머니는 열제리라는 이름을 가지고 있었는데 삿된 가르침에 혹하여 불법승(佛法僧) 삼보를 믿지 않고 오히려 비방하기를 일삼다가 목숨을 마친 뒤에 무간지옥에 떨어졌다. 효성이 지극했던 바라문의 딸은 어머니를 위하여 복을 닦은 공덕으로 지옥고를 받는 어머니를 구제했다. 이때 무간지옥의 모든 죄인들도 그녀의 공덕으로 모두 지옥고에서 벗어나 천상에 태어나게 되었다. 이에 "미래겁이 다하도록 고통 받는 중생이 있으면 해탈하도록 하겠습니다"라는 큰 원을 세우고 수많은 생 동안 보살행을 실천해서 지장보살이 되었다.

지장보살의 대원(大願)이 돌아가신 부모를 천도하기 위해서 시작되었다는 사실을 보여 주고 있습니다. 돌아가신 부모님의 영혼을 천도해 주는 것이야말로 진정한 효도입니다. 선망 부모와 조상들을 천도하는 49재의 경전적 근거가 『지장보살본원경』에 나타나 있습니다.

그런데 『지장경』에 의하면 "공덕을 지으면 7분의 6은 봉행하는 재자의 몫이고 7분의 1만 돌아가신 영가의 몫이다"라고 하였습니다. 결국 자기가 지은 공덕은 거의 대부분 자기가 받는다는 원리입니다. 『지장경』에서 효도 사상만큼 중요한 것이 바로 인과응보(因果應報) 사상입니다. 지장보살님은 자신이 지은 모든 업(業)은 결국 자기 자신이 받게 된다는 자업자득(自業自得)의 가르침을 일깨워주면서 알게 모르게 지은 죄는 참회하고 부지런히 선업을 닦으라고 강조합니다.

"친어머니나 계모에게 악독하게 하는 자를 만나면 역할을 바꿔 태어나 매맞는 과보를 말해 준다. 그물로 어린애를 생포하는 자를 만나면 골육간에 서로 이별하는 과보를 말해 주고, 삼보를 헐뜯고 비방하는 자를 만나면 소경과 귀머거리와 벙어리를 말해 주며, 불법과 불교를 비웃는 자를 말하면 영원히 악도에 떨어지는 과보를 말해 준다. 절집 안의 물건을 함부로 쓰거나 파괴하는 자를 만나면 억겁에 지옥에서 윤회하는 과보를 말해 주고, 청정한 스님네를 욕보이거나 속이는 자를 만나면 영원히 축생의 과보를 말해 주며, 끓는 물이나 불이나 낫이나 도끼 등으로 살아 있는 생명을 다치게 하는 자를 만나면 윤회하면서 서로 되갚음을 말해 준다."((『지장보살본원경』「염부중생업감품」)는 등 온갖 업에 대한 구체적인 과보를 밝힘으로써 악업을 짓지 않고 선업을 쌓으며, 지옥과 극락이 우리의 행위에 달려 있다는 점을 일깨워주고 있습니다.

"옛 부처님의 탑이나 절이나 경전이나 불상 보살상들이 허물어지고 퇴락한 것을 보고는 마음을 내어 스스로 보수하거나 수많은 다른 이로 하여금 보수의 인연을 맺게 해 주면……백천 생 중에 항상 전륜성왕의 몸을 받을 것이요, …… 늙고 병든 이나 임산부를 보고 자비심으로 의약과 음식과 침구들을 보시하여 이와 같은 복의 이익은 참으로 불가사의하다."(『지장보살본원경』「칭불명호품」)라고 하여 불사와 미타행을 강조하고 있는데, 부서진 불탑을 수선 보수하는 불사뿐만 아니라 늙은 병자와 임산부를 위한 보시도 큰 선업이라는 내용에 눈이 떠집니다. 사회복지, 현실적인 보살행의 실천이 참으로 중요하다는 것을 거듭 확인할 수 있기 때문입니다. 이제 지옥 중생을 다 구제하기 전에는 성불하지 않겠다는 지장보살님의 대원력을 받들어 우리의 삶속에서 바로 지금 이 자리에서 우리 스스로 지장보살이 되어 살아가는 것이야말로 참된 지장 신앙임을 확인할 수 있습니다.

"길을 밝히는 자는 많아도 가는 자는 적고, 불법(佛法)을 말하는 자는 많아도 행하는 자는 적다."는 옛 성현의 말씀을 가슴에 새기고 지금 이 순간부터 지장보살님과 같은 대비 대원력을 실천하는 불자님들이 되시길 기원드립니다.

중생의 삶은 단 한 번의 생으로 끝나는 것이 아닙니다.
성불하여 삼악도에서 벗어나지 않는 한 끊임없이 윤회
환생합니다. 마치 누에가 번데기로 변했다가 다시 나방이
되는 것과 같이 삶의 겉모습만 변할 뿐 생도 없고 사도
없습니다. 생사는 단지 인연의 집합체인 육신의 생성과
소멸이 반복되는 것입니다.

믿는 만큼 이루어지는
아미타 신앙

○

"여기에서 서쪽으로 10만억 불토를 지나서 극락이라고 하는 세계가
있느니라. 거기에는 아미타불이 계시어 지금도 법을 설하신다.
사리불이여, 그 나라의 중생들은 아무런 괴로움도 없고, 다만 모든
즐거운 일만 받기 때문에 극락이라 한다."

– 아미타경

●

요즘 날씨가 오락가락하는데 건강은 어떠십니까? 환절기에는 건
강에 유의해야 합니다. 아침저녁으로 일교차가 커서 감기에 걸리기도
쉽고, 감기는 만병의 근원이 되기 때문입니다. 특히 면역력이 약한 노
인들은 환절기를 잘 관리해야 합니다. 이생에서 생존할 날이 얼마 남지
않은 노인일수록 건강관리에 힘쓰고 아미타불 염불을 열심히 해야 합
니다. 염불 수행을 다 마쳤다고 확신하시는 분들은 극락왕생은 따 놓은
당상이니 몸 바꿀 날을 기쁘게 기다려도 괜찮습니다.

『무량수경』에 의하면, 생전에 악행을 저지르고 선행을 하지 않았
다고 할지라도, 임종 시에 선지식을 만나 지극한 마음으로 열 번만 나
무아미타불을 부르게 되면 극락에 왕생할 수 있다고 합니다. 그런데

생각해 보십시오. 임종 때에는 정신이 혼미해집니다. 정신이 오락가락할 때 아미타불을 염할 수 있는 능력은 그만큼 평소에 생각 생각마다 끊이지 않고 아미타불을 칭명했다는 증거입니다. 뼛속깊이 염불을 생활화했을 때 비로소 임종 시에 나무아미타불 염불을 할 수 있다는 사실을 명심하시기 바랍니다.

죽음에 대한 생각은 종교마다 다른데, 불교에서는 삶과 죽음이 둘이 아니라고 합니다. 생사가 둘이 아니라는 불교의 생사관은 오늘날 현대 생사학(生死學)의 기본 취지로 자리 잡고 있습니다. 죽음은 끝이 아니라 새로운 시작입니다. 게다가 이생에 선행을 쌓고 염불 공덕을 지어 극락에 왕생하면 모든 고통이 사라지고 즐거움만 충만하고, 아미타 부처님의 가르침을 받아 깨달음을 성취할 수가 있으니 극락왕생을 기원하시기 바랍니다.

극락에서는 힘들게 노동하지 않아도 됩니다. 과일을 먹고 싶다는 생각만 해도 나무에서 과일이 열려 내 입으로 들어오고, 멋진 옷을 입고 싶다고 마음만 먹으면 옷이 척 입혀집니다. 굳이 옷을 사러 가지 않아도 되고 멋지게 입으려고 애쓰지 않아도 멋진 옷을 입게 되는 것입니다. 몸매나 얼굴도 가꿀 필요도 없습니다. 아름다운 몸매와 수려한 얼굴이 이미 갖추어져 있기 때문입니다.

그뿐만 아닙니다. 아미타 부처님의 말씀을 듣고 바로 청정해탈삼매를 성취할 수 있으니 불자라면 누구나 극락 왕생을 염원하는 것입니다.

법장비구의 48대원으로
이루어진 극락세계

극락세계는 아미타 부처님의 전신(前身)인 법장비구가 세운 48가지 대원(大願)에 의해 건설된 불국정토입니다. 『무량수경』의 48대원을 살펴보면 극락이 어떤 곳인지 잘 알 수 있습니다.

삼악도가 본래없길 서원하고
무량광명 비춰지길 서원하고
무량수명 성취되길 서원하고
모든공덕 구족하길 서원하며
모든부처 항상뵙길 서원하고
원력대로 법문듣길 서원하며
보리자리 얻어지길 서원하고
삼법인을 얻어지길 서원하며

.
.

.... 외 등등 48대원

법장비구는 48번째 서원을 하면서 "만약 다른 국토의 모든 보살들이 저의 이름을 듣고 바로 제1 음향인(音響忍), 제2 유순인(柔順忍), 제3 무생법인(無生法忍)에 이르지 못하고, 모든 불법에 대해 불퇴전에 이르지 못하면 차라리 부처가 되지 않겠다"고 하였습니다.

법장비구는 본래 재주와 지혜가 뛰어나고 용감한 국왕이었는데, 세자재왕여래의 설법을 듣고 기쁜 마음을 일으켜 출가비구가 되었습니다. 석가모니 부처님처럼 법장비구는 왕위와 재산과 처자를 버리고 출가하여 6바라밀을 닦고 다른 사람들에게 선행과 수행을 가르쳐 행하게 하고, 스스로 한없는 긴 세월 동안 수행하면서 많은 선근 공덕을 쌓고 쌓아서 마침내 성불하여 아미타 부처님이 되어 48대원이 갖춰진 극락세계에서 중생을 구제하고 계십니다.

지극한 마음으로 쉬지 않고 정진하면 소원을 성취한다

『무량수경』에서는 "비록 큰 바닷물이 아무리 깊다고 할지라도 한 사람이 되로써 계속 퍼내기를 수억 겁 동안 한다고 하면 바닥이 드러나 미묘한 보배를 얻을 수 있듯이, 사람이 지극한 마음으로 정진하여 쉬지 않고 도를 구한다면 마땅히 원하는 결과를 얻을 것이니, 어떠한 소원인들 이루지 못하겠는가?"라고 기술되어 있습니다.

중생을 위한 큰 서원과 끊임없는 용맹정진으로 법장비구는 서원을 성취하여 마침내 극락세계가 완성되고, 아미타 부처님이 되어 중생들을 교화하고 계십니다. 아미타 부처님의 광명은 가장 수승해서 모든 부처님의 광명이 능히 미치지 못한다고 하여 무량광불이라고도 하고, 그 수명은 헤아릴 수 없이 길어서 무량수불이라고도 합니다. 또한 아미타 부처님이 다스리는 극락세계는 평안과 즐거움만 있는 국토여서 안락국이라 하기도 하고, 번뇌와 더러움이 없고 맑은 땅이라 하여 정토라고도 합니다.

그런데 아미타 신앙, 곧 정토 신앙에서 중요한 것은 아미타 부처님만 무량수·무량광이 아니라 아미타 부처님을 생각하고 지극한 마음으로 아미타불을 염송하면 우리 모두 극락에 태어난다는 것입니다. 아미타 부처님을 진실하게 믿고 염불하면 극락에 태어나 아미타 부처님처럼 수명도 한량없고(無量壽), 빛도 한량없는(無量光) 존재가 됩니다.

법장비구의 48대원에 의해 아미타불을 생각만 해도 극락에 왕생할 수 있고, 극락에 태어나 아미타 부처님의 교화를 받으면 아미타 부처님과 똑같은 무량수·무량광의 존재가 될 수 있으니 참으로 환희용약할 일입니다. 법장비구는 모든 중생들이 다 고통이 없고 즐거운 극락정토를 만들겠다고 굳건하게 48대원을 세우면서 용맹 정진했는데, 우리는 법장비구처럼 어렵게 고생하지 않아도 됩니다. 작은 돌멩이는 물에 던지면 가라앉지만 큰 배는 물에 뜹니다. 우리에게는 아미타불의 전신인 법장비구가 만들어 놓은 배를 타고 아미타불을 생각하면서 극락으로 가는 일만 하면 되니 참으로 행복한 일입니다.

임종 직전 나무아미타불 10번만 염하면 극락왕생

불교는 흔히 어렵다는 오해를 받습니다. 팔만대장경만 해도 어지간한 사람들은 기가 질릴 정도로 방대하고 스스로 수행해서 깨달음을 이루어야 한다는 자력수행 또한 어렵기는 매한가지입니다. 그래서 불교인이나 불교 수행자가 되기를 자포자기하는 분들도 많습니다. 하지만 수행법에는 어려운 난행도(難行道)와 쉬운 이행도(易行道)가 있습니다.

용수보살이 저술한 『십주비바사론』「이행품」에 다음과 같이 나타나 있습니다.

"불법에는 무량한 문이 있다. 마치 세간의 길에 어려운 길이 있고 쉬운 길이 있어서 육지를 걸어서 가면 괴롭고, 수로로 배를 타고 가면 즐거운 것과 같다. 보살도 역시 이와 같다. 부지런히 정진하는 방법이 있는가 하면 믿음(信)을 방편으로 삼는 쉬운 행으로 빠르게 불퇴전에 이를 수 있는 방법이 있다."

믿음을 방편으로 삼는 쉬운 수행, 이행도가 바로 정토신앙입니다. 신라 시대 원효 대사께서도 일반 대중들에게 이행도를 가르쳤습니다. 대중들이 많이 모이는 거리에서 무애가를 부르면서 생각생각 끊임없이 나무아미타불을 염하라고 했습니다.

아미타불만 염해도 극락왕생을 할 수 있습니다. 정토신앙은 믿음이 돈독하면 돈독한 만큼 그에 비례해서 이루어진다는 사실을 잊지 마십시오.

염불만 해도 극락에 왕생할 수 있지만, 『관무량수경』에서는 세 가지 복을 지으면 더욱 확실하게 빨리 왕생할 수 있다고 했습니다.

"미래 세상의 일체 범부들로 하여금 청정한 업을 닦아 서방 극락국토에 태어날 수 있도록 하겠다. 이 나라에 태어나고자 하는 사람은 마땅히 세 가지 복을 닦아야 한다.

첫째는 부모에게 효도하고 봉양하며, 스승과 어른을 받들어 존중하고, 자비로운 마음으로 살생하지 말며, 열 가지 선업(十善業)을 닦아야 한다.

둘째는 삼보에 귀의하여 여러 가지 계를 지니며, 위의(威儀)를 범하지 않아야 한다.

셋째는 보리심을 발하여 인과의 도리를 깊이 믿고, 대승경전을 독송하며, 다른 수행자들에게 부지런히 권유해야 한다. 이러한 세 가지를 청정한 업(淨業)이라고 한다."

－『관무량수경』

위의 『관무량수경』의 말씀처럼 세 가지 청정한 업을 부지런히 닦으십시오. 그렇게 하면 여러분이 가는 곳마다 극락이 될 것입니다. 삶과 죽음이 둘이 아니듯이 중생들이 욕망으로 이룬 사바세계와 법장비구의 원력으로 만든 극락정토가 둘이 아님을 알게 됩니다.

또한 앞에서도 말씀드렸는데, 임종 직전 나무아미타불 10번만 염하면 극락에 왕생할 수 있습니다. 하지만 병고에 시달릴 때, 위독해서 정신을 차릴 수 없을 정도로 아플 때, 임종 직전의 혼미한 상황, 막 숨이 넘어 갈 때 염불할 정도로 염불이 몸에 배어 있어야 합니다. 염불이 몸에 밴 사람의 삶이 어떠하겠습니까?

죽고 난 뒤 우리가 볼 수 없는 미래세는 극락정토까지 생각하지 않더라도 그 사람의 삶 자체가 늘 즐겁고 행복할 것입니다. 생각생각 끊이지 않고 염불하는 사람이 다른 사람을 험담하고 욕할 시간이 있겠습니까? 다른 사람과 비교하고 질투하고 속상해 하면서 번뇌 망상에 빠져들 시간이 있겠습니까? 염불하는 그 시간이 즐겁고 행복해서 고통 속에 헤맬 시간이 없을 것입니다.

아미타불이 교화하고 계신 극락정토를 10만 억 불토나 지나야 하는 머나먼 곳으로 생각하지 마십시오. 여러분 각자가 가는 곳마다 극락정토로 일구는 아미타불의 염불행자가 되시길 합장 발원합니다.

우리의 생각과 용심과 실천에 인류의 미래가 달려 있습니다.
나와 남, 인간과 자연이 둘이 아니듯 지구촌과 내가 둘이
아닙니다. 한 순간의 마음일지라도 대립과 분열을 지양하고
10선행을 닦으십시오. 그러면 바로 지금 사랑과 평화와 안락과
희망을 주는 미륵 부처님이 여러분에게 오실 것입니다. 아니
우리가 미륵 부처님의 화신이 되어야 합니다. 여러분의 한 걸음
한 걸음이 미륵 부처님이 열어주는 꽃길이 되고, 미륵 부처님과
함께 걸어가는 희망의 길이 되기를 바랍니다.

한 걸음 한 걸음
미륵 부처님의 꽃길이 되고,
함께 걸어가는
희망의 길이 되길…

○

"대소변을 보고자 할 때는 땅이 저절로 열리고 닫히며, 쌀은 심지 않아도 저절로 거둘 수 있는데, 껍질이 없고 향기로우며, 먹고 나면 앓거나 병으로 고생하는 일이 없다. 또 금·은·보배·자거·마노·진주·호박이 땅 위에 이리저리 흩어져 있어도 주워가는 사람이 하나도 없다. 오히려 그 때의 사람들은 옛 사람들은 이것 때문에 서로 싸우고 죽이며 잡혀가고, 옥에 갇히는 등 수없는 고생을 하지 않았는가? 오늘날에 와서는 이런 것들이 흙이나 돌과 마찬가지로 탐내는 사람이 없다'라고 말하리라."

– 미륵하생경

●

참 좋은 인연입니다. 금산사에는 국보 62호인 3층 미륵전이 있고, 국내에서 가장 큰 미륵 부처님이 입불로 모셔져 있습니다. 미륵성지, 용화도량, 유가종찰인 금산사와 미륵 부처님과의 인연이 지금 이생만의 인연은 아닐 것입니다. 저도 미륵 부처님과의 인연이 매우 깊습니다. 출가본사가 미륵대불로 유명한 속리산 법주사이고, 28세의 젊은 나이에 주지 소임을 맡은 이래 지금까지 가꿔온 금산사를 위시해서 개운사, 영화사 등 머무는 사찰이 모두 다 미륵 도량이었습니다. 지금도 미륵전(국보 62호)에 참배를 할 때마다 가슴이 뜁니다. '미륵 부처님과의 인연이 참으로 깊구나, 이 무슨 인연인가?' 하는 것을 화두로 삼고 사유한 적도 있습니다.

미륵 부처님이 마치 제게 중생들이 고통에서 벗어날 수 있도록 도우라고 수기를 내려주시는 것 같았습니다. 제가 가부좌 틀고 앉아서 화두를 수행하는 간화선에서 한걸음 더 나아가 세상 사람들과 함께 호흡하면서 세간에서 해탈을 이루겠다고 생각하게 된 동기도 미륵도량에서 미륵 부처님의 영향을 받았기 때문이라는 생각이 듭니다.

진표 율사와 미륵신앙

미륵신앙에 대한 설명에 앞서 진표 율사에 대해 먼저 말씀드리겠습니다. 백제 법왕 1년인 599년에 법왕의 자복사찰로 창건된 금산사는 통일신라 경덕왕 때 진표 율사의 중창으로 비로소 대찰의 면모를 갖추고 미륵신앙의 성지가 되었습니다.

『송고승전』'진표전'에 의하면, 진표 율사는 백제 사람으로 김제(金堤) 만경(萬頃)에서 출생했는데, 어릴 적부터 영리하고, 날쌔고 민첩하며 활을 잘 쏘았다고 합니다. 개원 연간 어느 날 사냥하러 가다가 개구리를 여러 마리 잡아서 버들가지에 꿰어서 물속에 넣어두었다가 깜박

잊고 집으로 돌아와 버렸습니다. 그런데 이듬해 봄에 개구리들이 우는 소리를 듣고 그 곳에 가보니 버들가지에 꿰인 채 살아 있는 개구리의 모습을 보고 '아, 내 입과 배를 채우겠다고 개구리들을 한 해가 넘어가도록 고통 받게 했구나'라고 한탄했습니다. 깊이 반성하면서 버들가지를 끊어서 조심조심 개구리를 풀어준 다음 곧바로 출가하였다고 합니다.

진표 율사는 부모님이 반대할까 봐 허락도 받지 않은 채 스스로 머리칼을 자르고 금산수(金山藪) 숭제(崇濟: 백제를 숭상함) 혹은 순제(順濟: 백제에 순응함) 법사에게 가서 출가했습니다. 금산사에서 숭제 법사의 가르침을 받으면서 수행하던 진표 율사는 27세 때에 변산 부사의암(不思議庵)에서 치열하게 수행했습니다. 17년 동안 망신참(亡身懺: 온 몸을 땅에 내던지면서 몸에 극단적인 고통을 가하여 이를 이겨냄으로써 과거의 죄악을 씻어내는 참회법)의 고행을 통해 계법(戒法)을 구해서 마침내 미륵보살과 지장보살로부터 간자와 계본을 전해 받게 되었습니다.

'진표전간(眞表傳簡: 진표에게 점대를 전해주다)'에서는 미륵보살이 직접 진표 율사에게 『점찰경』 두 권과 과보를 증명해 주는 간자(簡子: 점대) 189개를 전해주었다고 기록되어 있습니다. 『점찰선악업보경』은 과거·현재·미래의 길흉화복에 대해 점을 치고 지장보살에게 예배 공양하고 참회하는 의식이 담긴 지장신앙의 중심경전입니다. 지장보살님은 석가모니 부처님이 열반하시고 미래의 부처님인 미륵 부처님이 오실 때까지 중생을 구제해 주는 무불(無佛) 시대의 교주입니다. 또한 지장보살님은 『점찰선악업보경』을 통해 10악업을 금지하고 10선업을 권장하여 세상을 맑혀서 미륵 부처님이 오실 수 있도록 토대를 마련하는 분입니다. 진표 율사가 미륵보살과 지장보살님께 간자와 계본을 전해 받은 까닭이 바로 거기에 있습니다. 『점찰선악업보경』의 참회 의식과 미륵경전에서 강조하는 십선행이 합치되었을 때 미래불인 미륵부처님의 하생을 빨리 앞당겨 일체중생이 겪고 있는 고통에서 벗어나고자 하는 염원을 담았다는 것을 짐작할 수 있습니다.

그 후 진표 율사는 금산사로 다시 돌아와 『점찰선악업보경』과 미륵신앙을 중심으로 널리 교화의 법을 펼쳤습니다. 중창불사를 발원하고, 왕실의 후원을 받아 경덕왕 21년인 762년부터 혜공왕 2년인 766년까지 5년에 걸쳐 가람을 크게 일으켜 세웠습니다. 금산사가 대찰의 면모를 갖추고 미륵신앙의 성지로 자리매김하게 된 것은 진표 율사 때부터라고 할 수 있습니다.

어느 날 영심(永深)과 융종(融宗), 불타(佛陀) 등 세 분 스님이 진표 율사에게 찾아와 "법문(法門)을 전해 달라"고 권청합니다. 이에 진표 율사가 응답하지 않자, 세 사람은 복숭아나무로 올라가서 거꾸로 땅에 떨어지면서 참회를 했습니다. 몸을 던지는 구도열을 보고 진표 율사는 마침내 교법을 전하고, 가사와 발우, 『공양차제비법(供養次第秘法)』 1권, 『점찰선악업보경』 2권과 간자를 주면서 "속리산으로 돌아가면 길상초가 난 곳이 있을 것이다. 그곳에 절을 짓고 이 교법(敎法)에 의지해서 사람과 하늘을 널리 제도하라"고 하였습니다.

진표 율사의 뜻을 받들어 영심 등 세 분 스님은 곧장 속리산으로 가서 길상초가 나 있는 곳에 절을 창건하고 사명(寺名)을 길상사라고 지었습니다. 그곳이 바로 오늘날의 법주사입니다. 이 지역은 전략적 요충지로서 오랜 동안 전쟁으로 피폐해진 곳인데, 전쟁에 시달리는 백성들에게 새로운 희망을 불어넣어 주기 위해 미륵도량을 창건하였습니다. 또한 진표 율사는 북쪽의 금강산에는 발연사를 창건하여 3회 설법의 미륵 도량을 완성하였습니다. 1회 설법도량은 모악산 금산사(金山寺), 2회 설법도량은 속리산 법주사(法住寺), 3회 설법도량은 금강산 발연사(鉢淵寺)로 설정함으로써 미륵신앙을 통하여 이 땅에 용화세계를 건설하고자 하는 큰 원력을 실천하였습니다. 아울러 제자들로 하여금 팔공산 동화사(八公山 桐華寺)에서 미륵신앙을 크게 선양하도록 했습니다. 이와 같이 진표 율사는 미륵신앙을 전 국토에 널리 전함으로써 범국민적·민족적인 차원에서 모두가 절망을 딛고 희망으로 나아가도록 이끌어주는 신앙 운동을 적극 전개한 것입니다.

미륵삼부경의 확산,
돈독한 미륵신앙이 삼국 통일의 원동력이 되다

미륵은 범어 '마이뜨레야(Maitreya)'를 한자어로 음사(音寫)한 것으로 '자비를 갖춘 분', 다시 말해 중생들에게 슬픔과 고통에서 벗어나게 해 주고, 기쁨과 행복을 주시는 부처님입니다. 석가모니 부처님의 제자인 미륵보살이 도솔천에 상생해 있다가 부처님께서 열반하신 지 56억 7천 만 년 후에 사바세계에 하생하여 용화수 아래에서 설법하여 고통 받는 중생들을 제도하는 미래불이 바로 미륵 부처님입니다.

미륵신앙에 대해 언급하고 있는 경전에 대해 제대로 알아야 바른 미륵신앙관을 가질 수 있습니다. 『미륵상생경(彌勒上生經)』, 『미륵하생경(彌勒下生經)』, 『미륵대성불경(彌勒大成佛經)』 등 미륵신앙의 대표적인 경전 3종을 통칭하여 미륵삼부경이라 합니다.

첫째,『미륵상생경』의 원제목은『불설관미륵보살상생도솔천경』입니다. 당나라 현장 법사의 한역(漢譯)본인데, 우리말로 번역한 경전이 현재 통용되고 있습니다.『미륵상생경』은 부처님께서 사위국 기수급고독원에 계실 때, 우바리 존자의 질문에 따라 미래불인 미륵에 대해 설명하는 순서로 시작됩니다.

부처님의 제자인 미륵이 수명이 다하면 도솔천(욕계의 정토)에 태어나며, 도솔천에는 5백 만 억이나 되는 하늘나라 사람들이 보배로운 궁전을 지어 미륵보살에게 공양을 올리고 법문을 청합니다. 도솔천에서는 저절로 생긴 악기에서 항상 법문을 설하는 음악이 흘러나오고, 일곱 가지 보배로 아름답게 장식되어 있으며, 여러 신들이 갖가지 법문을 설합니다.

이러한 도솔천에 태어나 미륵의 제자가 되고자 하는 사람은 계율을 잘 지켜서 10선법(十善法)을 닦고 도솔천의 즐거움을 생각하고 미륵보살의 이름을 듣고 염불하고 발원하면 사후에는 도솔천에 왕생할 수 있습니다. 도솔천에 한번 왕생하면 질병이나 사고로 괴로움을 당하거나 일찍 죽는 일도 없이 누구나 그곳 나이로 4천 세까지 산다고 합니다. 도솔천의 하루는 지상의 4백 년에 해당하는데, 그곳의 햇수로 4천 년 후에는 미륵보살이 사바세계로 내려와서(下生) 성불하도록 되어 있습니다. 그때 천상에 사는 모든 이들도 미륵보살을 따라서 하생하여 부처님의 설법을 듣고 견성해탈하게 된다는 내용이 미륵상생경의 개괄적인 교리입니다.

둘째,『관미륵보살하생경』이라고도 하는『미륵하생경』은 미륵보살이 성불할 때, 도솔천에서 인간 세상에 내려와 화림원(華林園) 용화수(龍華樹) 아래에서 성도한 뒤 세 번에 걸친 설법으로 중생을 제도한다는 내용이 핵심 요점입니다.

즉, 부처님께서 사위국 기수급고독원에 계실 때 아난 존자의 요청으로 말씀해 주셨는데, 먼 다음 세상, 인간 세계에 욕심·성냄·어리석음의 3독이 없어지고 모든 번뇌가 사라지며, 산이나 개울, 강, 벼랑들이 다 없어져 대지가 평정하게 되어 거울처럼 맑아지고, 사람들도 많고, 보배도 많고, 곡식과 과일도 풍성하고, 질병이 아예 없어지고, 전륜성왕이 나타나 천하를 다스리는 지상낙원이 펼쳐지는 시대에, 미륵보살은 '수범마'라는 대신을 아버지로 '범마월'을 어머니로 하여 세상에 태어난다고 합니다. 그리고 용화수 아래에서 성도하여 미륵 부처님이 첫 번째 법회에서 96억 명을, 두 번째 법회에서 94억 명을 세 번째 법회에서 92억 명을 제도하신다고 기술되어 있습니다.

셋째, 『미륵대성불경』은 문장은 조금 다르지만 『미륵하생경』과 동일한 내용을 담고 있어서 같은 경전으로 간주합니다. 미륵경전 가운데 가장 먼저 성립되었으며, 미륵보살의 국토, 시절, 출가, 성도, 전법륜, 도인(道人), 견가섭(見迦葉) 등에 대해 자세히 기록하고 있어서 내용이 상당히 긴 분량입니다. 하지만 이 경에는 미륵 사후의 도솔천 탄생과 설법을 중심으로 하는 미륵상생신앙에 대한 내용은 없지만, 하생하여 3회 설법으로 중생을 구제하는 내용만 담겨 있습니다.

『미륵하생경』에 의하면 미륵불의 세계는 인간의 평균수명이 8만 4천 세나 되고, 맛있는 음식물이 풍족하며, 생각만 해도 모든 것이 저절로 생기며 어떤 고통도 없는 지상낙원이라고 합니다. 특히 금·은·보배·자거·마노·진주·호박이 땅 위에 이리저리 흩어져 있어도 주워가는 사람이 하나도 없다고 하면서 "옛 사람들은 이것 때문에 서로 싸우고 죽이며 잡혀가고, 옥에 갇히는 등 수없는 고생을 하였는데, 오늘날에 와서는 이런 것들이 흙이나 돌과 마찬가지로 탐내는 사람이 없다"는 경전 말씀이 의미심장합니다. 아무리 귀한 보배라도 탐심이 없으면 무심하게 대할 수 있습니다. 이 세상에서 벌어지고 있는 온갖 고통이 사실은 탐심에서 비롯된 것이 많습니다. 탐욕으로 인해 서로 싸우고 죽이고 잡혀가고 옥에 갇히는 일이 얼마나 많습니까? 그런데 미륵 부처님이 하생하시는 용화세계에서는 모든 사람들이 다 성불하여 탐심이 전혀 없고 다툼이 없으니 그대로 지상낙원인 셈입니다.

이러한 미륵신앙은 불교가 전래된 삼국시대부터 지금에 이르기까지 수많은 사람들에게 영향을 미쳤습니다. 삼국시대 특히 신라시대에 화랑을 위시해서 청년들이 전쟁터에서 용감하게 나라를 위해 목숨을 바친 역사는 바로 이 미륵신앙에 철두철미했기 때문입니다. 왕족과 귀족은 물론이고 천민에 이르기까지 모두가 죽어서 도솔정토에 상생하고자 하는 믿음이 목숨을 초개같이 버림으로써 국토를 통일하는 원동력이 되었습니다.

또한 어지러운 시대에는 스스로 미륵을 자처해서 메시아로 등장한 경우도 많았습니다. 통일신라 말 극심한 혼란기에 후고구려를 건설한 궁예가 그 대표적인 인물입니다. 궁예는 스스로를 미륵이라 자칭하면서 혹세무민하다가 비참하게 생을 마감했습니다. 그 후에도 미륵불이라고 참칭(僭稱)하며 사회를 혼란스럽게 만든 사람들이 많았는데 그들은 모두 다 가짜 미륵이었습니다.

한편 미륵신앙은 신흥종교에도 크나큰 영향을 끼쳤는데, 자신들의 교리 속에 미륵신앙을 자의적으로 받아들여 발전시킨 신흥종교도 적지 않습니다. 후천개벽사상을 토대로 하는 신흥종교에서 미륵신앙을 적극 수용하여 미륵신앙을 오해하는 분들이 없지 않은데, 미륵신앙은 후천개벽사상과는 차원이 다릅니다.

또한 기독교에서는 예수님이 빛과 사랑으로 인도하였고, 지금도 예수님 같은 메시아가 다시 나타나기를 발원하고 있습니다. 하지만 동서양을 막론하고 지금까지 메시아를 참칭(僭稱)한 사이비 종교지도자들이 혹세무민(惑世誣民)하여 인류를 고통의 나락으로 떨어지게 하는 사례만 늘어날 뿐 진정한 메시아는 찾아볼 수 없습니다.

『미륵하생경』에서 언급한 것처럼 민중들이 핍박 받고 괴로움에 처했을 때 미륵 부처님이 오셔서 사회를 변혁하여 새로운 세상을 여는 것이 아닙니다. 우리가 적극적으로 10선을 닦고 실천해서 이 세상을 자비롭고 평화롭고 안락한 용화세계로 만들면 미륵 부처님이 하생하여 완전한 깨달음의 길을 열어 주시는 것입니다. 이와 같은 사실을 믿고 적극적으로 10선을 닦고 실천하시기를 바랍니다.

10선행(十善行)을 열심히 닦으면 우리 곁에 오시는 미륵 부처님

이미 앞에서 언급하였듯이, 미륵삼부경의 내용을 살펴보면, 크게 미륵상생신앙과 미륵하생신앙 두 가지 설로 분류됩니다. 미륵상생신앙은 미륵보살이 계시는 도솔천을 이상세계로 여기고 다음 세상에 도솔천에 상생하기를 바라는 것입니다. 죄업을 참회하고 10선업, 즉 열 가지 선행을 열심히 닦으면 도솔천에 상생할 수 있습니다. 도솔천에 상생해서 미륵보살님을 모시고 수행하다가 미륵 부처님이 하생하실 때 함께 지상으로 내려와 3회의 설법을 듣고 성불한다는 교리가 미륵상생신앙의 요점입니다.

미륵하생신앙은 모든 중생이 자비심을 가지고 10선(十善)을 행하고 열심히 포교하여 자비롭고 평화롭고 안락한 용화세계를 만들어 놓으면 미륵 부처님이 하생하여 아직 깨닫지 못한 중생들에게 3회의 설법으로 오랜 업장을 소멸하게 하고 위없는 깨달음의 길로 인도한다는 교리입니다.

경전에 의하면, 석가모니 부처님께서 입멸하신 지 56억 7천 만 년 후에 미륵 부처님이 하생하신다고 말씀하셨지만, 한편으로는 10악(十惡)을 금하고 10선(十善)을 적극적으로 행해서 용화세계로 만들면 미륵 부처님의 하생을 훨씬 더 앞당길 수 있다고 했습니다. 미륵 부처님의 하생은 곧 인류가 성불의 길로 들어가는 것입니다. 다시 말해서 우리들의 미래는 희망과 안락과 행복이 충만한 용화세계이며, 모든 중생이 절대 평등한 부처님 나라를 만드는 주인공이 된다는 말입니다. 이렇듯 우리의 믿음과 실천행이 인류의 의식수준을 높이고 깨달음의 세계로 이끌어 가게 됩니다.

우리 민족의 가장 큰 아픔이요, 위기였던 일제 강점기와 해방 후 오늘날까지 혼란기에 미륵하생신앙을 받아들여 모악산과 계룡산 주변에 미륵신앙을 내세운(참칭僭稱한) 신흥종교들이 우후죽순처럼 생겨났습니다. 미륵신앙을 표방한 몇몇 신흥종교들이 사회에 물의를 일으키는 현실을 보면서 미륵신앙의 참 뜻을 회복해야겠다는 생각으로 1966년 본인이 금산사 주지로 있을 때 '미륵정신회(彌勒正信會)'를 조직하였습니다. 또한 이종익 거사에게 『미륵신앙과 10선도』라는 책을 저술하게 하여 발간·배포하고, 오늘날까지 미륵신앙에 근거해서 사부대중 십 수만 명에게 10선계를 설하고 수계해 주었습니다. 이렇듯 '미륵정신회'를 중심으로 10선행을 적극적으로 권장하면서 '미륵신앙 올바르게 알기 운동'을 펼쳤고, 상좌 도영, 도법, 평상, 원행, 성우, 원광, 일원, 원혜 스님 등에 의해 지금까지도 그 맥을 면면히 이어오고 있습니다.

우리가 10선행을 하면 미륵 부처님께서 이 세상에 오셔서 잘난 사람이든 못난 사람이든 남자든 여자든 노인이든 어린이든 불문하고 모든 사람을 부처를 만드신다는 사실을 올바로 알게 되면 10선행을 하지 않을 사람이 누가 있겠습니까? 또한 10선행이 특별한 것이 아니라 불자든 불자가 아니든 누구나 사람답게 살려면 꼭 실천해야 할 기본 윤리입니다. 10선행을 살펴보면 다음과 같습니다.

첫째, 일체중생을 사랑하여 살생하지 말고 방생하라.
둘째, 탐심을 내서 남의 물건을 훔치지 말고 남에게 베풀어라.
셋째, 삿된 음행을 하지 말고 순결을 지키라.
넷째, 거짓말하지 말고 늘 바른말을 하라.
다섯째, 이간질하지 말며, 화합하는 말을 해라.
여섯째, 험한 욕설을 하지 말고 언제나 부드러운 말로 상대방을 기쁘게 하라.

일곱째, 과장해서 말하지 말고 있는 그대로 진실하게 말하라.

여덟째, 탐욕심이 일어나지 않게 부정관을 수행하라.

아홉째, 성냄이 일어나지 않도록 자비관을 수행하라.

열째, 어리석은 마음이 일어나지 않도록 연기관을 수행하라.

10악업(十惡業)을 짓는 사람보다 10선행(十善行)을 행하는 사람이 이 세상에 많을 때에 미륵 부처님께서 출현하십니다. 10선행을 열심히 닦아 나가다 보면 아름다운 세상, 정말 살 만한 세상이 됩니다. 특히 오늘날처럼 극심한 환경문제로 생태계가 파괴되고, 지구촌의 미래가 걱정되는 세상에는 10선행은 해도 되고 안 해도 되는 것이 아니라 반드시 실천해야 하는 절대적 덕목입니다.

우리의 생각과 용심과 실천에 인류의 미래가 달려 있습니다. 나와 남, 인간과 자연이 둘이 아니듯 지구촌과 내가 둘이 아닙니다. 한 순간의 마음일지라도 대립과 분열을 지양하고 10선행을 닦으십시오. 그러면 바로 지금 사랑과 평화와 안락과 희망을 주는 미륵 부처님이 여러분에게 오실 것입니다. 아니 우리가 미륵 부처님의 화신이 되어야 합니다. 여러분의 한 걸음 한 걸음이 미륵 부처님이 열어주는 꽃길이 되고, 미륵 부처님과 함께 걸어가는 희망의 길이 되시길 바랍니다. 요컨대 이 세상을 용화세계로 만들어 온갖 고통에서 벗어나 참으로 안락하고 행복하고 평화롭게 살아가시길 축원 드립니다.

제2장.

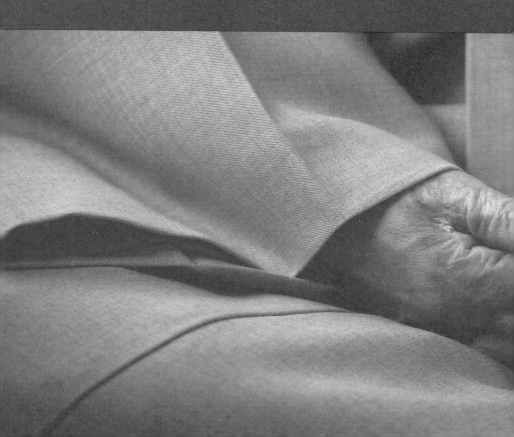

보현행이
곧
깨달음이다

새의 양 날개처럼 지혜와
자비가 원만해야 한다

○

"선남자여, 만일 중생들이 선근(善根)을 심지 않으면 아뇩다라삼먁
삼보리심을 내지 못하느니라. 보문의 선근 광명을 얻으며, 참된 길
인 삼매의 지혜광명을 얻으며, 갖가지 광대한 복바다를 출생시키며,
(중략) 평등한 마음이 땅과 같아서 높고 낮음이 없으며, 성품이 언제
나 자비로워 모든 중생을 연민하며, 항상 여래의 경계를 관찰하기 좋
아하여 이와 같이 능히 보리심을 내어야 하느니라."

– 대방광불화엄경 입법계품

●

좋은 일을 해야
깨달음을 성취할 수 있다

위 내용은 『화엄경』 「입법계품」 가운데 선재동자가 가르침을 받은
53선지식 가운데 한 분인 해운 비구의 말씀입니다. 햇중 시절 『화엄경』
을 읽다가 이 구절에 이르자 나도 모르게 가슴이 두근두근 뛰었습니다.
좋은 과보를 얻을 만한 좋은 씨앗(善根)을 심지 않으면 아뇩다라삼먁삼
보리심, 즉 더 이상 위없는 최고의 깨달음의 마음을 내지 못한다는 글귀

입니다. 다시 말해서 좋은 일을 해야 깨달음을 이룰 수 있다는 뜻입니다.

우리는 본래 깨달음의 가능성을 지닌 존재입니다. 우리가 깨달음의 가능성을 지닌 존재임을 완전히 체득하기 위해 수행을 하는 것입니다. 좋은 일을 해야 깨달음을 이룰 수 있다는 말은 가부좌를 틀고 앉아서 면벽 수행하는 것만이 아니라 그 결과로, 좋은 행동, 즉 보살행을 통해 스스로 깨달음의 가능성을 지닌 존재임을 확실하게 자각하는 것입니다. 수행 가운데 최고의 수행이 보살행이라는 말입니다.

사실 내가 출가했던 1950년대 중반만 해도, 아니 그 뒤로 수십 년 이후, 지금까지도 스님들은 보살행보다는 선수행에 훨씬 더 관심이 많습니다. 은사이신 금오 스님도 당대 내로라하는 선사로서 선수행을 강조하셨습니다. 나는 은사스님에게 계행 준수, 참선 수행, 보살행을 적극 실천하라는 가르침을 받았습니다. 또한 불교정화운동 때에는 은사스님을 보좌하면서 청담 스님의 『금강경』 강의, 탄허 스님의 『화엄경』 강의와 『보조법어』 강의 등 여러 큰스님들의 가르침에 영향을 받아 철저하게 계행을 지키고, 열심히 수행하는 한편 교학을 연수하고 중생 구제의 원력을 자연스럽게 익혔습니다.

하지만 그 당시만 해도 중생 구제와 포교는 뒷전이었고, 오로지 수행을 강조하던 시절이었습니다. 그런데 나는 출가하기 전부터 중생 구제에 깊은 관심을 갖고 있었습니다. 그리고 금산사 주지 소임을 맡으면서 많은 신도들과 만나 이런저런 대화를 나누면서, 또 조계종 중앙종회 의원으로 종단 일을 보면서 사회의 흐름뿐만 아니라 사람들에게 무엇이 필요한지도 알게 되었습니다.

한편 총무원에서 3년 동안 종단 발전을 위해 어떻게 할 것인가 함께 고민하고 노력했던 광덕 스님과 대화를 나누면서 큰 느낌을 받았습니다. 보현행원을 실천해야 한다는 광덕 스님의 간절한 말씀을 들으면서 가슴 깊이 공감했습니다. 평소 내가 견지했던 생각이 광덕 스님을 통해 더욱 확고히 자리 잡게 되었고, 자비원만(慈悲圓滿), 즉 새의 양 날개처럼 지혜와 자비를 원만하게 수행해야 한다는 사실을 깨닫게 되었습니다.

출가 수행자에게 수행은 기본이고, 사람들의 고통을 덜어주고 즐거움을 주는 자비행이 선택이 아닌 필수 덕목임을 확실히 알게 되었습니다. 아는 것, 깨닫는 것이 중요한 것은 알고 깨달으면 적극적으로 실천하려 애쓰기 때문입니다. 자비행을 실천하고 보현행을 실천하는 것이 깨달음과 둘이 아니라는 이치를 아는 사람과 모르는 사람은 행동으로 옮기는 데 크나큰 차이가 날 수밖에 없습니다.

그 후 보살사상과 보현행원에 관계된 책을 찾아서 읽고, 사회의 흐름을 꾸준히 살피면서 어느 한쪽에 치우치지 않아야겠다는 견지를 갖게 되었습니다. 중도적 견지는 몇몇 큰스님과 도반들과의 만남이 아닌 수많은 사람들과의 만남 속에서 자연스럽게 체득하였습니다. 무엇보다 당시 종단 안팎의 상황을 직면하면서 균형 잡힌 생각을 확고하게 가졌습니다. 사회와 유리된 종단, 중생을 구제하기는커녕 시대감각이 뒤떨어진 듯한 종단 상황을 지켜보면서 안타까운 마음을 금할 수가 없었습니다.

그래서 항상 '수행과 교학 연수와 전법 도생이 삼위일체가 되어야 한다. 자리이타(自利利他)를 동시에 실천해야 한다. 자기 성불뿐만 아니라 대중 성불을 함께 해야 한다. 자미도 선도타(自未度 先度他), 즉 자기 성불이 늦더라도 중생을 먼저 구제해야 한다. 한국불교의 방향을 바꿔야 한다. 종단을 개혁해야 한다'는 화두를 품고 살아왔습니다. 그러던

차에 1970년대 초반에 조계종 총무원 교무부장을 맡게 되었고, 소신껏
종단 차원에서 하나하나 반영하고 실천해 나아가기 시작했습니다.

지증보살(智增菩薩)보다
비증보살(悲增菩薩)의 공덕이 더 크다

사람들은 세간을 떠난 초세간·출세간의 고독한 수행자를 연상하
기 쉬운데, 본인은 출가 전부터 초세간적 입장보다는 출출세간을 지향
해 왔습니다. '세간을 외면해서는 안 된다', '수행자의 본분사는 중생 구
제다'라는 생각이 가슴 깊이 각인되어 있었습니다. 아마도 어릴 때부터
그런 생각을 했던 것을 보면 전생부터 부처님 법과 깊은 인연이 있었던
것 같습니다. 사실 똑같은 상황에 직면했을 때, 똑같은 법문을 듣고서
도 사람마다 다르게 받아들이는 것은 전생 때부터 익힌 인연의 소치라
고 할 수 있습니다. 자기가 관심 있는 부분, 익숙한 부분에 더욱 깊이 공
감하는 것 역시 전생 인연이라고밖에 달리 설명할 방법이 없습니다.

젊은 날 탄허 스님께 『화엄경』 강의를 들었던 적이 있습니다. 『화엄
경』 강의 도중에 "지증보살(智增菩薩)보다 비증보살(悲增菩薩)의 공덕이
더 크다"는 말씀을 하셨습니다. 즉 문수의 지혜보다 보현의 자비행원이
더 수승하다는 설명을 하셨고, 그 말씀을 듣고 마음이 갑자기 밝아졌습
니다. 내가 평소 염원했던 생각을 마치 탄허 스님의 입을 통해 부처님
께서 수기를 내려주시듯 느꼈기에 형언할 수 없는 법열에 휩싸이게 되
었습니다.

『화엄경』은 아시다시피 대승경전의 최고봉으로 알려진 경전입니다. 원융 무애한 화엄의 도리와 법계 연기법에 의한 세계관이 담겨져 있습니다. 특히 의상 조사께서 『화엄경』을 축약한 법성게의 '일즉일체 다즉일(一卽一切 多卽一), 일미진중 함시방(一微塵中 含十方)', '하나가 곧 일체요, 일체가 곧 하나다, 하나의 미세한 티끌 속에 시방, 곧 우주가 담겨 있다'는 이 한 구절만으로도 우주의 이치를 설명할 수 있습니다. 나와 모든 것이 함께 존재하고 전체 속에 내가 존재한다는 가르침을 올바로 이해할 때 이 세상의 다툼은 사라지고 저절로 평화가 전개될 것입니다.

그런데 나는 모든 우주의 이치가 담긴 『화엄경』 구절 중에서도 '이보현행 오보리(以普賢行 悟菩提)', 즉 보현행으로써 깨달음에 이른다는 말씀이 가장 가슴을 울렸습니다. 탄허 스님의 『화엄경』 강의를 들으면서 보현보살의 10대원(十大願)을 실천하겠다는 다짐을 했고, 이후 언제 어느 때나 보현행에 초점을 맞추게 되었습니다. 부처님의 팔만사천 대장경의 말씀을 다 공부하려면 한도 끝도 없습니다. 수행 역시 완벽한 깨달음을 이루기 위해서는 얼마나 오랜 세월 화두를 참구해야 할지 모릅니다. 하나를 알게 되면 아는 만큼 다른 사람에게 전해주고 하나를 깨달으면 깨달은 만큼 그 공덕을 회향해야 합니다.

출가 후 십 수 년 동안 끊임없이 고민한 결과 오로지 중생을 위해 하나라도 전하고 나누고 함께 동사섭을 해야 한국불교를 살릴 수 있다는 생각을 했습니다. 이러한 나의 수행목표이자 구세관(救世觀)은 이후 조계종총무원에서 총무원장 소임을 맡았을 때 깨달음의 사회화운동으로 승화시켰고, 더 나아가 시민운동과 사회운동을 하면서 더욱 구체화되었습니다.

우리는 본래 깨달음의 가능성을 지닌 존재입니다.
우리가 깨달음의 가능성을 지닌 존재임을 완전히
체득하기 위해 수행을 하는 것입니다. 좋은 일을
해야 깨달음을 이룰 수 있다는 말은 가부좌를 틀고
앉아서 면벽 수행하는 것만이 아니라 그 결과로,
좋은 행동, 즉 보살행을 통해 스스로 깨달음의
가능성을 지닌 존재임을 확실하게 아는 것입니다.
수행 가운데 최고의 수행이 보살행이라는 말입니다.

신군부의 희생양이었던
10·27 법난

○

"선남자여, 모든 장애가 곧 궁극의 깨달음이니, 생각을 얻고 생각을
잊어버리는 것이 해탈 아님이 없으며, 법을 이루고 법을 깨뜨림이 다
이름이 열반이며, 지혜와 어리석음이 통틀어 반야가 되며, 보살과
외도의 성취한 바 법이 한 가지 깨달음이며, 무명과 진여가 다른 경
계가 없으며, 모든 계정혜와 사음·분노·어리석음이 모두 범행이며,
중생과 국토가 동일한 법의 성품이며, 지옥과 천국이 다 정토이며,
유성(有性)과 무성(無性)이 나란히 불도를 이루며, 모든 번뇌가 필경
해탈이다. 법계 바다의 지혜로 모든 상을 비추어 앎이 허공과 같으니
이것을 여래가 수순(隨順)하는 깨달음의 성품이라 이름 한다."

– 대방광원각수다라요의경 청정혜보살장

●

종교는 정치적으로
중립을 지켜야 한다

여러분, 인생을 되돌아보며 살고 계시지요? 어떠십니까? 일부러
되돌아보려 하지 않아도 나이가 들면 지난 삶을 저절로 돌아보게 됩니

다. 지난 삶에 대해 회고해 보면, 뿌듯한 장면도 그려지고 후회스러웠던 단면도 있습니다. 나 역시 그간의 삶을 회상해 보니 참으로 다사다난했다는 기억이 납니다. 굽이굽이 부침이 심했던 한국현대사를 겪어냈고, 특히 출가한 이후로는 줄곧 한국불교 현대사의 영욕을 함께해 왔습니다. 무엇보다 가슴에 깊은 멍이 들어 지금까지도 아픈 상처로 남은 사건은 10·27법난이었습니다.

　10·27법난은 1980년 10월 27일과 30일, 대한불교 조계종 총무원을 비롯한 전국의 약 5,700개의 사찰 법당이 신군부의 군홧발에 짓밟히고, 300여 명의 스님들이 연행되어 조사를 받고 일부 스님들은 고문을 받는 등 불법(佛法)이 신군부의 정치권력에 무참히 유린된 초유의 사건입니다. 당시 국가 권력을 무력으로 찬탈한 신군부는 1980년 5·18 광주민주화 항쟁을 유혈로 진압하고, 여론의 관심사를 돌리기 위해 한국불교를 희생양으로 삼았습니다.

　그런데 사실상 10·27법난이 발생한 근본 원인을 살펴보면, 신군부와 타협하지 않았던 불교계에 대한 종교 탄압이었습니다. 신군부는 당시 총무원장이었던 내게 전두환 대통령 추대 지지 성명을 해 달라고 여러 차례 요청했습니다. 하지만 정교분리의 원칙을 지켜야 한다는 소신으로 신군부의 요청을 단호하게 거절했습니다.

　또한 신군부에서 내린 문공부 자율정화 지침도 거부하면서 오히려 부당했던 불교재산관리법 개정을 요구했습니다. 그 와중에 신군부 측과 갈등이 심화되었습니다. 그렇지만 정말 그렇게 가혹한 탄압을 받을 줄은 몰랐습니다. 게다가 10·27법난에 더해진 언론 학살은 불교계에 씻을 수 없는 상처를 남겼습니다. 당시 언론을 송두리째 장악한 신군부는 불교계를 비방하고, 각종 의혹 사실을 유포하면서 한국불교 전체를 비리와 부정부패의 온상으로 호도하였습니다. 이 때 신군부에 의해 터무니없이 조작된 불교계 실상에 현혹된 사람들 중 상당수가 불교계에 실망하고 개종을 하기도 했습니다.

한국불교는 이 땅에 전래된 이래 1700여 년 동안 우리 민족의 역사와 흥망성쇠를 함께 하며 찬란히 빛나는 문화유산을 창조해 왔습니다. 삼국시대, 통일신라시대, 고려시대에는 국교로서 국가 발전을 향도하였고, 조선시대에는 숭유억불정책으로 탄압받으면서도 외적의 침입으로 나라가 풍전등화의 위기에 처했을 때마다 전국의 스님들이 분연히 일어나 생명을 바쳐 나라를 구했습니다. 그런데 1980년 신군부에 의해 자행된 10·27 법난으로 말미암아 한국불교가 최악의 위기를 맞이하게 되었습니다.

1980년 10월 27일, 당시 조계종 총무원장이었던 나 역시 장삼을 입은 채로 계엄사령부에 따라가서 조사를 받았습니다. 아무리 조사를 해 봐도 비리도 없고 부정한 일도 전혀 없으므로 23일 만에 훈방이라는 명분으로 풀려나왔습니다.

그런데 종무 행정의 수장으로서 도의적인 책임을 지고 총무원장직에서 물러나라고 강요하더군요. 아울러 총무원장직 강제사직과 함께 2년 동안 일체 공직 활동을 하지 말라는 강권을 받았습니다. 그래서 미국으로 건너 가서 3년 동안 체류하게 되었습니다.

10·27법난,
치욕적인 상흔을 어떻게 치유할 것인가?

그동안 불교계는 10·27법난의 치욕적인 상흔을 치유하기 위해서 법난의 진상 규명과 책임자 처벌, 명예회복을 위해 각고의 노력을 기울였습니다. 1988년 11월 나와 혜성 스님 등을 공동대표로 해서 스님들로 구성된 '10·27법난 진상규명추진위원회'를 발족했습니다. 10·27법난 진상 규명을 촉구하는 결의를 하고, 세미나와 토론회도 개최해서 관심을 불러 일으켰습니다.

1988년 '5공화국 관련비리 국회 청문회'의 인권위원회의 정식의제로 '10·27법난'이 채택되어 12월 정부의 공식적인 사과를 처음으로 이끌어내기도 했지만 실망스러운 수준이었습니다. 당시 강영훈 국무총리는 교계 스님들과 신행단체 대표들을 총리 공관에 초청해서 10·27법난을 사과하는 담화문을 발표했습니다. 하지만 정확한 진상 규명과 책임자 처벌 및 정부의 후속 조치도 없이 유감을 표명하는 지극히 형식적인 수준에 지나지 않는 정부의 태도를 보고 망연자실했습니다.

그렇게 지지부진 시간만 지체하다가 1995년 파주 보광사에서 10·27법난 15주기 법회를 봉행하고, 은해사에서 15주년 특별기도회를 통해 여론을 유도하였습니다.

그 후 2003년 MBC 시사프로그램 '이제는 말할 수 있다'에서 10·27법난을 내용으로 하는 '45(조계사 견지동 주소) 계획 10·27법난의 진실'을 방영해서 여론을 형성하였고, 2005년 8월 법타 스님을 위원장으로 하는 '대한불교조계종 10·27법난 진상규명 및 명예회복추진위원

회'를 구성하여 10·27 법난에 대한 사부대중의 공의를 모으고 대책을
준비하였습니다.

2007년 국방부 과거사진상규명위원회는 '10·27 법난'을 '국가권
력 남용사건', '민주항쟁사건'으로 규정했습니다. 과거사진상규명위원
회는 당시 전두환 대통령이 사건 전후과정을 보고 받았을 가능성이 높
고, 군사정부에 비협조적이었던 나를 손보기 위해 자행한 '국가적 폭
력'이요, '종교 탄압'이었음을 인정하였습니다. 마침내 10·27법난은 당
시 총무원장이었던 내가 신군부를 지지하지 않고 저항한 결과, 신군부
의 탄압을 받은 민주화운동으로 판명되었고, '45 견지동 작전'이라 불
린 명백한 공권력의 인권탄압이자 종교탄압으로 간주하고 공식적인 사
과를 받게 된 것입니다.

10·27법난 진상규명 및 명예회복추진위원회의 줄기찬 활동의 결
과물로 10·27법난 백서 『10·27법난의 진실과 증언 Ⅰ』, 『10·27법난
의 진실과 증언 Ⅱ』를 두 권으로 발간하기도 했습니다. 나는 여러 차례
관련 대담을 했고, 뜻 깊은 백서 발간에 대한 의미를 담아 축사를 쓰기
도 했습니다. 10·27법난으로 인한 상흔을 어떻게 치유할 것인가 고민
에 도움이 될 수도 있겠기에 이 책에 옮겨 보았습니다.(이 책 127~129쪽
참조)

깨달음의 사회화 운동으로
불교를 새롭게 꽃피우자

신군부에 의해 치욕적인 상처를 입은 한국불교는 그 후 안팎으로 크나큰 진통을 겪었습니다. 하지만 번뇌가 클수록 깨달음도 큰 법입니다. 80년 10·27법난을 겪으면서 사회민주화에 대한 스님들의 의식이 성숙되었습니다. 그동안 수행에 치우쳤던 스님들이 대사회적인 참여에 더욱 적극적인 행보를 하게 되었고, 한국불교사를 새롭게 쓰기 위해 각고의 노력을 통해 변화를 이끌어 왔습니다. 마침내 정권의 비호로 부패해질 대로 부패해진 종단의 개혁불사를 1994년 봄 사부대중의 힘으로 실현하게 되었고, 나는 개혁회의 당시 총무원 총무원장으로 추대되었습니다. 1980년 신군부의 강압으로 총무원장직에서 물러난 뒤 14년 만에 새롭게 종단 수장의 소임을 맡게 되었습니다.

10·27법난으로 입은 상흔을 치유하기 위해서 법난에 대한 진상 규명과 정부의 사과를 통한 명예회복도 중요합니다. 하지만 우리 불교계가 사회를 밝힘으로써 이 사회에 새롭게 뿌리내리는 역할이 더 시급하다는 생각이 들었습니다. 그래서 1994년 총무원장 소임을 맡음과 동시에 종무회의 결의를 통해 '깨달음의 사회화 운동'을 추진하였습니다. 깨달음이 자기 개인에 머물지 않고 사회를 새롭게 변화시키고 발전시키는 원동력이 되어야 한다는 평소 신념의 발현이었습니다.

또한 깨달음의 사회화 운동이 구두선에 그치지 않기 위해서는 적극적으로 보살행을 실천해야 한다는 신념으로 1995년에 '사회복지법인 조계종 사회복지재단'을 만들어서 조계종단이 대사회적인 복지활동에 적극 앞장설 수 있도록 제도적인 정비를 했습니다. 그동안 이웃종교에 비해 소홀히 해 왔던 분야였기에 더욱 열정적으로 임해서 그 후 괄목할 만한 성과를 일궈냈습니다. 이제는 나라와 지자체에서도 조계종 사회복지재단을 손꼽을 정도입니다.

세상 사람들에게 실질적인 도움을 주고 세상 사람들과 동고동락을 함께하면서 깨달음의 사회화 운동을 실천한다면 진흙 속에 핀 연꽃처럼 10·27법난의 치욕적인 상처를 치유하고 이 땅에 새롭게 불교의 꽃을 피울 수 있을 것입니다. 이것은 누구 한 사람이 아닌, 만인의 원력과 보현행이 선행되어야만 성취될 수 있으므로 사부대중의 적극적인 동참을 발원합니다.

『10·27법난의 진실과 증언Ⅰ·Ⅱ』 축사

"10·27 법난에 대한 사부대중의 공의를 모으고 대책을 마련해 왔던 '대한불교조계종 10·27법난 진상규명 및 명예회복추진위원회' 활동의 결과물인 10·27법난 백서가 발간되어 매우 뜻 깊게 생각합니다.

그동안 이 백서의 발간이 있기까지 힘들고 고통스러운 옛 기억을 되살려 직접 면담에 응해 주신 피해자 스님들과 사건 관련자, 자료 수집을 위해 애써 주신 대책위 관계자 여러분들의 노고에 대해 치하를 드립니다.

지난 1988년 12월 노태우 대통령 당시 강영훈 총리가 정부 입장을 대변하여 10·27법난에 대해 유감을 표명하고 잘못된 공권력의 집행임을 인정했음에도 이는 불교계가 강력히 요구한 진실규명에 대한 약속을 외면한 정치적 수사일 뿐이었습니다.

법난 발생 27년 만인 2007년 10월 25일에는 국방부과거사진상규명위원회가 10·27 법난은 '불교 정화라는 목적 아래 특정 종단에 사법적 잣대를 무리하게 적용한 대표적인 국가 권력 남용 사건'으로 규정하고 정부 차원의 공식 사과와 명예 회복과 피해 보상이라는 후속 조치를 권고한다고 조사결과를 밝힌 바 있습니다.

불교계의 노력으로 88년보다는 진전되어 구체적으로 조사 발표 되었지만 아직도 법난에 대한 진상 규명이 명확히 밝혀지지 않고 미흡합니다.

10·27법난은 1980년 5·18 광주민주화항쟁을 물리력으로 진압한 후 불법적으로 집권한 전두환 신군부 세력이 자신들 집권의 정당성을 합리화하려는 미명 아래 불교계를 유린한 대표적인 교권 탄압입니다.

　　사회정화와 부정부패 척결이라는 미명하에 불교계를 희생양으로 삼아 10월 27일 계엄군들이 조계종 총무원에 무단 난입하여 총무원장을 비롯한 간부들과 전국 중요사찰의 스님들 300여 명을 불법적으로 강제 연행하여 이 가운데 50여 명을 구속하고, 또 30일에도 전국 사찰에 난입하여 요사채는 물론 신성한 법당까지 군화발로 짓밟고 수많은 스님들과 신도들을 무차별 강제 연행하였습니다.

　　이렇듯 두 차례에 걸쳐 5천 7백여 사찰을 강제 수색하여 수백 명의 스님을 연행하고, 본인을 총무원장직에서 강제 사직토록 하고, 연행한 스님들을 구속·고문·인권유린하며, 불교계를 부도덕한 집단으로 매도하여 씻을 수 없는 치욕과 고통을 안겨 주었습니다.

　　빌미로 삼았던 종단 내분은 이미 화합하여 안정되어 있었고, 비리 내용이 별반 없고 정부가 관여할 사항이 아님에도 불구하고 전국 사찰에 무단 난입하여 부처님을 모셔놓은 법당을 군화발로 짓밟고, 인권을 유린한 행위는 민주주의 역사상 초유의 일로서 있을 수 없는 만행입니다. 또한 종교 본연의 가치를 부정하고, 자정(自淨) 능력을 무시한 역사적 과오로서 불교계를 대단히 모독한 처사입니다.

　　설령 불교계 일각에 극히 경미한 잘못이 있다 해도 정교분리의 원칙 차원에서 자체적으로 해결토록 해야 합니다. 불교는 전통적으로 산중공의(山中公議) 방식과 자자(自恣)와 포살(布薩) 등 갈마법에 의해 불법에 어긋나는 행위에 대하여 대처하고 해결해 왔던 승가 고유의 방식이 있고 자정 능력이 있는 청정교단(淸淨敎團)입니다.

그럼에도 불교계가 마치 부정 비리의 온상인 것처럼 통제한 언론을 통해 일방적으로 발표하여 사실을 호도하고 왜곡함으로써 해명할 기회조차 없었던 불교계는 엄청난 상처를 입었습니다. 명예와 위상이 실추된 것은 물론이거니와 이로 인해 불교계는 뿌리째 흔들렸습니다. 조계종은 정통성과 종단을 이끄는 주류가 단절되는 혼란과 일부 신도들이 실망하여 개종하는 전대미문의 사태를 맞았고, 법난과 관련한 후유증이 아직도 완치되지 않았습니다.

이제 정부는 10·27법난의 배경, 입안, 지시, 집행과정과 결정 등 정부 차원의 조사와 진상 규명을 통해 사건의 실체를 구체적이고 확연히 밝히고, 당시 피해자는 물론 불교계와 국민들에게 공식 사죄하고, 제반 대책을 마련하여 역사의 이정표로 남겨야 할 것입니다.

이와 관련하여 종단, 관련단체, 피해자 등과 충분히 협의하여 '10·27법난 진상 규명과 명예 회복을 위한 특별법'을 제정하고, 피해자들에 대한 명예 회복 및 보상 조치 등 후속 조치가 신속하고 전면적으로 이루어지도록 적극 나서야 합니다.

이번에 어렵게 발간되는 10·27법난 백서가 정부 당국에게 각성을 촉구하고, 국민들에게 진실을 보여주는 중요한 역사적 기록물이 되기를 간곡히 바랍니다."

3차 산업혁명시대를
생각한다

○

"모든 부처님은 오직 일대사인연으로 세상에 출현하신다. 사리불이여, 어찌하여 모든 부처님은 일대사인연으로 세상에 출현하신다고 하는가? 모든 부처님은 중생으로 하여금 부처님의 지견(知見)을 열어 청정함을 얻게 하고자 세상에 출현하시고, 중생으로 하여금 부처님의 지견을 보여주고자 세상에 출현하시며, 중생으로 하여금 부처님의 지견을 깨닫게 하고자 세상에 출현하시고, 중생으로 하여금 부처님의 지견의 도에 들어가게 하고자 하기 때문에 세상에 출현하신다."

- 법화경 방편품

●

부처님 오신 날, 온 인류와 산천초목까지도 기뻐하는 날입니다. 사찰은 물론이고 거리마다 등불을 밝혀 부처님 오신 날을 기리고 축하하고 있습니다. 우리나라 서울에서 열리는 연등축제는 이제 전 세계 사람들이 함께하는 축제의 장이 되었습니다. 부처님 오신 날의 참뜻은 『법화경』「방편품」에 잘 나타나 있습니다.

위의 법화경 방편품의 내용에서도 알 수 있듯이 부처님께서 이 세상에 출현하신 것은 당신의 아뇩다라삼먁삼보리, 즉 최고의 바른 가르침을 가르쳐 줌과 동시에 그 가르침에 포함된 의미를 일체 중생들이 스스로 깨치도록 하기 위한 것입니다. 그렇다면 아뇩다라삼먁삼보리에 담긴 의미는 무엇일까요?

우리 모든 생명체는 불성(佛性)을 가진 존재로서 본래 그 자체로 완성된 존재라는 메시지입니다. 부처님께서는 우리 모두가 불성을 지닌 존재, 모든 존재의 소중함을 일깨우기 위해 우리 곁에 오셨습니다. 그리고 마음 가운데서 진리를 구하고 깨달음을 체득할 수 있다는 사실을 몸소 증명해 보이셨고, 한평생 우리들에게 진리를 전해 주셨습니다.

이러한 부처님의 가르침을 진정으로 받아들이면 온갖 문제가 해결되어 세상이 지금처럼 고해와 같지도 않고 두렵지도 않을 것입니다. 그러나 매우 불행하게도 오늘날 우리의 현실은 참으로 암담하기 그지없습니다. 지구촌 곳곳에는 전쟁과 인권 탄압으로 귀중한 생명이 무참히 살상당하고, 가진 자와 못 가진 자의 차별이 심화되고, 무분별한 개발과 환경파괴, 그로 인한 지구촌온난화와 기후변화로 인해 각종 자연재해, 물질만능주의와 이기주의가 우리 삶을 고통스럽게 하고 있습니다. 이러한 현실이 오늘날 우리로 하여금 부처님이 오신 뜻을 다시 생각하도록 만들고 있습니다.

3차 산업혁명 시대, 어떻게 열어갈 것인가

"앞으로 다가올 3차 산업혁명은 지난 과거의 두 차례의 산업혁명처럼 새로운 기술과 에너지가 핵심적인 역할을 하고, 우리 인류의 삶도 상상할 수 없는 변화가 일어나게 될 것입니다."

위 내용은 지난 2007년 10월 유럽연합 집행위원회 바로소(Jose Barroso) 위원장의 발언입니다. 지금 선진국에서 일고 있는 에너지 정책, 급격한 녹색변화를 보면 바로소 위원장의 발언에 이의를 제기할 사람은 아마 한 사람도 없을 것입니다. 그의 말은 여러 가지 의미에서 매우 중요하다고 봅니다. 우선 인류가 새로운 형태의 산업사회를 향한 혁명적인 시대에 들어섰다는 징조를 분명하게 확인시켜 주고 있습니다. 아울러 그는 이번 3차 산업혁명은 단순히 에너지와 기술을 바꾸는 형태가 아니라 과거의 개발과 성장에 대한 개념을 통째로 바꾸는, 전혀 새로운 차원의 혁명이 된다고 강조했습니다.

이것은 우리가 살아가는 사회의 패러다임이 근본적으로 바뀐다는 것을 의미합니다. 바로소 위원장의 말을 언론매체에서 대하면서, 또한 제레미 리프킨의 『3차 산업혁명』이라는 제목의 책을 접하면서 이미 우리가 3차 산업혁명시대가 임박했다는 점을 확인할 수 있었습니다. 3차 산업혁명시대는 지혜롭게 대하면 인류에게 큰 축복이 될 것이고, 그렇지 않으면 크나큰 재앙이 될 수도 있습니다. 무엇보다 우리 불교의 연기적 세계관을 확산시켜 사람들에게 전해서 사람들로 하여금 근본적인 인식의 변화를 일으키게 하는 것이야말로 3차 산업혁명시대를 열어가는 길이라는 확신이 들었습니다.

◈

이 글은 2000년대 초반에 작성된 것으로, 이미 4차 산업혁명이 도래하고 있는 현 시점에서는 좀 부적절하다는 생각이 들었지만, 3차 산업혁명의 여파가 지속되고 있다는 점 그리고 녹색운동이 여전히 유효하다는 점을 고려하며 그대로 싣기로 했다.

3차 산업혁명의 에너지원인 신재생에너지와
에너지 효율을 높이는 법

다 아시다시피 인류는 이미 18세기와 19세기 두 차례에 걸쳐 산업혁명을 경험했습니다. 1차 산업혁명은 석탄의 이용과 증기기관 기술의 발명으로 시작되었고, 2차 산업혁명은 석유자원의 개발과 전기, 화학기술의 발달에 근간을 두었습니다. 그렇다면 바로소가 언급한 3차 산업혁명의 원동력이 되는 에너지와 기술은 무엇일까요?

전문가들은 3차 산업혁명을 이끌 에너지원으로 신재생에너지와 더불어 에너지 효율을 높이고, 에너지 절약을 제시하고 있습니다. 그 중심 기술로는 ICT, 마이크로전자, 신소재, 재생가능 원자재, 청정기술, 바이오기술 등을 꼽고 있지요. 그런데 여기서 에너지 효율을 높이고 에너지 절약을 에너지원으로 취급한 데 대해 의아해 하는 사람들이 있습니다.

이 점에 대해서 제대로 이해하려면 3차 산업혁명은 기후변화로 인한 심각한 환경위기의 해결과정에서 발생했다는 사실을 먼저 인식해야 합니다. 갈수록 심각해져만 가는 지구온난화로 인해 1, 2차 산업혁명의 원동력이었던 석탄과 석유가 이제는 더 이상 사회발전을 유지시켜 줄 에너지원이 될 수 없게 된 것이지요.

여기서 화석에너지의 사용을 줄여주는 중요한 대안으로 등장한 것이 바로 에너지 효율을 높이고 절약하는 방안입니다. 따라서 에너지 효율을 높이고 절약하는 습관의 확대가 화석에너지의 사용을 줄여주는 새로운 대체에너지원으로 간주될 수 있습니다. 실제로 에너지 절약과 효율을 공급한다는 네가와트(NEGAWatt) 개념이 선진국에서는 이미 정착 단계에 있고, 우리나라도 도입을 했습니다.

녹색사회체제로의 전환이 3차 산업혁명의 본질이다

우리 인류가 앞선 두 차례의 산업혁명에서 경험한 것처럼 신기술과 새로운 에너지는 사회체제를 새롭게 만듭니다. 석탄과 증기기관의 발명으로 이루어진 1차 산업혁명은 산업 발전과 시장의 확대, 부르주아 사회와 자유무역, 그리고 입헌국가체제의 발전을 가져왔습니다.

20세기의 대량생산과 소비체제, 그리고 글로벌시대의 양적 성장은 2차 산업혁명 이후 석유를 대규모로 이용할 수 있는 관련 기술이 가져온 결과물이라고 할 수 있습니다. 또한 이러한 대규모 산업사회구조는 석유 자원의 이용량을 급격하게 증가시켜 왔고 그와 정비례로 탄소배출량을 증가시켰습니다. 급격히 늘어난 탄소배출량은 지구온난화의 주범이 되었지요.

이렇듯 에너지와 산업체제, 정치, 그리고 사회체제는 서로 분리되어 있지 않습니다. 하나의 복합체를 이루고 인드라 망처럼 한 덩어리로 움직이고 있습니다. 지구온난화는 지구촌의 환경을 파괴하고 갖가지 자연재해를 일으켜, 인류 미래를 불안하게 합니다. 전 지구적으로 생명의 가치를 회복하고 자연환경과 생태계를 보전하는 노력을 하지 않으면 모든 생명체의 지속적인 삶을 기약할 수 없는 생명위기의 시대를 맞고 있습니다. 한마디로 3차 산업혁명은 지속가능한 지구를 위해서 필연적인 변화라고 할 수 있습니다.

지난 2002년부터 2006년까지 신재생에너지의 연간 성장률이 15~30%에 이르렀고, 그중에 태양광이 매년 50~60%씩의 설비용량 증가율을 기록할 만큼 3차 산업혁명의 중심에너지원은 그 발전 속도가 매우 빠릅니다. 그런데 이것은 새로운 에너지원이나 기술 개발에만 의존한 결과가 아닙니다. 오히려 그와 동시에 이루어진 절약과 고효율의 지속가능한 미래형 사회체제로 전환하기 위한 여러 가지 노력들이 가져온 성과라 할 수 있습니다. 3차 산업혁명은 절약과 효율형 녹색사회체제로의 전환이 없이는 성장이 불가능합니다.

우리나라도 정부가 녹색성장을 제시한 이후 새로운 기술과 에너지원에 대한 관심이 높아졌습니다. 그러나 이것은 수단에 불과할 뿐 우리의 궁극적인 목표는 지속가능한 녹색 산업사회로의 전환이 되어야 한다는 사실을 잊지 말아야 합니다.

그럼에도 불구하고 우리 사회는 선진국제사회의 흐름과 역행하는 무분별한 개발과 환경 파괴, 물질만능주의와 이기주의가 여전히 판을 치고 있습니다. 게다가 정부 주도하에 전국적으로 대규모 환경 파괴를 야기하는 개발 사업을 끊임없이 자행하는 것을 보면 가슴이 답답해집니다. 특히 한반도대운하 건설은 근본적으로 자연의 순리를 역행하는 역리(逆理)입니다.

국가지도자가 경제성장 정책을 통해 그 열매를 국민에게 나눠줘서 서민경제를 활성화시키고, 복지사회를 실현하는 측면에서 너무나 당연한 일입니다. 비록 경제성장과 고용창출에 일부 효과가 있다 하더라도 국민 반대 여론이 많고 환경영향평가도 하지 않은 상태이며, 국토의 근간을 훼손해 환경을 대량 파괴한다면 개발 계획을 백지화하는 것이 국민의 뜻을 받드는 지혜로운 지도자의 덕목에 속합니다. 정부는 국토 환경을 훼손하지 않고 국제 무역 다변화와 무역 활성화, 경제성장 기반 조성을 통해 경제를 크게 성장시킬 수 있는 경제정책을 제시해야만 합니다.

대자연이 부처님의 몸이요,
온 세상이 전법교화의 무대이다

얼마 전 숭례문이 소실돼 전 국민이 비통함에 젖었습니다. 이는 중앙정부와 지자체의 허술한 문화재 관리와 국민들의 문화재보호에 대한 낮은 관심과 안전불감증 등이 빚어낸 총체적 결과입니다.

중앙정부와 지자체는 지금부터라도 우리 민족의 얼과 혼이 서린 전통문화재들을 보존하고 전통문화를 계승하도록 종합적이고 체계적인 문화재보호정책을 세워 관리에 만전을 기해야 하며, 국민들은 전통문화와 문화재를 더욱 아끼고 수호하는 데 큰 관심을 가져야 합니다.

『화엄경』에서는 대자연이 부처님의 몸이요, 전법교화의 무대라고 했습니다.

눈을 돌려서 지구촌을 보십시오. 지구상의 70억 명 가운데 10억이 하루 1달러 미만으로 목숨만 간신히 유지하고 있습니다. 20억 명이 전기의 혜택을 전혀 받지 못하며 일 년에 천만 명의 아이가 기아로 죽어

가고 있습니다. 마실 물이 없어서 흙탕물이나 웅덩이에 고인 물을 먹다가 온갖 수인성 질병에 시달려 생명을 잃는 사람들도 많습니다.

이처럼 우리 지구촌에는 기아와 질병, 빈곤과 무지, 환경 파괴, 인권 탄압, 남북 분단, 사회 양극화, 국론 분열 등 사회적·시대적 고통이 산재합니다. 이웃의 고통은 덜어주고 즐거움은 더해주는 보살행의 실천이 절실한 때입니다. 나와 남이 둘이면서 둘이 아니라는 불교의 연기적 세계관을 바르게 인식하고 동체대비행을 실천해야 합니다. 그 무엇보다 지구촌의 밝은 미래를 열어나가기 위해서는 연기적 세계관의 자각과 실천이 시급합니다.

이제 부처님 오신 날을 맞이하여 우리 사회의 희망의 등불을 밝히는 '보살행'과 '깨달음의 사회화'를 위해 더욱 정진하고 민족의 비원인 평화통일의 기반조성을 위해 노력해야 합니다. 진정한 행복의 가치는 자신의 삶을 바로 보고 남을 돕는 데서 비롯됩니다. 그것이 부처님 오신 날의 참뜻입니다.

여러분들의 마음에 지혜와 자비의 법등을 밝히고, 다른 사람을 적극적으로 돕는 여러분들의 원력이 온 우주법계로 뻗어나가 생명평화의 세상이 구현되기를 바랍니다. 여러분들에게 불보살의 가피가 두루 원만하시기를 기원합니다.

이제 부처님 오신 날을 맞이하여
우리 사회의 희망의 등불을
밝히는 '보살행'과 '깨달음의
사회화'를 위해 더욱 정진하고
민족의 비원인 평화통일의
기반조성을 위해 노력해야
합니다. 진정한 행복의 가치는
자신의 삶을 바로 보고 남을 돕는
데서 비롯됩니다. 그것이 부처님
오신 날의 참뜻입니다.

부처님 진신사리 친견을 통해
남북통일을 앞당기길…

○

"인간 중에 가장 훌륭한 분이었던 부처님의 사리를 나누는 문제를 놓고 분쟁을 한다는 것은 전혀 옳지 않습니다. 여러분, 우리 모두 일치하여 화합합시다. 기쁜 마음으로 동의하여 사리를 여덟 등분으로 나누도록 합시다. 그래서 여기저기 모든 지역에 탑을 세워 많은 사람들이 지혜의 눈을 가지신 부처님께 존경과 봉헌을 하게 합시다."

– 디가 니까야 마하빠리닙바나경

●

오늘은 우담발화가 피어나듯 특별한 날입니다. 부처님 진신사리를 친견하는 이 뜻 깊고 역사적인 자리에 이처럼 많은 분들이 함께하셨으니 참으로 기쁘고 감사합니다. 미륵사지는 『삼국유사』와 『삼국사기』에 기록되어 있는 유구한 역사의 성지입니다. 그럼에도 이곳에 봉안돼 있던 진신사리가 1,370여 년 동안 발굴되지 않고 이제야 그 장엄한 진신을 드러냈으니 참으로 희유하고 감격스런 일이 아닐 수 없습니다.

중국 서안에서 병마용이 발굴될 당시 세계가 흥분했듯이 오랜 세월의 풍파와 시련을 무사히 이겨낸 문화유산이 그 모습을 드러낼 때면 늘 세계인이 함께 기뻐합니다. 이곳 미륵사지에서 사리와 장엄구가 출토되었을 때에도 전 국민이 기뻐했으며 세계가 그 장엄함에 감동했습니다. 오늘 백제 목탑 양식으로 조성된 이 나라 최대 최고의 석탑인 미륵사지 석탑(국보 11호)을 해체 복원하는 과정에서 출토된 사리를 친견하는 이 자리에 모이신 분들은 모두 다 전생부터 깊은 인연이 있는 분들입니다.

사리는 부처님의 법신으로
제일의 복전

사리는 부처님께서 열반하시며 남기신 법신으로 살아 있는 부처님과 같이 모시고 받들어야 합니다. 그러한 사리를 이렇게 많은 사람들이 함께 친견(親見)할 수 있는 기회는 매우 소중하고 희귀한 일입니다. 특히 진신사리가 전라북도에서 발견된 것은 다른 지역에 비해 여러 모로 낙후돼 있어 어려움을 겪어야 했던 전라북도에 새로운 변화를 예고하는 상서로운 조짐이기도 합니다.

무엇보다 사리 장엄구를 살펴보니 그 정교함이 돋보이고 장인의 정성 가득하고 세심한 손길이 느껴져 국보 중의 국보요, 위대한 예술품에서 더 나아가 성스러운 보배로 느껴집니다. 1400여 년 전 조상들이 남겨준 찬란한 문화유산, 그 역사가 이어져 오늘날 우리 문화의 기반이 되었습니다. 종교를 초월해 문화국민으로서의 긍지를 느끼게 해 주는 보배인 만큼 국민 모두가 보호하고 사랑하고 계승하기 위한 노력을 아끼지 말아야 합니다. 또한 익산에서 출토된 귀중한 문화유산을 제대로 보호하고 연구하기 위해 미륵사지유물전시관이 국립박물관으로 승격되기를 바랍니다.

미륵사는 백제 무왕이 창건한 미륵도량으로 서동과 선화공주의 설화로도 유명한 사찰입니다. 가람의 배치 등으로 미루어 볼 때 미륵부처님이 이곳 미륵사에 머무시며 세 번의 설법을 통해 중생을 깨달음의 길로 인도하시길 바라는 백제인들의 발원이 고스란히 서려 있는 역사와 신심의 도량입니다. 특히 이 가람을 창건한 백제 무왕은 삼국의 대립이 치열하던 백제를 통치했습니다. 나라 안팎의 어려움을 부처님의 가피로 극복하고자 불사를 하면서 염원했습니다. 이러한 무왕의 간절한 바람은 미륵사지 석탑에서 발견된 사리장엄에서도 확인됩니다.

이번 미륵사지 석탑에서 발견된 사리장엄 중 금제 사리봉안기에는 백제 무왕의 왕후가 가람을 창건하고 기해년(639년)에 사리를 모신 탑을 조성하여 왕실의 안녕을 기원하는 내용의 발원문이 기록되어 있습니다. 이 발원문에 사리에 대한 찬탄과 친견하는 공덕, 사리를 모신 경위와 발원을 기록해 놓았습니다.

"부처님께서 세상에 나오셔서 중생들의 근기에 따라 감응하시고 중생들의 원에 따라 몸을 드러내심은 물속에 달이 비추는 것과 같다. 부처님께서는 왕궁에 태어나셔서 사라쌍수 하에서 열반에 드시면서 8곡의 사리를 남겨 3천대천세계를 이익 되게 하셨다. 그러니 이 오색으로 빛나는 사리를 7번 오른쪽으로 돌면서 발원을 하면 그 신통변화는 불가사의할 것이다.

우리 백제 왕후께서는 좌평 사택적덕의 따님으로 지극히 오랜 세월에 선인(善因)을 심어 금생에 뛰어난 과보를 받아 만민을 어루만져 기르시고 삼보의 동량이 되셨기에 능히 정재를 희사하여 가람을 세우시고 기해년 정월 29일에 사리를 받들어 맞이했다.

원하옵나니 세세토록 공양하고 영원토록 다함이 없어서 이 선근을 자량으로 하여 대왕폐하의 수명은 산악과 같이 견고하고 치세는 천지와 함께 영구하여 위로는 정법을 넓히고 아래로는 창생을 교화하게 하소서. 또 원하옵나니 왕후의 신심은 수경(水鏡)과 같아서 법계를 비추어 항상 밝히시며 금강 같은 몸은 허공과 나란히 불멸하시어 칠세의 구원까지도 함께 복리를 입게 하시고 모든 중생들도 다 같이 불도를 이루게 하소서."

오늘 사리친견법회를 봉행하며 이 발원문이 새삼 가슴 깊이 다가옵니다. 부처님 진신사리를 친견하면서 사리봉안기에 기록된 백제 왕후의 발원처럼 부처님의 가르침이 만대에 이어지도록 용맹 정진해야 하기 때문입니다.

한편 위 발원문에서도 알 수 있듯이 불사리는 일반적으로 석가모니 부처님의 유골을 지칭합니다. 훗날 사리는 진신사리와 법신사리로 크게 구분되었는데, 진신사리는 부처님의 유골로서 골사리와 응결사리, 쇄신사리가 있고, 법신사리는 부처님이 설하신 가르침, 곧 대승·소승불교의 모든 경전을 말합니다. 부처님께서 남기신 가르침을 법신사리라고 한 것은 부처님의 가르침과 부처님의 몸이 다르지 않다는 깊은 뜻이 담겨 있습니다.

석가모니 부처님께서 반열반에 드신 후 법체를 다비하고 수습한 부처님의 쇄골사리를 여덟 나라에서 나누어 가져다가 각각 사리탑을 세웠는데 이를 파고다·스투파라고 합니다. 그 후 수행과 덕행이 뛰어난 조사들이 열반한 뒤에 다비를 하고 사리를 수습하여 사리탑을 세우는 전통이 되었습니다. 사리는 육바라밀과 계·정·혜를 올곧게 닦은 수행력에 의해 생성되므로 매우 희귀하여 첫째가는 복전(福田)으로 불자들의 신앙대상이 되었습니다.

대승불교 이전에는 사리탑을 건립하거나 사리에 공양하면 무량한 복덕이 있다 하여 사리신앙이 보편화되었습니다. 대승불교가 크게 일어나면서 진신사리 대신 법신사리인 경전을 탑 속에 안치하고 예배하는 경우가 늘어났습니다.

부처님께서 입멸하신 후 이처럼 부처님의 진신사리를 친견하고 사리탑에 공양하며 부처님의 공덕을 찬탄하는 신앙은 우리 불자들에게 있어서 대단히 희유하고 소중한 일입니다.

오늘 사리친견법회에 동참하는 우리 불자들은 부처님 진신사리를 친견하면서 사리봉안기에 기록된 발원문처럼 금세기에 우리들이 당면하고 있는 문제를 치유함은 물론이고 불법이 고양되고 부처님의 가르침이 만대에 이어지는 불일증휘와 법륜상전을 발원해야 합니다.

대립을 극복하고 평화를 정착시키는 주춧돌로 삼아야

우리 인류는 이념과 사상, 국가와 민족, 종교를 초월하여 지구촌에 벌어지고 있는 대립과 전쟁을 종식시키고 세계 평화를 정착시켜야 합니다.

남북이 대립하고 있는 오늘날 우리 사회의 모습은 삼국이 대립하고 있던 백제의 처지와도 다르지 않습니다. 그러므로 우리는 국가의 안녕과 평화를 발원했던 백제 무왕과 왕후의 발원을 다시 한 번 되새겨야 합니다. 우리 민족은 남북한이 서로 대립하는 공멸의 길을 가기보다는 민족 동질성을 바탕으로 공존과 상생을 통해 평화통일의 숙원을 이루어야 합니다. 오늘 백제왕후의 발원을 계승 발전시켜 남북 간의 갈등을 극복하고 서로 교류와 협력을 통해 평화적인 통일의 기반을 구축하는 계기로 삼읍시다. 나눔과 동체대비의 자비행으로 사랑과 자비를 이 땅에 구현하여야 합니다.

분단 조국은 모든 것을 분단하는 과보를 불러옵니다. 남쪽의 내부 갈등 또한 적지 않습니다. 갈등으로 인해 GDP의 27%를 없애고 있다니 참으로 기가 막힌 일입니다. 갈등과 증오, 미움과 대립은 누구 한 사람의 책임이 아닌 우리 모두의 책임입니다. 많이 가진 사람들은 없는 사람에게 베풀어야 하고, 가진 것이 적은 사람들은 현실을 한탄하거나 막연한 증오감을 키우기보다는 더욱 열심히 노력하여 자신의 상황을 개선시켜 나가야 합니다. 지금 국회에서도 서로의 입장 차이로 대립하고 있지만 대립을 통해서는 어떠한 문제도 해결할 수가 없습니다.

대화와 타협, 화해와 소통으로써 우리 사회 내부의 대립과 갈등을 해소하고 분열을 치유하여 국민화합을 이루는 통합의 시대를 만들어야 합니다. 또한 남북한이 서로 증오하고 대립하는 공멸의 길을 가기보다는 한민족의 동질성을 바탕으로 남과 북의 대립을 해소하여 공존과 상생을 통해 평화통일의 숙원을 이루어야 합니다. 더 나아가 지구촌이 하나의 가족이라는 생각을 가지고 동체대비의 나눔과 사랑을 실천함으로써 서로 공생하고 상생 화합하며 협력해서 행복한 세상을 만들어야 합니다. 백제왕후의 발원을 계승하고 발전시켜 국민화합과 민족통합, 지구촌의 상생화합으로 인류가 함께 나아갈 수 있는 비원을 세우길 간절히 기원합니다.

이러한 인식을 확산시키고 실천하기 위해서는 먼저 부처님답게 살아가겠다는 서원을 세우고 수행과 전법 활동에도 게을리 하지 말아야 합니다. 이것이 부처님의 무량한 공덕의 결정체인 사리를 친견하는 올바른 자세라고 할 수 있습니다.

이번 미륵사지 진신사리 친견법회는 금생에 있어 대단히 접하기 어려운 진귀한 법석입니다. 모든 불자님들이 부처님 진신사리 친견을 통해 다생겁래로 지어 온 업장과 병고액난의 온갖 장애가 눈 녹듯이 사라지고 불보살의 가피로 선연을 맺어 다함께 불도를 이루시길 발원합니다.

　　- 2009년(불기 2553년) 6월 27일 미륵사지 부처님 진신사리 친견법회 법어

부처와 진리를 바로 보자

○

"형상이 부처가 아니요, 음성 역시 그러하지만, 형상과 음성을 떠나서 부처의 신통력을 보지 못하네. 지혜가 적은 이는 부처의 진실한 경계를 알 수 없고, 오랫동안 청정한 업을 닦아야 부처의 경계를 알 수 있다네."

– 화엄경

●

진신사리는 곧 불멸의 부처님

오늘 미륵사지 석탑 부처님의 진신사리 봉안법회에 수희 동참해 주신 사부대중 여러분께 진심으로 감사드립니다. 또한 역대 조사스님과 선조들의 신성한 영령이 깃든 성스러운 회상에서 법어를 하게 되어서 기쁘고 영광스럽습니다.

"색신비시불(色身非是佛)
음성역부연(音聲亦復然)
역불리색성(亦不離色聲)
견불신통력(見佛神通力)

소지불능지(少智不能知)

제불실경계(諸佛實境界)

구수청정업(久修淸淨業)

어차내능료(於此乃能了).

형상이 부처가 아니요,

음성 역시 그러하지만,

형상과 음성을 떠나서

부처의 신통력을 보지 못하네.

지혜가 적은 이는

부처의 진실한 경계를 알 수 없고,

오랫동안 청정한 업을 닦아야

부처의 경계를 알 수 있다네."

위의 말씀은 『화엄경』「도솔궁중게찬품」에 나오는 게송입니다. 오늘 미륵사지 석탑에 봉안할 부처님의 진신사리는 부처님께서 두루 갖추신 신통력을 상징합니다. 3,000도나 되는 뜨거운 불에 녹지 않고, 물에 가라앉지도 않을 뿐만 아니라, 길고 긴 세월이 흘러도 산화되지 않습니다. 그래서 부처님의 진신사리는 살아 있는 불멸의 부처님으로 인식되어 왔습니다.

그런 부처님의 불가사의한 경계를 알기 위해서는 오랫동안 청정한 업을 닦지 않으면 안 됩니다. 분별망상을 완전히 쉬어야 합니다. 나와 남, 즐거움과 괴로움, 정(正)과 사(邪), 시시비비를 초탈해야 합니다.

그 때 비로소 주관과 객관 대상을 있는 그대로 여실히 보는 부처의 지혜가 드러나게 됩니다. 경전에서는 이를 '명경지수(明鏡止水)'로 비유합니다. 맑은 거울과 잔잔한 물은 투영된 사물을 있는 그대로 여실히 비춰줍니다.

우주만물을 구성하고, 유지할 뿐만 아니라, 창조하는 일관되고 보편타당한 이치, 바로 인과의 법칙을 부처님께서는 있는 그대로 보고 깨달아 체득하셨습니다. 일체 존재는 인연 따라 생멸(生滅)한다는 연기법(緣起法)입니다. 연기법의 짧막한 게송을 상세하게 부연한 것이 다름 아닌 팔만대장경입니다. 단순한 연기법송이 수록된 모든 경전이 법사리, 이를테면 법신사리입니다.

법신사리는 불생불멸의 진리(法)로서 미륵사지 동탑인 다보탑 안에 봉안되었습니다. 반면에 진신사리는 불멸의 부처로서 미륵사지 서탑인 석가탑 안에 봉안되었습니다. 일직선상으로 배치된 석가탑과 다보탑, 바로 부처(佛)와 진리(法)가 하나로 일치되어 미륵사지 중앙목탑에 봉안된 미륵불이 출현할 때까지 영속된다는 심오한 사상이 담겨 있습니다.

지난 2009년 미륵사지 석탑을 해체하는 과정에서 불사리와 금제사리봉영기 및 금동제사리병 등 수많은 성보(聖寶)가 나와서 세상을 깜짝 놀라게 했습니다. 백제의 저력과 빛나는 불교문화를 거듭 확인하는 순간이기도 했습니다. 오늘 불사리와 함께 그 때 발견된 유물들의 복제품과 석탑수리일지, 발원문을 새로이 봉안하게 되었습니다. 금산사 주지인 성우 스님과 함께 금판에 한문으로 새겨서 올린 발원문의 내용을 밝혀주는 것 또한 의미 있을 것 같아 말씀드리겠습니다.*

佛舍利奉安發願文
불 사 리 봉 안 발 원 문

앞면

益山彌勒母岳金山百濟武王所創之伽藍也 自此兩大道場爲
익 산 미 륵 모 악 금 산 백 제 무 왕 소 창 지 가 람 야 자 차 양 대 도 량 위

我國佛敎彌勒聖地 然至于朝鮮王朝益山彌勒道場被廢寺之
아 국 불 교 미 륵 성 지 연 지 우 조 선 왕 조 익 산 미 륵 도 량 피 폐 사 지

慘禍唯存不完之兩塔當 佛紀二五五三年一月十四日於益山
참 화 유 존 불 완 지 양 탑 당 불 기 2 5 5 3 년 1 월 1 4 일 어 익 산

彌勒道場之西塔出現佛舍利一千四百餘星霜光輝佛身再現
미 륵 도 량 지 서 탑 출 현 불 사 리 일 천 사 백 여 성 상 광 휘 불 신 재 현

익산 미륵사와 모악산 금산사는 백제 무열왕이 창건한 가람이다. 이로부터 양대
(兩大) 도량은 한국불교의 미륵성지이다. 그러나 조선왕조에 이르러 익산 미륵
사 도량은 폐사의 참화를 입어서 두 탑만 허물어진 채 남아 있을 뿐이었다. 불기
2553년 1월 14일 익산 미륵사의 서쪽 탑에서 부처님 사리가 출현했으니, 이것
은 1400여 년 만에 불신(佛身)이 빛나서 재현(再現)한 것이나 다름없다.

뒷면

今日母岳金山大衆祈禱奉行遂再修塔身復爲佛舍利奉安
금 일 모 악 금 산 대 중 기 도 봉 행 수 재 수 탑 신 복 위 불 사 리 봉 안
時會大衆一同依彌勒聖尊佛身加被至心歸命一心頂禮
시 회 대 중 일 동 의 미 륵 성 존 불 신 가 피 지 심 귀 명 일 심 정 례
如此發願佛日增輝法輪常轉世界平和祖國統一國泰民安
여 차 발 원 불 일 증 휘 법 륜 상 전 세 계 평 화 조 국 통 일 국 태 민 안
民族和合生態保全含類共生
민 족 화 합 생 태 보 전 함 류 공 생
佛紀二五五九年十二月三日大韓佛敎曹溪宗第十七敎區本寺
불 기 2 5 5 9 년 1 2 월 3 일 대 한 불 교 조 계 종 제 1 7 교 구 본 사
金山寺祖室太空月珠住持紫山聖雨
금 산 사 조 실 태 공 월 주 주 지 자 산 성 우

오늘 모악산 금산사 대중들은 모두 함께 기도 봉행하고서 마침내 다시 탑신(塔
身)을 수리하고 불사리를 봉안하였습니다. 오늘 이 자리에 모인 대중 일동은 미
륵성존과 불신(佛身)의 가피에 의지하여, 지극한 마음으로 귀의하며, 일심으로
정례하옵니다. 이와 같이 발원하나니, 불일(佛日)이 더욱 빛날 것이며, 법륜상전
(法輪常轉)하고, 세계가 평화롭고, 조국이 통일되고, 나라가 평안하며, 민족이 화
합하고, 생태계가 보전되어 모든 중생들이 함께 잘 살아 가기를 기원하나이다.

불기 2559년 12월 3일 대한불교조계종 제17교구 본사 금산사
조실 태공월주
주지 자산성우

앞에서 금판에 새긴 발원문에서 밝혔듯이 익산 미륵사의 서쪽 탑에서 부처님 사리가 출현한 것은 백제인들에게 희망이 되어준 부처님이 1400여 년 만에 우리 곁에 오신 것이나 다름없습니다. 또한 우리의 소원인 남북통일을 우리 시대에 이루라는 부처님의 원력이 느껴져 더욱 감동스럽습니다. 이 자리에 모이신 모든 분들도 온 마음을 모아 남북통일의 주춧돌이 되어 주시기 바랍니다.

미륵사지,
백제가 세운 평화와 희망의 이상향

『남전대장경』「상응부」에는 "법을 보는 자는 나를 보고, 나를 보는 자는 법을 본다"고 기술되어 있습니다. 예컨대 "부처를 보는 자는 법을 보고, 법을 보는 자는 부처를 본다"고 의역할 수 있습니다. 이 말씀은 매우 중요합니다. 부처만 보고 진리를 보지 않는 사람은 기복에 치우쳐버리고, 진리만 보고 부처를 보지 않는 사람은 교만에 떨어지기가 쉽기 때문입니다. 반대로 부처와 진리를 하나로 보는 사람은 역사의 창조자, 세상의 구원자가 됩니다. 부처와 진리가 하나인 세상, 이상적인 세상이 불국정토입니다.

백제는 7세기 초에 그런 이상적인 나라를 미륵사지에 설계했습니다. 신라는 그보다 백년이 더 늦은 8세기 중엽에 석가탑과 다보탑을 불국사에 세웠고, 불국정토를 염원했습니다. 그와 같은 드라마틱한 불국토에 대한 원형이 『법화경』「견보탑품」에 생생하게 제시되어 있습니다.

결론적으로 부처〔佛〕와 진리〔法〕를 하나로 보는 불국정토는 과거 백제가 꿈꾸어 왔던 나와 이웃, 왕과 백성, 겨레와 국가가 하나가 되는 평화로운 세상이자, 반드시 우리가 개척해야 할 희망찬 미래입니다. 평화롭고 자비로운 세상이 이 땅에 실현되기를 간절히 기원하면서 『화엄경』 「여래출현품」의 게송으로 법문을 요약하겠습니다.

약인욕식불경계(若人欲識佛境界)
당정기의여허공(當淨其意如虛空)
원리망상급제취(遠離妄想及諸趣)
영심소향개무애(令心所向皆無碍).

만일 부처의 경계를 알고자 한다면,
마땅히 그 마음을 허공같이 맑게 하라.
모든 망상과 욕심을 여의면,
가는 곳마다 마음에 걸림이 없네.

다시 한 번 부처님의 진신사리 봉안법회에 수희동참해 주신 대덕 스님들과 사부대중, 그리고 기관장님과 내외귀빈 여러분, 부처님의 무량한 가피와 청복을 받으시기를 기원합니다.

감사합니다.

– 불기 2559(2015)년 12월 3일 미륵사지 석탑 불사리 봉안식 법어

출가승려와
재가불자의 역할

○

"온갖 잡다한 악들로부터 멀리 떨어지고, 이교도들을 설복시키며, 거짓된 이름에 집착하지 않고, 욕망의 늪에서 나와 이에 집착하지 않으며, 자아에 속하는 것들을 다 버리고 집착하지 않습니다. 마음은 혼란하지 않고, 안으로 잔잔한 기쁨을 안고 중생의 마음을 지키며, 마음은 조용히 텅 빈 상태를 따라 온갖 허물을 떠나는 등 그것들이 가능하면 이를 참다운 출가라 합니다."

- 유마힐소설경

●

어떻게 수행하고 교화할 것인가

각자 자기 역할을 잘하면서 살아갈 때 세상은 잘 굴러가기 마련입니다. 우리 불자들은 부처님께서 어떻게 살아가셨는지 살펴보고, 어떤 말씀을 강조하셨는지 마음에 새기면서 부처님의 삶을 닮고 부처님처럼 살아가면 됩니다. 그것이 바로 불자의 역할을 잘하는 것입니다. 불자들이 불자의 역할만 제대로 하면서 살아도 이 세상이 바로 불국토가 될 것입니다.

부처님께서는 상구보리(上求菩提)하고 하화중생(下化衆生)하여 우리가 살고 있는 세상을 "정불국토장엄(淨佛國土莊嚴)해야 한다"고 말씀하셨습니다. 위로는 깨달음을 구하고, 아래로는 중생을 교화하고, 맑은 불국토를 장엄해야 한다는 말씀은 곧 깨달음을 통한 개개인의 인격 완성과 깨달은 이들이 모여 사는 국토 완성을 뜻합니다. 깨달은 이들이 많아져서 마침내 온 중생이 다 깨달으면 정불국토장엄은 저절로 이루어질 것입니다.

그렇다면 어떻게 해야 깨달을 수 있고 중생을 구제할 수 있는지가, 바로 즉시 화두로 등장합니다. 불법을 깨달아 중생을 구제하는 방법이 팔만 사천 가지입니다. 여기에서 팔만 사천 가지라고 한 것은 불교의 진리를 깨닫고 무명업식(無明業識)에 사로잡혀 갖가지 고통 속에서 헤매고 있는 중생을 구제하기 위한 방법이 헤아릴 수 없이 많다는 사례를 상징적으로 표현한 것입니다.

수행(修行)하는 방법과 중생을 교화(教化)하는 방법을 일일이 다 설명할 수는 없지만 그 중에 중요한 몇가지를 설명하겠습니다.

첫째 권선징악(勸善懲惡) ― 윤리적(倫理的)인 방법
둘째 이고득락(離苦得樂) ― 종교적(宗敎的)인 방법
셋째 전미개오(轉迷開悟) ― 철학적(哲學的)인 방법

권선징악의 윤리적인 방법은 일곱 부처님이 한결같이 강조하신 칠불통계게에 잘 나타나 있습니다. '제악막작(諸惡莫作) 중선봉행(衆善奉行) 자정기의(自淨其意) 시제불교(是諸佛敎)', 모든 악한 일은 멀리하고 널리 착한 일을 받들어 행하여 스스로 마음이 깨끗해지면 그것이 모든 부처님의 가르침이라는 의미입니다. 실제로 이렇게 하면 금생에는 이웃과 더불어 행복하게 살 수 있고 내생에는 극락세계(極樂世界)에 왕생할 수도 있고, 천상(天上)에 태어나거나 인간(人間)으로 태어나 마침내 깨달음의 길에 들어갈 수 있습니다.

이고득락의 종교적인 방법은 불보살님들에게 귀의하여 다겁생래(多劫生來)로 지은 죄업(罪業)을 참회(懺悔)하고 기도하고 발원(發願)하는 것입니다. 불보살님들의 가피(加被)로 모든 고통에서 벗어나 금생에 지극한 행복을 누릴 수 있을 뿐만 아니라 내생에도 극락세계나 천상에 태어나거나 다시 인간으로 태어나 마침내 진리를 깨치게 됩니다.

전미개오의 철학적인 방법은 부처님과 조사스님들의 가르침이 담겨 있는 경전과 조사어록을 통하여 미혹한 마음을 갈고 닦는 것입니다. 그리하여 삶의 주인공(主人公)이고 진리(眞理)의 당처(當處)이며 우주(宇宙)의 바탕인 나의 마음자리를 파악하면 인생과 우주, 생명의 실상(實相)을 깨닫게 됩니다.

본래 마음자리는 본래 청정(淸淨)하고 생사(生死)가 없고 색상(色相)과 형상(形相)과 시간과 공간을 초월한 자리입니다. 아울러 무한(無限)한 위신력(威信力)과 지혜를 다 갖추고 있습니다. 이 마음의 바탕자리를 깨닫게 되면 해탈 열반의 경지를 얻을 수 있습니다.

습관은 업의 주춧돌이다

모든 불제자들의 사명은 똑같습니다. 출세간의 길을 걷고 있는 출가승려와 세간에서 신행하는 재가불자를 막론하고 그 궁극적인 목적은 같습니다. 부처님의 가르침에 따라 마음을 갈고 닦아 진리를 깨닫고 중생들에게 불법(佛法)을 전하여 깨달을 수 있도록 인도하고, 중생들의 갖가지 고통을 덜어 주는 자비 보현행을 실천코자 하는 원행이 모든 불제자의 사명입니다.

그러나 출가승려는 청정하게 계행을 지키면서 전문적으로 '참선'하고 '기도'하고 '염불'하기 때문에 불법을 깨닫기가 쉽습니다. 그래서 과거부터 오늘날까지 깨달은 선지식이 적지 않았습니다. 수행하여 진리를 깨닫고 중생들에게 법보시하며 인천(人天)의 중생을 구제하는 이타행이 출가승려의 본분사이기 때문에 출가승려를 진리의 사표(師表)라고 부릅니다.

재가불자들은 세속에서 결혼하여 부부 인연을 맺고 부모님과 자식들과 함께 가정을 일구면서 생활합니다. 사(士)·농(農)·공(工)·상(商)의 여러 가지 직업을 가지고 본격적으로 경제활동을 하기 때문에 출가승려들처럼 전문적인 수행을 하기가 어렵습니다. 불(佛)·법(法)·승(僧) 삼보에 귀의하며, 5계와 십선계를 잘 지키고, 불법을 배우고, 기도(祈禱)염불 수행하며, 불교 교단을 외호하고, 고통 받는 이웃들의 고통을 덜어주기 위하여 재물을 보시하는 공덕을 베풀면 그만입니다. 그렇다면 왜 재가불자는 5계를 지키지 않으면 안 될까요?

5계(五戒)
1. 살생을 하지 말라.
2. 도둑질을 하지 말라.
3. 음행을 하지 말라.
4. 거짓말을 하지 말라
5. 술을 마시지 말라.

재가불자들이 5계를 철저하게 지켜야 하는 이유에 대해 시간관계 상 불음주계를 중심으로 말씀드리겠습니다. 경전에서는 음주의 폐해에 대해서 여러 차례 언급하고 있습니다. 재가자가 지켜야 할 윤리에 대해 설해 놓은 대표 경전인 『교계싱갈라경(선생경)』에서 술을 마시는 허물을 다음과 같이 언급하고 있습니다.

"싱갈라여! 술은 게으름의 원인이 되느니라. 술과 같은 것에 빠져 지내다 보면 여섯 가지 과오가 생기느니라. 재산을 잃게 되고, 다른 사람과 다툼이 잦아지고, 병에 잘 걸리고, 나쁜 평판을 듣게 되고, 부끄러운 모습을 보이게 되며, 지혜의 힘이 약해져 어리석어지느 니라. 술이나 게으름의 원인이 되는 것에 빠져 지낼 때 이러한 여러 가지 과오가 생기느니라."

부처님께서 싱갈라에게 말씀해 주신 술이 게으름의 원인이 되고, 술로 인한 과오는 오늘날에도 그대로 적용되고 있습니다. 여기서 술은 술만 지칭하는 것이 아니라 중독성이 있고, 심신을 황폐하게 하는 마약

성 약물도 포함됩니다. 알코올 중독을 비롯한 약물 중독은 개인을 망가 뜨리고 가정을 파괴할 뿐만 아니라 사회적 문제로 비화되기도 합니다. 『대애도비구니경』에서는 다음과 같이 서술하고 있습니다.

"술은 독약, 독수, 독기가 되느니라. 모든 잘못의 발단이며 모든 악의 근본이고, 현명함을 쫓아내고 성스러움을 깨뜨리며, 도덕을 부수고 망령된 행위로 재앙에 이르러 화를 부르는 근본이 되느니라."

술과 약물에 중독이 되면 심신이 모두 황폐하게 되고, 육체적·정신 적으로 치명적인 손상을 초래할 뿐만 아니라 가족과 인연 있는 사람들, 심지어 생면부지의 불특정 다수의 사람들을 괴로움의 구덩이에 몰아넣 는 경우도 많습니다. 오늘날 대부분의 범죄 사건과 교통사고의 원인을 살펴보면 술과 약물 남용에서 발생하는 현상을 볼 때 도저히 지나칠 수 없습니다. 술과 약물의 해악에 대해서 일찍이 교육을 통해 유혹을 물리 칠 수 있도록, 자제력을 배양해야 합니다. 술과 약물의 해독에 대해 확 실하게 인식한다면 자제력도 양성되고 쉽게 자신을 파멸로 이끄는 유 혹에 빠지지 않게 됩니다. 그렇기 때문에 불교에서는 5계 중에 불음주 계를 포함시키고, 여러 경전에서 불음주의 중요성에 대해 거듭 강조하 고 있습니다.

또한 『비바사론』에서는 한 거사(남자 신도)의 일화를 들어서 불음주 계를 어겼을 때의 과보를 적나라하게 보여주면서 불음주계를 강조하고 있는데, 그 내용을 살펴보면 다음과 같습니다.

옛날에 품성이 어질고 현명해서 5계를 수지하고 청정하게 살아가는 거사가 있었습니다. 어느 날 목이 말라서 물인 줄 알고 벌컥 들이킨 것이 술이었습니다. 마침 술이 입에 맞아서 몇 잔 마시다 보니 얼큰하게 취했습니다.

그는 이웃집의 닭이 자기 집으로 들어오는 것을 보고 갑자기 닭고기가 먹고 싶어져서 닭을 잡아먹었습니다. 또한 닭을 찾으러 온 이웃집 아낙네를 보고는 욕정을 느껴 강제로 범하게 되었습니다. 닭도 잃고 정조도 잃은 이웃집 아낙네가 고소를 해서 관가에 끌려가 문초를 당하게 되었는데, 자기는 그런 짓을 한 적이 없다고 잡아떼며 거짓말을 했습니다.

위의 거사는 술을 마셨으니 불음주계(不飮酒戒: 불도를 수행하는 사람에게 술 마시는 것을 금한 계율)를 범했고, 술에 취해 이성을 잃으면서 남의 닭을 잡아먹었으니 불투도계(不偸盜戒: 不與取戒라고도 함. 남의 재물을 훔치지 말라는 계율)를 범했고, 이웃집 아낙네를 욕보였으니 불사음계(不邪淫戒)를 범했고, 관가에 가서 그런 짓을 안 했다고 잡아뗐으니 불망어계(不妄語戒)를 범해서 결국 다섯 가지 계를 다 파계해 버렸습니다.

이 거사는 평소 5계를 잘 지키는 것처럼 보였으나 겉으로만 지켰을 뿐 욕망을 떨쳐버리지 못한 범부입니다. 설령 청주를 물로 잘못 알고 마셨더라도 한 모금 마신 뒤에는 바로 후회하고 더 이상 마시지 않으면 그만입니다. 욕망이 없는 사람이라면 설령 술을 마시고 취했다 하더라도 남의 닭을 훔쳐 먹거나 남의 여자를 겁탈할 리도 없고 거짓말도 하지 않았겠지요. 욕망과 그로 인한 잘못된 습기가 몸에 배어 있었기에 다섯 가지 계율을 일시에 범하는 과오를 저지를 수밖에 없었던 것입니다.

이 거사의 일화는 수행을 하는 불자라도 술과 약물을 남용하면 마음 상태를 흐트러뜨리고 마음속 깊은 곳에서 욕망의 불길을 끌어올려서 많은 문제를 불러일으킨다는 것을 일깨워 줍니다. 불음주계뿐만 아니라 다른 계율도 한 가지를 어기면 연쇄적으로 어기게 되어 있습니다. 그렇기 때문에 평소 5계를 철저하게 지키는 습관이 매우 중요합니다. 습관은 제2의 천성이 되기 때문입니다. 5계는 습관의 주춧돌로서 반드시 지켜야만 깨달음에 성큼 다가갈 수 있습니다.

재가불자들은 세속생활을 하면서 5계를 지키기도 힘들 수도 있습니다. 하지만 불·법·승 삼보를 신앙한다면 반드시 5계를 지키고, 불법을 배우고 수행해야 합니다. 그렇게 생활 속에서 5계를 수지하고 수행하다 보면 더디더라도 점진적으로 깨달음의 길로 들어가 아나함과를 증득할 수가 있습니다.

앞에서도 말씀드렸지만, 전문적으로 수행과 교화에 몰두하는 출가승려와 삼보를 외호(外護)하면서 신수봉행(信受奉行)하는 재가불자들의 역할은 다를 수밖에 없습니다. 각자 위치와 역할이 다르다는 것을 알고 자기 자리에서 수분수력(隨分隨力)으로 수행하고 중생들을 위하여 이익되게 하는 보살행이야말로 부처님께서 말씀하신 상구보리 하화중생, 정불국토장엄을 실현하는 길입니다. 모쪼록 부처님께서 말씀하신 대로 실천하는 불자가 되어주시길 바랍니다.

이 거사의 일화는 수행을 하는 불자라도 술과 약물을
남용하면 마음 상태를 흐트러뜨리고 마음속 깊은 곳에서
욕망의 불길을 끌어올려서 많은 문제를 불러일으킨다는
것을 일깨워 줍니다. 불음주계뿐만 아니라 다른 계율도
한 가지를 어기면 연쇄적으로 어기게 되어 있습니다.
그렇기 때문에 평소 5계를 철저하게 지키는 습관이
매우 중요합니다. 습관은 제2의 천성이 되기 때문입니다.
5계는 습관의 주춧돌로서 반드시 지켜야만 깨달음에
성큼 다가갈 수 있습니다.

중생을 알면 곧 부처를
볼 수 있다

—

금산사 1410주년 개산대재 법회

○

"미륵부처님의 세계는 깨끗한 삶으로 되어 있어 모든 아첨과 거짓이 없으며 보시바라밀·지계바라밀·반야바라밀을 닦지만 얽매이거나 집착하지 않고, 미묘한 열 가지 큰 서원으로 장엄하여 일체 중생들은 유연한 마음을 얻게 된다. 또 미륵 부처님의 대자비에 안기어 그 나라에 태어나는 중생들은 모든 감각기관을 제어하고 부처님의 교화에 머무른다."

– 불설미륵대성불경

●

자애와 희망과
평화의 미륵도량 금산사

금산사(金山寺)는 백제 법왕 원년에 왕실의 번영과 국태민안을 기원하는 자복사찰(資福寺刹)로 창건되었습니다. 금산사 사적기에 기록되어 있는 바와 같이 중창조 진표 율사를 위시하여 역대 조사들이 가람을 세우고 중창불사를 하며 개산 1410년의 전통과 역사를 이어오면서 도탄에 빠진 중생들을 구제하였습니다. 금산사는 중창조인 진표 율사께서 미륵장륙상을 조성하여 자비와 희망과 평화의 미륵신앙을 널리 전한 우리나라의 대표적인 미륵도량입니다. 금산사는 고달픈 중생에게 희망의 메시지를 전하고, 나라와 민족이 바람 앞의 등불처럼 위난에 빠졌을 때에는 호국불교(護國佛敎)의 기치를 높이 들고 정법(正法)을 선양(宣揚)하고, 국가발전에 기여해 왔던 호국도량입니다.

오늘 이 자리에 오신 불자들 또한 머나먼 전생부터 좋은 인연을 심어서 금산사와 인연이 되었을 것입니다. 우리 불자들은 연기법(緣起法)을 체득하시고 어떠한 집착도 초월한 중도(中道)로써 동체대비(同體大悲) 보살행(菩薩行)의 삶을 온전히 사신 역대조사스님들의 정법을 위해 온 몸을 바친 위법망구(爲法忘軀)의 정신을 올곧게 계승해야 합니다.

"중생을 알면 곧 부처를 볼 수 있고 중생을 알지 못하면 만겁 동안 부처를 찾아도 볼 수 없다"는 『육조단경』의 가르침과 같이 우리 불자들은 당대에 주어진 사회적·역사적 소명에 진력하며 법을 전하고 중생을 구제하는 데 온 힘을 기울여야 합니다. 그것이 역대조사와 선조들이 우리에게 남긴 유훈이며 가르침이라 할 수 있습니다.

현재 우리 사회는 소득 격차로 인한 계층 간의 위화감, 세대 간의 갈등, 과거보다는 완화되었지만 지역 간의 분열, 노사 간의 갈등, 보수·진보 간의 대립 등이 해소되지 않고 사회문제로 부각되고 있습니다.

이와 같은 다양한 분열과 갈등은 국가경쟁력을 약화시키고 나아가서는 국가발전을 저해하는 요소가 되고 있습니다. 따라서 사회통합과 국민화합은 이 시대 가장 시급하고도 중요한 국가과제가 되었습니다.

우리는 선진사회로 나아가기 위해 국민통합에 적극 노력해야 합니다.

또한 우리 사회는 국민의 건전한 가치관 확립과 공중도덕심을 향상시킬 수 있도록 부정부패가 없어져야 하며 퇴폐적 향락문화를 추방해야 합니다. 최근 방송과 영화 또는 연극 등 공연물에 지나치게 퇴폐적이거나 사치·향락적 내용이 무분별하게 등장함으로써 청소년층에 유해하고, 사회 전반에 불건전한 분위기를 조성하고 있습니다. 또한 부유층과 고소득층의 지나친 호화 사치 행태는 국민들로 하여금 위화감을 형성케 하고 화합을 저해하고 있습니다.

건강한 가족문화를 해치는 외도행위 조장, 폭력행위를 미화하는 지상파 방송의 막장 드라마 성행, 케이블 및 유선방송, 인터넷을 통한 폭력·부도덕한 내용물 유포, 악플을 통한 인신공격, 폭력과 퇴폐문화를 조장하는 각종 상업적 행위가 범람하여 국민들의 도덕불감증을 가중시키고 있습니다.

이러한 부도덕한 내용과 폭력행위를 부추기는 방송과 인터넷, 상업적인 퇴폐행위는 반드시 근절되어야 합니다. 앞으로 우리 사회는 자기 자신의 이익과 안락만을 추구하는 이기주의에서 벗어나 건전한 시민정신과 공동체의식을 함양하는 노력이 절실합니다.

우리는 예로부터 상부상조와 구휼정신이 녹아 있는 공동체문화가 일상생활 속에 뿌리내려 왔습니다. 이러한 전통문화를 계승하고 공동체 정신을 확대하기 위해서는 우리 사회의 이웃은 물론 지구촌 인류를 돕는 기부문화가 활성화되어야 합니다.

세간(世間) 밖에서 깨달음을 구하는 것은
거북이에게서 털을 구하는 것과 같다

얼마 전 종단의 중앙종회와 교육원에서는 바람직한 승가상을 정립하고자 스님들에게 의식성향조사를 했다고 합니다. 현대사회에서 가장 바람직한 스님의 역할을 묻는 질문에 36%의 스님들이 불교의 자비정신을 사회에 구현하는 자비실천이라고 대답하였고, 수행에 전념해야 한다는 응답이 27%였다고 합니다.

과거에는 수행에 전념하는 것이 이상적인 스님의 역할이라고 응답한 비율이 43%였는데, 자신만의 깨달음을 위한 수행보다는 사회에 대한 자비실천의 중요성을 더 강조하는 결과를 보면서 스님들의 의식이 변화하고 있다는 것을 알 수 있었고, 흐뭇한 미소가 흘러나왔습니다.

또한 자비실천과 사회참여에 있어서는 87%의 스님들이 불교의 참여도가 낮다고 답변한 여론만 보더라도 우리 불교계가 그동안 사회참여 활동에 소극적이었다는 단면을 잘 알 수 있습니다. 자비는 보살도(菩薩道)의 근본입니다. 수행과 보살도의 실천은 둘이 아닙니다(不二). 누누이 강조합니다만, 세간(世間) 밖에서 깨달음을 구하는 것은 거북이에게서 털을 구하는 것과 같습니다.

마음을 깨달아 자기 본성자리로 돌아가는 귀일심원(歸一心源)과 세상의 중생을 이익되게 하는 요익중생(饒益衆生) 또한 결코 둘이 아닙니다. 우리는 연기적 존재로서 상의상관 관계에 있으며 모든 삼라만상(森羅萬象) 두두물물(頭頭物物)이 인드라 망처럼 서로의 삶이 연관되어 있습니다. 겉모습만 다를 뿐 본체(本體)는 같습니다. 거듭 말씀드리지만, 구도(求道)의 본질은 자비행(보살행)에 있습니다. 보현행(普賢行)을 통해 보리(菩提)를 얻고 해탈할 수 있다는 신심(信心)을 확고히 갖고 실천 수행하길 바랍니다.

최선을 다해 부지런히 수행하면서 헐벗고 병든 이웃이 빈곤과 질병의 고통에서 벗어나도록 돕고, 자연재난으로 의식주를 잃은 사람들을 돕고, 못 배운 사람에게 배움의 길을 열어주고, 우물을 파서 기갈에 허덕이는 사람에게 물을 주고, 생태계가 파괴되고 삶의 환경이 오염되는 것을 막고, 전쟁을 반대하며, 국내는 말할 것도 없고 지구촌의 생명이 평화롭고 안락한 삶을 누리도록 생명평화를 실현하는 일에 동참하는 자비가 이 시대의 보살행입니다.

또한 우리 지역의 숙원사업이 원만 성취되고, 우리 전북도민이 합심하고 중앙정부와 지방정부가 서로 협력하여 지역 균형발전을 통해 국가발전과 지역성장을 지속시키는 명품도시로 개발되어 발전해 나가길 희망합니다.

그동안 금산사 불사에 많은 공적을 쌓고 가람수호와 포교 등 금산사 발전에 노고가 많은 원행 스님이 주지직(2016년 현재 금산사 주지는 성우 스님)에 재임되었습니다. 진행 중인 불사가 여법히 잘 마무리되기를 바라며 사부대중과 함께 연임을 심축하는 바입니다.

오늘 금산사 1410주년 개산대재 법회와 합동보살계 수계식에 참석하신 내외귀빈들과 불자 여러분들께 깊은 고마움을 전하며 불보살(佛菩薩)님의 가피(加被)가 항상하기를 바랍니다. 감사합니다.

－불기 2553(2009)년 11월 6일 금산사 개산대제 법어

불법재세간(佛法在世間)
불리세간각(不離世間覺)
이세멱보리(離世覓菩提)
흡여구토각(恰如求兎角)

불법은 세간에 있으며
세간을 떠나서 깨닫지 못하네.
세간을 떠나서 보리(깨달음)를 찾는다면
그것은 마치 토끼뿔을 구하는 것과 같다.

널리 전법하여 부처님의
크신 은혜를 갚기를…

○

"비구들이여, 나는 모든 속박에서 벗어났다. 그대들도 또한 속박에서 벗어났다. 중생의 이익과 행복을 위하여 길을 떠나라. 세상과 일체 존재에 대한 자비심을 갖고 신과 인간의 이익과 행복을 위하여 길을 떠나라.

둘이 함께 같은 길을 가지 마라. 처음도 좋고 중간도 좋고 끝도 좋은, 바른 이치와 악미를 갖춘 가르침을 설하여라. 완전하고도 청정한 수행의 삶을 보여주어라. 세상에는 더러움에 덜 물든 사람들도 있다. 다만 그들은 가르침을 듣지 못하였기 때문에 멀어졌지만, 만일 그들이 가르침을 듣는다면 곧 알아들을 것이다.

비구들이여, 나도 또한 가르침을 설하기 위하여 우루웰라의 세나니 마을로 가야겠다."

– 아함경. 불본행집경

●

한 부처가 만 중생을 구제한다

우리 불교계에 포교대상을 받을 훌륭한 분들이 많은데, 미력한 제가 오늘 큰 상을 받게 돼 송구스러운 마음 금할 길이 없습니다. 저를 포교대상 수상자로 선정해 주신 이유는 불교계의 대중포교와 대사회적 자비실천이 여전히 부족한 현실에서 보다 많은 중생들에게 불법을 전하고 보살행을 더 열심히 실천하라는 격려라고 생각합니다.

오늘 지금 이 순간에도 저는 수행자의 본분사는 무엇인지, 불제자로서 어떻게 살아야 할지 돌이켜 생각하고 자문해 봅니다. 사실 부처님의 생애를 반추해 보면 우리가 어떻게 살아야 할지 잘 알 수 있습니다.

붓다가야 보리수 밑에서 정각(正覺)을 이루고, 구시나가라 사라쌍수 아래에서 열반에 들기까지 부처님께서는 평생 동안 전도전법(傳道傳法)을 가장 중요한 과제로 삼으셨습니다. 연기(緣起)의 이법(理法)을 깨달으신 부처님의 첫 행보가 바로 예전에 함께 고행했던 다섯 비구들에게 가르침을 전해주는 것이었습니다. 성도지(成道地)인 붓다가야와 초전법륜지인 사르나트 녹야원(鹿野苑)까지 거리는 우리가 상상하는 거리보다 훨씬 멉니다. 그것도 교통이 발달하지 않았던 2600년 전에 땡볕이 내리쬐는 거리를 한 달여 동안 걸어서 찾아가신 그 마음을 생각하면 감동이 북받칩니다.

부처님께서 다섯 비구에게 맨 처음 전하신 가르침이 바로 괴로움에서 벗어나는 네 가지 성스러운 진리인 사성제(四聖諦)와 깨달음에 이르는 여덟 가지의 길인 팔정도(八正道)입니다. 녹야원에서 다섯 비구에게 처음으로 법을 전하신 초전법륜(初轉法輪)을 통해 부처님은 전법(傳法)으로 중생구제가 가능하다는 것을 증명했고, 제자들이 가야 할 길을 일러주셨습니다. 전법이 곧 구도이며, 전도가 바로 보살행의 실천임을 대중들 앞에서 드러내 보이셨습니다.

가사정대경진겁(假使頂戴經塵劫)
신위상좌변삼천(身爲牀座徧三千)
약불전법도중생(若不傳法度衆生)
필경무능보은자(畢竟無能報恩者)

부처님을 이마에 이고 수많은 세월을 지내며
몸은 의자가 되어 삼천세계에 두루하여도
만약 부처님 법을 전하여 중생을 제도하지 못하면
끝내 부처님의 은혜는 갚을 수 없네.

- 대지도론

위 말씀은 개인의 성불만을 추구하는 불자들에게 일침을 가하는 대목이 아닐 수 없습니다. 포교를 통한 중생구제야말로 불자들이 부처님의 은혜에 보답하는 길임을 마음에 새겨주셨으면 좋겠습니다.

『금강경』에도 다음과 같은 말씀이 있습니다.

"수보리야, 만일 어떤 선남자 선여인이 항하강 모래알만큼 목숨을 바쳐 보시하더라도 만일 어떤 사람이 이 경 가운데에서 사구게(四句偈)만이라도 받아 지녀서 다른 사람을 위해 설한다면 그 복이 더욱 많으리라."

이는 아무리 많은 재물(財物) 보시를 했다 할지라도 그 공덕이 법(法)보시에 미치지 못한다는 증거를 확실하게 보여주신 사례입니다.

『금강경』은 이러한 내용을 거듭해서 역설하고 있습니다. 법보시, 곧 부처님의 가르침을 베풀고, 법을 전하는 포교 전법이 보살행을 실천하는 데 가장 으뜸가는 공덕임을 보여주신 말씀이신데 왜 그렇겠습니까?

적어도 이 자리에 모이신 분은 제가 말씀드리지 않아도 잘 아시겠지만, 법을 전한다는 것은 그 사람의 의식을 근원부터 변화시키는 일이기 때문입니다. 재물을 보시하는 행위도 중요하지만, 재물은 유한한 공덕에 불과하지만 불법을 통해 그 사람의 인격을 변화시킬 때 지구촌뿐만 아니라 우주를 평화롭고 아름답게 만드는 에너지가 되기 때문입니다. 참으로 "한 부처가 만 중생을 구제한다"는 말은 예사로이 흘려 들어서는 안 됩니다.

삶의 질을 높여주고
몸과 마음의 괴로움을 덜어주어야

우리 불교의 대표종단인 조계종은 교리나 수행방법, 의식과 의례 면에 있어서 어느 하나만을 고집하지 않습니다. 모든 공부를 대중의 근기에 맞게 두루 취하고 포용하는 통불교 종단입니다. 조계종의 수행과 교리체계와 의식·의례규범이 원융불교에 바탕을 두고 있기에 앞으로는 포교에 있어서도 열린 자세를 지향하고, 전법과 사회사업을 실천해 적극적 자세로 펼쳐나가야 합니다.

저는 1954년 한국불교 정화운동 이후 1962년 통합종단 출범, 1994년 개혁종단을 거쳐 오늘에 이르기까지 일비지력(一臂之力)이나마

교단 발전에 원력을 보태왔습니다. 1994년 개혁종단이 출범하였을 때는 종단의 행정수반을 맡아 포교원과 교육원을 별원으로 독립시키고, 수행과 교육·포교 사업을 개혁하고 활성화하는 데 노력했습니다. 참된 승가교육을 위해 중앙승가대학을 교육인적자원부로부터 정규대학으로 인정받는 한편 김포학사를 신축·이전하기도 했습니다. 1996년에는 포교원년을 선포하여 포교의 중요성을 종단 내·외적으로 알리고 포교사업을 확대하는 데도 진력해 왔습니다. 사회적으로는 복지사업을 적극적으로 추진하고 NGO활동의 영역을 넓혔습니다.

그 때 종단의 숙원사업을 적극적으로 전개하고 제도를 개혁하고 대소불사를 추진할 수가 있었습니다. 당시 저와 함께 일해 준 종단의 간부스님들과 종무원들의 헌신적인 노력과 수많은 종도들의 성원이 있었기에 가능했습니다. 이 자리를 빌려 그분들에게 진심으로 감사의 말씀을 드리고 싶습니다.

무릇 우리 불자들은 수행하면서 무명 중생들을 진리로 이끌기 위하여 각자의 능력에 따라 사회 각계의 분야에서 전법행을 펼쳐야 되겠습니다. 그러나 우리 불교는 조선시대 억불숭유(抑佛崇儒) 정책으로 보살도를 실천할 수 있는 사회 참여의 길이 닫혀 있었습니다. 특히 조선조에는 인조 이후부터 사문의 도성 출입을 금지할 정도로 탄압받았습니다. 그로 인해 스님들은 산중에 머물면서 기복과 개인 수행에만 치중하는 초세간적 불교를 유지해 왔습니다.

한말·개항 이후 서구문화와 함께 유입된 서구의 종교는 도심과 대중 속으로 활발한 선교와 사회구제사업을 하면서 급속히 사회 저변으로 파고들었습니다. 하지만, 산중에만 머물러 있던 불교는 세속과 괴리된 채 전법도생(傳法度生)의 본분사를 제대로 실행할 수 없었습니다. 해방 이후 물밀듯 들어오는 서구 문물의 범람으로 전통적인 가족제도가 해체되고 전통문화가 쇠퇴하는 등 우리 사회 전반적으로 정체성의 위기를 겪었습니다. 또한 급속한 경제개발의 과정에서 오는 양극화와 인간소외 등의 시대고(時代苦) 및 사회고(社會苦)와 부딪힐 수밖에 없었습니다.

이러한 상황에서 서구종교는 교육, 의료, 사회복지사업 등 다각적인 노력을 통해 단기간에 급속도로 교세확장을 이룰 수 있었습니다. 서구종교의 직선적이고 유일신 중심의 가치관은 깊은 안목으로 보면 여러 가지 문제를 내포하고 있습니다. 하지만, 서구종교인들이 대중의 갖가지 사회적 고통들을 치유해 주기 위해 대중과 함께하는 모습은 배울 점이 많습니다. 실제로 그들의 활동이 우리 불교에 크나큰 자극이 되었고, 종교의 사회적 역할에 대해 본격적으로 성찰하는 계기가 되었다 해도 과언이 아닙니다.

과학과 문명, 교통과 통신의 발달로 산중사찰은 이전과는 비교할 수 없을 정도로 세속의 삶과 가까워졌습니다. 또한 서구종교인들의 적극적인 활동에 자극받아 불교도 도심 포교를 지향하며 세간 속으로 스며들기 시작했습니다. 그리하여 다양한 시대적·사회적 요구에 부응하고 불교 본연의 목적인 상구보리 하화중생을 실천하기 위해 사회 구석구석에서 활발한 포교를 하며 자비 이타행을 펼치고 있습니다.

하지만 한국불교의 대중포교와 사회구제사업, 사회참여는 아직도 걸음마를 배워서 한 발 두 발 내딛는 정도입니다. 대승보살도와 같은 불교 본래적인 사상을 충분히 실행에 옮기기까지는 앞으로 가야 할 길이 너무 멀다고 할 수 있습니다.

　앞으로 한국불교가 무엇을 어떻게 해야 할 것인가 숙고하고 또 성찰하면서 보살행을 병행해야 합니다. 무엇보다 시급한 것은 현대사회의 소외된 중생들이 겪는 질병, 빈곤, 무지, 인권탄압 등의 사회고(社會苦)와 남북분단과 환경파괴 등의 시대고(時代苦)에 따른 고통을 발고여락(拔苦與樂)의 자비정신으로 경감시켜 줘야 합니다.

　지금 당장 배가 고파서 죽을 지경인 사람, 질병으로 시달리는 사람에게 "본래 생사(生死)가 없으니 마음을 갈고 닦아서 진리를 깨달으라"는 심오하고 고차원적인 설법은 그저 귓전을 스쳐지나가는 바람이 되기 쉽습니다.

　바로 지금 이 자리에서 그들의 삶의 질을 높여주고, 몸과 마음으로 느끼는 고통을 덜어주고, 인권이 유린되는 질곡의 현실에서 벗어나게끔 돕는 자비야말로 진정한 전법도생(傳法度生)입니다. 불교는 사회 전반에 걸쳐 복지에 기여해야 하고, 그 영역의 확대를 통해 자비와 이타의 종교임을 확실히 각인시켜 주어야 합니다.

　1954년 종단정화운동 이후에 교단은 '도제양성(수도와 교육)' '포교' '역경' 등 3대사업을 지표로 삼아 열심히 활동해 왔습니다. 특히 1994년 개혁종단 이후에는 3대사업의 진행과 함께 사회복지사업과 NGO 활동으로도 그 영역을 넓혀 갔습니다. 앞으로는 교육, 포교, 복지, 사회구제사업을 더욱 확대하여 지속적으로 추진해야 할 것입니다.[참고 1]

제21장 문화, 복지 및 사회활동

제114조_ 본종은 사회문화 향상에 기여하기 위하여 각급(各級) 학교, 학원, 어린
이집, 유치원, 출판, 신문, 방송 매체, 영상 사업기관 및 문화예술진흥
기관을 설립 운영한다.

제115조_

1. 본종은 사회적으로 불우한 위치에 있는 아동, 노인, 처녀, 심신장애자 등 요보
호(要保護) 계층을 대상으로 의료사업, 양로원, 요양원, 기타 각종(各種) 사회봉
사와 사회복지 사업을 전개하고 이를 위한 사회복지기관과 단체를 구성한다.

2. 본종은 사회적으로 열악한 위치에 있는 요보호 대상자들을 수용할 수 있는 사
회복지시설을 유지 경영한다.

3. 본종은 공원묘지, 납골당, 납골묘지, 장례식장 등의 사업을 할 수 있다.〔불기
2559(2015). 6. 22 개정〕

4. 본종은 사회 발전을 위하여 인권옹호, 환경, 통일, 여성 문제, 인간소외 극복
등 사회 공익사업에 필요한 기관과 단체를 구성할 수 있다.〔불기 2559(2015). 6.
22 개정〕

5. 본종의 사찰 및 승려는 문화, 복지, 사회사업을 수행하기 위하여 법인을 설
립할 수 있다.〔불기 2559(2015). 6. 22 신설〕

제116조_ 본종은 승려의 노후생활 보장과 건강유지를 위해 승려노후복지원을
설치한다.

제117조_

1. 사회복지 사업을 수행하기 위하여 불교사회복지원을 둔다.

2. 불교사회복지원은 법인으로 설립하며, 총무원장은 당연직 이사장이 된다.

제118조_ 이 장에 정한 각종 기관과 단체의 조직, 운영 기타 필요한 사항은 종법
으로 정한다.

종단은 위와 같은 사업들을 하기 위해 우선 인재들을 양성하고 적정한 예산을 투입해야 합니다. 참선수행을 통해서 뛰어난 수행자들을 배출하는 교육도 중요하지만 각자의 능력에 따라 여러 분야의 지도자들을 배출하는 사업도 매우 중요합니다. 출가자들은 능력에 따라 수행과 교학연구, 역경, 포교사업에 매진하고, 재가자들도 교육과 포교 그리고 복지사업에 참여할 수 있도록 관련제도를 마련하고 교육시켜야 합니다. 현대와 같이 전문화되고 기술문명이 고도화된 사회에서 출가자들이 모든 일을 맡기에는 한계가 있습니다.

자신들의 능력에 따라 대사회활동에 직접 참여하는 방법도 좋겠지만, 재가불자들로 하여금 삼보(三寶)를 신수봉행(信受奉行)하면서 중생 구제를 위한 사회참여활동을 수행할 수 있도록 제도적으로 뒷받침해 주고 이를 실천할 수 있도록 지원해야 합니다.

여기에 중앙과 지방의 종무기관의 역할이 중요합니다. 종단은 위와 같은 모든 과업을 안고 운영하는 종합종무행정기관으로서의 역할을 해야 합니다. 앞으로 종단에서는 종책을 개발하고, 제도를 개혁하고, 예산을 지원하고, 포교기관을 많이 설립하여 한국불교가 조계종 종헌에 담겨 있는 정신과 과업을 최대한 살려서 시대적인 요청에 부응할 수 있도록 대승보살도를 실현하는 막중한 역할을 선도해야 합니다.

현재 세계는 전쟁, 기아, 빈곤 등의 문제로 고통 받고 있으며, 각종 환경과 공해 문제, 기상 이변에 따른 재난 등으로 혼란스럽기 그지없습니다. 이러한 현실에 대해 우리 불자들은 '보현행원'을 적극 실천해야 합니다. 수행과 전법을 게을리 하지 않으면서 병든 사람에게 질병의 고통을 끊을 수 있도록 해 줘야 하며, 못 배운 사람에게 배움의 길을 열어

주어야 하며, 가난한 사람은 빈곤에서 벗어날 수 있도록 도와야 하며, 생태계의 파괴와 오염을 막는 운동 또한 우리 불자들이 해야 할 일입니다. 인권탄압을 받는 사람들은 그 고통에서 벗어나게 해 줘야 하며, 노약자와 장애인을 위하여 복지사업도 해야 합니다. 국가 간, 민족 간에 전쟁을 일으키거나 사상·종교적 이념의 충돌 때문에 귀한 생명이 죽어가는 것을 예방하고 살리는 것도 넓은 의미에서 모두 보현행원입니다.

저는 보현행원의 정신으로 중생들의 고통을 어떻게 덜어줄 것인가에 대해 고민해 오다 그 해답으로 80년대 말부터 '경제정의실천시민연합'과 '공명선거실천시민운동협의회' 등의 공동대표를 맡아 시민사회운동에 참여해 왔습니다. 1996년부터는 '우리민족서로돕기운동'을 사회 각계의 인사들과 함께 설립하여 상임공동대표로 있으면서 북한을 10여 차례 방문했었고 개발구호사업을 위해 900여 억 원 상당의 물품들을 지원해 왔습니다.

또한 중국의 조선족과 러시아 연해주, 볼고그라드의 고려인들에 대한 인도주의적 지원사업도 펼쳐 왔습니다. 그리고 지난 2004년부터는 국내외 빈곤계층과 제3세계 저개발국가들의 인도적 지원사업을 추진하기 위해 국제 NGO 단체인 '지구촌공생회'를 조계종단의 여러 스님들과 재가인사들과 함께하여 설립하였습니다.

지구촌공생회는 첫 출발단계이지만 지금 이 시간에도 캄보디아, 라오스, 몽골, 스리랑카, 미얀마 등지에서 식수가 없어 고생하는 이들에게는 우물을 파주고, 배움의 기회조차 없었던 아이들에게는 유치원과 초중고등학교를 지어주고, 질병으로 고통 받는 이들에게는 의약품을 지원하는 등 국경을 뛰어넘어 보살행을 실천하고 있습니다.

경제 선진국으로 진입하는 시점에서 우리나라가 국제적 위상을 확립하기 위해서는 한국불교의 대사회적인 자비실천도 국내에만 머물러서는 안 되며 그 영역을 지구촌 전체로 확대해야 합니다. 10년, 20년 아니 그 이후까지 내다보며, 보살행(보현행원)에 입각한 인류의 평화와 행복을 실현하기 위해 불교계는 밖으로 눈을 돌려 더욱 노력해야 합니다.

불자들은 인터넷포교, 언설(言說)포교, 문서(文書)포교, 의식(儀式)포교, 시청각교재를 사용한 포교, 언론매체를 통한 포교 등을 확대·발전시켜야 합니다. 그리고 위에서 지적한 바와 같이, 사회고와 시대고로 불행을 겪고 있는 중생들을 구제하시길 제안합니다. 모쪼록 불보살님의 가피로 늘 청안 청락하시고 약사여래불과 관세음보살 같은 대자대비한 보살행을 널리 실천해서 이 땅을 불국토로 일구는 데 앞장서시길 기원 드립니다.

- 2004년 제 17회 조계종 포교대상 수상 소감

자비 실천으로
진리를 깨친 분들

○

"보살은 일체의 가난한 사람이 와서 구걸하는 것을 보면 그가 구하
는 온갖 것을 주어야 하거늘 보살이 나쁜 마음과 성내는 마음으로 돈
한 푼·바늘 하나·풀 한 포기도 보시해 주지 않으며, 법을 구하는 사
람이 있어도 한 구절의 법문과 한 마디 게송과 작은 법 하나도 가르
쳐 주지 않고 도리어 나쁜 말로 욕하는 것은 보살의 바라이죄다."

- 범망경 십중계

●

보살은 산스크리트어 보디사트바(bodhisattva)를 음사한 보리살타의
줄임말입니다. 위로는 깨달음을 구하고 아래로는 중생을 구제하는 사
람, 깨달았지만 아직 중생세계에 있는 사람 등 여러 가지 해석이 있지
요. 부파불교에서는 석가모니 부처님의 성도(成道) 이전의 수행시대와
전생을 보살이라는 칭호로 부릅니다. 대승불교에서는 관세음보살, 지
장보살, 문수보살, 보현보살 등 부처님 같은 신앙의 대상으로서의 대보
살이 등장하고, 대승 논사나 중국 역경승의 칭호로도 사용했습니다.

일반적으로 우리나라의 여성 불자들을 보살이라고 부릅니다. 언어
는 혼이라고 하는데, 참으로 무슨 인연인가 싶습니다. 전 세계에서 유

일하게 여성불자들이 보살로 불리는 것을 보면, 전생부터 큰 복덕을 지은 인연도 있겠고, 앞으로 자비 공덕을 더 적극적으로 지으라는 뜻 같기도 합니다. 실제로 한국불교는 보살들의 신심과 원력으로 지금까지 발전했다 해도 과언이 아닙니다. 보살로 불리는 우리나라 여성 불자들의 더욱 적극적인 자비의 행보를 기대해 봅니다.

넓적다리 살을 베어
개에게 준 무착 스님

무착 보살의 얘기를 하려다 보니, 서론이 길었습니다. 인도의 용수, 세친, 무착(無着) 스님은 대승불교를 일으킨 논사들로 '보살'이라 불렸습니다.

무착 스님은 일찍이 미륵보살의 진신을 친견하기 위해 12년 동안 수행 정진하였습니다. 그러나 무착 스님께서 갈망하고 증득(證得)하고자 하는 욕망으로 가득 찬 내면을 알아차린 미륵보살은 쉽게 모습을 보여 주지 않았습니다.

어느 날, 무착 스님이 길을 가다가 굶주림으로 죽어가는 개에게 달라붙어 살을 갉아 먹고 있는 벌레들의 모습을 목격하였습니다. 벌레들은 이미 개의 사지(四肢) 일부를 갉아먹어 악취가 진동하였고, 쳐다보기도 역겨운 상태였습니다. 그 때 무착 스님은 마음 깊숙이 들려오는 본원의 소리를 들었습니다.

스님은 개와 벌레를 모두 살리기 위해 지나가는 행인에게 자신의 승복을 벗어주고 칼을 구한 다음, 칼로 자신의 넓적다리 살을 도려내어 그 살을 개에게 주고, 달라붙어 있는 벌레들을 혓바닥으로 핥아 자신의 넓적다리로 옮겼습니다. 그 순간 개와 벌레는 사라지고 찬란한 광명을 발하면서 미륵보살로 바뀌었다고 합니다.

얼핏 보아 도저히 현실적으로 불가능할 것 같은 이 영험담은 무착 보살이 온몸으로 자비를 실천함으로써 진리를 깨쳤다는 실례를 보여주는 이야기입니다. 무착 보살의 일화에서도 볼 수 있듯이 실제로 종교에서는 기적이 발생하곤 합니다. 여기에서 우리가 깨달아야 할 것은 자비심을 행하는 순간 도를 이룰 수 있다는 가능성입니다. 부처님이 따로 있고, 부처님의 경지가 따로 있는 것이 아니라 부처님 행을 할 때 그대로 부처님이 된다는 이치를 깨닫고 실천하면 됩니다.

짚신을 삼아주고 주먹밥을 나눠주며, 보살행을 펼치신 수월 스님

우리나라에도 살펴보면, 보살행으로 깨달음을 체득한 스님들이 많은데, 수월(水月) 스님이 떠오릅니다. 수월 스님은 근대 선불교의 중흥조인 경허 스님의 만상좌로 신묘장구대다라니를 통해 깨달음을 성취하고 한평생 부목(負木)처럼 살면서 자비행을 펼친 도인으로 유명합니다.

수월 스님은 출가 전에 글을 배우지 못했기 때문에 불경을 암송하기가 남들보다 더뎠습니다. 스님은 땔나무를 해오는 부목이나 밥을 짓는 공양주 등의 소임을 맡아서 정성껏 봉사했습니다. 그러던 어느 날

법당에서 신묘장구대다라니를 듣고 이를 단박에 외웠습니다. 그 뒤부터 나무를 하러 가거나 밥을 짓거나, 언제 어느 때나 신묘장구대다라니를 독송했습니다. 늘 신묘장구대다라니를 일심으로 독송하던 스님은 마침내 대비주의 공덕으로 득도하게 되었습니다.

그 후 스님은 한 번 보거나 들은 것은 결코 잊어버리지 않는 불망지(不忘智)를 얻었습니다. 또한 잠이 없어졌으며, 아픈 사람의 병을 단번에 고칠 수 있는 특별한 능력을 얻게 됐습니다. 스님은 깨달음을 얻은 뒤에도 열반에 드는 날까지 일생 동안 소를 치고 밭을 갈며 복전을 마련하여 지나는 사람들에게 짚신을 삼아주고 주먹밥을 해 주는 등 중생을 위한 동체대비 보살행을 펼쳤습니다.

수월 스님의 삶을 통해서도 알 수 있듯이 깨달음의 궁극적인 목표는 중생 구제, 보살행에 있습니다. 무착 보살의 경우에는 먼저 보살행을 함으로써 깨달음을 성취했고, 수월 스님은 깨닫기 전이나 깨달은 후나 한결같은 마음으로 보살행을 실천했습니다. 나는 누구인가? 어떻게 살아야 할 것인가? 화두 타파를 하셨으리라 믿습니다. 그 해답은 보살행에 있습니다. 모쪼록 보살행으로써 자기 자신도 구제하고 다른 사람도 구제하시길 빕니다.

우리 시대는 교통과 통신이 발달되어 빈곤국가의 정황을 바로 보고 바로 들을 수 있습니다. 차마 눈뜨고 볼 수 없을 정도로 고통스러운 삶의 현장을 안방에서 보고 들은 경험이 있으실 것입니다. 밥 먹듯이 굶는 사람들, 결핵에 신음하는 병자들, 뿌연 흙탕물을 먹어야 하는 아이들. 이렇듯 열악한 환경에서 고통 받는 이들이 아주 가까이 있습니다. 그들을 위해 아주 작은 것이라도 나누어 주십시오. 작은 것부터 나누다 보면 나눔의 기쁨을 알게 되고 차차 큰 것도 나눌 수 있게 됩니다.

　사람은 본래 지혜와 자비심, 측은지심(惻隱之心)을 갖고 있습니다. 이타행이란 특별한 사람에게만 주어진 여유가 아니라 누구나 일상생활 속에서 실천할 수 있는 자연스럽고 쉬운 일입니다. 어려운 이웃에 대한 관심과 그들을 위한 작은 나눔의 실천이 아름다운 인생을 여는 공생(共生)의 첫 출발점입니다.

병든 사람에게 질병의 고통을 끊을 수 있도록 해 줘야
하며, 못 배운 사람에게 배움의 길을 열어 주어야 하며,
가난한 사람은 빈곤에서 벗어날 수 있도록 도와야
하며, 생태계의 파괴와 오염을 막는 운동 또한 우리
불자들이 해야 할 일입니다. 인권탄압을 받는 사람들은
그 고통에서 벗어나게 해 줘야 하며, 노약자와 장애인을
위하여 복지사업도 해야 합니다. 국가 간, 민족 간에
전쟁을 일으키거나 사상·종교적 이념의 충돌 때문에
귀한 생명이 죽어가는 것을 예방하고 살리는 것도 넓은
의미에서 모두 보현행원입니다.

존재의 관계를 바로 보면
저절로 자비행이 나온다

○
"악한 마음이 없고 모든 죄악 없으면
선을 행할 때도 맑고 깨끗하다.
법대로 그대로 따라 행하면
범행 닦는 모든 사람 보호해 주니
꽃향기는 더러운 모든 세계를 뛰어 넘고
은혜로 베풀어 공양을 닦고
선을 행함에 알맞은 그 법을 따라
깨끗한 믿음으로 평등하게 베푸는 것은
범행을 닦는 이의 좋은 복밭이다.
공경하는 마음으로 사람 청하고
내 손으로 널리 공양 베풀면
주는 이, 받는 이를 고르게 거두나니
그러한 선행은 큰 결과를 얻는다.
슬기로운 사람이 이렇게 보시하면
맑게 믿는 마음으로써 해탈하리라."

— 아함경

위와 같이 부처님께서 『아함경』에 이르신 말씀에서도 다른 생명을 위해 베푸는 보시, 특히 법을 전해주는 법보시가 가장 큰 공덕이 됩니다. 요즘 세상 돌아가는 형국을 보면 참으로 답답할 때가 많습니다. 옛날에는 상상할 수조차 없을 정도로 물질적으로 풍요를 누리는 시절인데도 사람들의 마음은 너무나도 각박하고, 사람으로서 도저히 할 수 없는 잔혹한 사건 사고가 자주 일어나기 때문입니다. 신문지상에서 또 방송 매체에서 그런 일을 접할 때마다 출가 수행자로서 참으로 안타깝고 일견 죄스럽기까지 합니다. 부처님의 연기법, 중도의 실상을 더욱 더 적극적으로 전해서 일깨웠더라면 하는 안타까운 마음에 가슴이 무척 아픕니다.

연기법을 알면 다른 생명의 고통이 자신의 고통으로 느껴집니다. 남의 고통이 나의 고통으로 다가오는데 어찌 남을 핍박하고 괴롭히고 해롭게 할 수 있겠습니까? 나와 남이 다르지 않다는 인식, 우리 모두 서로 서로 의지하고 있는 상의상관의 연기적 존재라는 교리만 알면 남을 괴롭히지 않는 행동은 물론이고 대자비행을 함으로써 이 세상을 그대로 불국정토로 만들 수 있습니다. 중생의 고통을 덜어주고자 베푸는 사람은 바로 부처님입니다. 그 사람이야말로 중도적 연기관에 입각한 동체대비사상을 이 사회에 구현하는 진정한 부처님입니다.

그래서 부처님께서는 『중아함경』에서 "연기(緣起)를 보는 사람은 법(法)을 보며 법을 보는 사람은 연기를 본다"고 하였습니다. 이는 존재의 관계를 바로 보는 사람이 법을 바로 보는 사람이며 법을 바로 보는 사람이 성불(成佛)한다는 말입니다. 연기를 보는 것이 왜 중요한가

하면, 처음부터 끝까지 거듭거듭 수도 없이 강조할 수밖에 없습니다만, 고통 받는 생명들과 함께하는 동체대비행이 나오는 자리이기 때문입니다. 연기를 본 사람은 자연스레 끊임없이 나누며 회향하는 복지의 삶을 삽니다. 행복하고 참된 삶의 의미와 가치를 나눔을 통해 자각하며 살아가는 분이 바로 윤회의 고통에서 해방된 부처님입니다.

밥이 필요한 사람에겐 밥을,
약이 필요한 사람에겐 약을 주어야…

지금 당장 기아와 질병에 시달리는 사람에게 "고통과 생사가 본래 없으니 끄달리는 마음을 갈고 닦아서 진리를 깨달아야 한다"고 하면 아무리 힘주어 말해도 그 말은 그 사람들의 귓전을 스쳐 지나가는 바람소리와 다르지 않을 것입니다. 그들이 몸과 마음으로 받고 있는 고통을 외면하지 말고 나의 아픔으로 알아 고통을 덜어주고 치유해 주는 동체대비행을 해야 합니다.

나는 12년 전에 '지구촌공생회'를 만들어서 우리나라는 물론이고 동남아시아와 아프리카 등 세계의 가난한 이웃의 고통을 치유해 주는데 혼신을 다하고 있습니다. 일찍이 『화엄경』 「보현행원품」의 "이보현행 오보리(以普賢行 悟菩提)"라는 구절에서 마음이 활짝 열린 체험을 했는데, 실제로 나눔이 수행이요, 깨달음이라는 것을 지구촌공생회 활동을 하면서 확실히 알았습니다.

실로 구도(求道)의 본질은 자비행에 있습니다. 보현행(普賢行)을 함으로써 보리(菩提)를 얻고 해탈할 수 있다는 신념(信念)을 확고히 가지시기 바랍니다. 자신의 수행을 게을리 하지 않으면서 빈곤과 질병의 고통에서 벗어나도록 돕고, 자연재난으로 의식주를 잃은 이들을 돕고, 못배운 사람에게 배움의 길을 열어주고, 우물을 파서 기갈에 허덕이는 사람에게 물을 주고, 생태계가 파괴되고 삶의 환경이 오염되는 것을 막고, 전쟁을 반대하며 지구촌의 생명이 평화롭고 안락한 삶을 누리도록 생명평화를 실현하는 일에 동참하는 것이 구체적인 보현행입니다.

지금도 지구촌에는 전쟁과 기갈, 각종 질병으로 소중한 생명이 무수히 쓰러져 가고 있습니다. 지구촌 곳곳에서 일어나고 있는 인류의 고통스러운 현장을 우리는 다양한 언론매체를 통해 바로 알고 있습니다. 지구촌의 고통이 나의 고통입니다. 그들이 고통에서 벗어나 평화롭고 안락한 삶을 누린다면 내 삶 또한 그러할 것입니다.

우리 불자들은 언제나 보현행원의 10대원 중 광수공양(廣修供養)의 정신을 명심해야 합니다. 보현행원의 발원 가운데 어느 하나도 중요하지 않은 것이 없지만, 널리 공양을 올리는 것을 수행으로 삼는 광수공양은 행원의 공덕 가운데 가장 으뜸입니다. 사회고(社會苦)와 시대고(時代苦)로 불행을 겪고 있는 중생들을 구제하겠다는 염원으로 약사여래불과 관세음보살, 지장보살처럼 시대, 지역, 국가를 막론하고 고통이 있는 곳은 어디에서나 자비 보살행을 실천해야 하겠습니다.

제3장.

나눔이
희망이다

'나'와 세상은 하나

○

"그 아들이 병들면 그 부모도 병들고, 아들의 병이 나으면 부모도 낫습니다. 보살도 이와 같아서 모든 중생을 자식과 같이 사랑하기에 중생이 병을 앓을 땐 보살도 병을 앓으며, 중생의 병이 나으면 보살도 낫는 법입니다. 또 이 병이 무엇으로 인해 생겼는가 하면, 보살의 병은 광대한 자비로부터 생긴 것입니다."

— 유마경 문수사리문질품

●

중생이 병을 앓으면
보살도 병을 앓는다

『유마경』하면 "중생이 병을 앓으면 보살도 병을 앓는다"는 경전 구절이 먼저 떠오릅니다. 보통 『유마경』의 핵심 정신은 중생과 부처가 둘이 아닌 하나라는 불이사상(不二思想)이라고 하는데, 저는 유마경이야말로 대자대비한 보살사상의 정수를 담은 대승경전의 최고봉이라 생각합니다.

자비는 불교뿐만 아니라 모든 종교가 지향하는 궁극의 목적입니다. 종교의 생명력은 자비를 실천하여 세상 사람들이 고통에서 벗어나 행복하게 해 주는 데 있습니다. 사람들의 고통을 어루만져 주고 시대의 아픔을 끌어안는 자비야말로 종교 본연의 기능을 회복하는 지름길이라 할 수 있습니다.

이웃종교는 예외로 하고, 우리 불자들은 어떻게 자비를 실천해서 참 불자가 될 것인가를 가슴에 품고 기억해야 합니다.

신라시대의 원효 스님처럼 저잣거리에 나와야 합니다. 세상 사람들이 부대끼며 살아가고 있는 삶의 현장에서 그들의 고통이 무엇인지 살펴보고, 무엇을 필요로 하는지 세세하게 살펴서 가진 재물과 지식을 나눠주어 고통에서 벗어날 수 있도록 길을 열어주어야 합니다.

우리의 이웃이 환한 미소를 지으며 행복하게 살아갈 때 비로소 함께 행복할 수 있습니다. 부처와 중생이 둘이 아니듯 생활이 곧 수행이 될 때 바로 지금 이 자리에서 극락을 체험할 수 있습니다. 번잡하고 시끄러운 곳에서 마음이 흔들리지 않고 지혜롭게 살아가는 사람이야말로 참 불자라 할 수 있습니다.

나와 이웃,
세계와 자연은 하나다

'나는 누구인가?'
'어떻게 살 것인가?'

나는 사춘기 때 6·25라는 동족상잔의 아픔을 겪었습니다. 총알이

비 오듯 쏟아지고 여기저기서 폭탄이 터지는 전쟁터에서 일어나는 참혹한 현상을 피난민들의 말과 매스콤을 통해 전해 들으면서 어린 마음에도 죽을지도 모른다는 두려움에 사로잡혀 몸이 떨리는 경험을 했습니다. 사람들이 피를 흘리면서 죽는 광경을 보면서 나 역시 죽을 것 같은 괴로움을 겪었습니다. 그 사람들과 나는 겉모습은 이질적으로 보였지만 실은 하나로 이어졌기에 그들의 고통이 나의 고통으로 느껴졌습니다.

그 때부터 '나는 누구인가?' '어떻게 살 것인가?'에 대한 고민을 했습니다. 그리고 오직 부처님 법만이 나를 구원하고 평화로운 세상을 만드는 길이라는 희망을 가지고 속리산 법주사로 출가하였습니다.

출가 수행자의 삶, 아니 출가·재가의 경계를 넘어서서 모든 불자들의 궁극적인 목표는 진리를 깨닫고 고통에서 벗어난 대자유인의 경지입니다. 그럼 어떻게 해야 대자유인이 될 수 있겠습니까? 참선 수행도 좋고 염불 수행도 좋고 기도도 좋지만 가장 먼저 해야 할 것은 정견(正見), 사물을 있는 그대로 바로 보아야 합니다. 나와 이웃, 세계와 자연을 바로 볼 때 삶을 제대로 보고 부처님처럼 살 수 있게 됩니다.

존재의 관계를 있는 그대로 보는 것이 정견입니다. 정견이 열리면 우리 모두가 서로 의지하며 살아가는 상의상관(相依相關)의 연기적(緣起的) 존재라는 이치를 확실히 알게 됩니다. 우리는 단 한 순간도 다른 존재와 관계를 맺지 않고서는 살아갈 수가 없습니다. 해와 달, 물, 나무, 산소, 동·식물 등 온갖 자연물과 사람들이 만든 생산물이 없었다면 내가 존재할 수 있을까요? 이 세상에 홀로 존재할 수 있는 것은 하나도 없습니다. 깨달음을 요원하거나 대단히 신비한 경지라고 생각하는 분들이 많은데, 사실 우리 모두가 서로서로 관계를 맺고 있는 연기적 존재임을 체득하는 것이 바로 깨달음입니다.

누군가 해야 할 일이라면
내가 먼저 하자

"피할 수 없으면 즐기라"는 말이 있습니다. '누군가 해야 한다면 내가 먼저 하자', '누군가 앞장서야 한다면 내가 하자'는 생각으로 임하다 보니 직함을 번다하게 많이 갖게 되었습니다. 하지만 젊잖게 뒤로 물러서는 것보다 비난과 고난을 감수하면서라도 앞장서서 헤쳐 나가야 한다고 봅니다.

수성(守成)에만 골몰하면 강물은 이미 저만치 흘러가버립니다. 사람도, 뗏목도 저 멀리 흘러가고 있는데 목 놓아 불러본들 이미 지나간 사람, 뗏목에 불과합니다. 이미 지구는 1일 생활권 안에 있는 마을입니다. 지구촌 세계가 열렸습니다. 말과 피부가 다르다고 이웃의 어려움을 강 건너 불구경하듯 해서는 안 되고, 내 가족처럼 힘써 도와야 합니다.

천지여아동근(天地與我同根), 만물여아일체(萬物與我一體), 천지가 나와 한 뿌리요, 만물이 나와 한 몸뚱이, 나와 이웃, 세계와 자연이 동떨어진 체성이 아니라 하나라는 자성을 아는 지견이야말로 진정한 깨달음입니다. 존재의 실상을 알아차린 분상입니다.

우리 모두가 연기적 존재임을 바르게 보는 것이 왜 중요한가 하면, 바로 이러한 정견에서 온전한 자비가 나오기 때문입니다. 자비행을 하지 말라 해도 부모가 자식을 사랑하듯이 저절로 자비행을 하게 됩니다. 사람은 물론이고 동물, 자연 환경 등 우리가 만나는 모든 존재를 조건 없이 사랑하고 아끼게 되는 이타행입니다.

너와 내가, 세상과 자연이 둘이 아닌 하나임을 체득하는 깨우침이 야말로 개인과 사회를 위한 공생의 길이요, 진정한 행복의 길입니다. 이 세상에 만나는 모든 존재마다 다 인드라 망처럼 세밀하게 이어져 있고 세세생생 깊은 관계를 맺어왔다는 이치를 관통했는데 어찌 해코지를 할 수 있겠습니까?

이제 우리가 부처님의 가르침, 특히 연기법(緣起法)을 널리 전파해야 하는 까닭을 이해하십니까? 연기법을 이해하면 나와 너, 나와 우주, 주관과 객관, 부처와 중생, 선과 악이 둘이되 둘이 아니라는 자타불이의 진리를 깨닫게 되고 세상의 평화와 행복을 위해 반드시 부처님처럼 법륜을 굴려 주시기를 바랍니다.

아름다운 삶, 이타행(利他行)

○
나룻배와 행인

나는 나룻배
당신은 행인.

당신은 흙발로 나를 짓밟습니다.
나는 당신을 안고 물을 건너갑니다.
나는 당신을 안으면 깊으나 얕으나 급한 여울이나 건너갑니다.

만일 당신이 아니 오시면
나는 바람을 쐬고 눈비를 맞으며 밤에서 낮까지 당신을 기다리고 있
습니다.
당신은 물만 건너면 나를 돌아보지도 않고 가십니다 그려.
그러나 당신이 언제든지 오실 줄만은 알아요.
나는 당신을 기다리면서 날마다날마다 낡아 갑니다.

나는 나룻배
당신은 행인.
　　　　　　　　- 한용운

만해 한용운 스님의 시를 다 좋아하지만 그중에서도 '나룻배와 행인'을 제일 좋아합니다. 출가 수행자는 깊고 얕고 세찬 물길을 탓하지 않고 행인을 건네주고, 바람을 쐬고 눈비를 맞으면서도 행인을 묵묵히 기다려 건네주는 나룻배와 같은 마음으로 살아야 한다는 생각 때문인지도 모르겠습니다.

나룻배가 되어 보현행·자비행을 실천해야겠다는 일념으로 살다보니 일평생 그러한 인연이 끊임없이 만들어집니다. 1989년 경제정의실천시민연합 공동대표를 필두로 불교인권위원회 공동대표, 공해추방불교인 모임 회장, '나눔의 집'(일본군 위안부 할머니들의 쉼터) 이사장 등 수많은 시민단체의 사회운동에 적극적으로 동참하게 되었습니다.

마침내 지난 2003년 지구촌공생회를 설립하여 국가와 민족의 경계를 넘어 본격적으로 지구촌 곳곳의 고통 받는 이웃들과 함께해 왔습니다. 그동안 정말 많은 분들이 지구촌공생회의 가족이 되어 아낌없는 후원을 해 준 은덕에 나라와 종교를 초월하여 꾸준히 지구촌에 희망을 심고 세계일화의 정신을 꽃피울 수 있었습니다. 지구촌공생회 1만 4천여 후원자들의 사랑과 자비가 깃든 후원과 어렵고 힘든 여정에 선뜻 자비의 손길을 내밀어준 200여 명의 활동가들이야말로 지구촌공생회의 12년을 있게 한 가장 큰 밑거름이요, 가장 든든한 주춧돌입니다.

지구촌의 가난한 나라 사람들은 경제적으로 정말 힘겹게 살아가고 있습니다. 14억의 사람들이 하루에 1달러 미만으로 살아가고 있고, 16억의 사람들이 전기의 혜택을 받지 못하고 있으며, 11억의 사람들은 극심한 식수난으로 물조차 마음 놓고 먹지 못해 갈증에 허덕이고 있는데,

이들은 주로 동남아시아나 아프리카에 집중되어 있습니다.

　국제연합(UN) 기준으로 최빈국은 총 50여 개 국(DAC 수원국 2006년 1월 적용)으로 이들 국가의 개발구호와 경제성장을 위해 지원을 결의한 OECD 회원국은 30개 국입니다. 이들 나라 중 국민총소득(GNI) 대비 원조가 많은 나라는 노르웨이(0.92%), 덴마크(0.84%), 룩셈부르크(0.81%), 네덜란드(0.80%), 스웨덴(0.79%) 순이며, 2006년 우리나라(0.05%)는 아쉽게도 최하위 국인 폴란드, 슬로바키아와 비슷한 수준입니다.

　사실 우리나라도 6·25사변으로 전 국토가 완전히 파괴되어 자립경제 기반을 상실하였을 때, 미국과 서부 유럽으로부터 원조받은 203억 달러가 발전의 토대가 되었습니다. 세계에서 지금까지 유례없는 경제 발전을 이룬 우리나라는 1996년에 OECD 국가의 일원이 되었고, 수혜국에서 개발도상국에게 개발 원조를 제공하는 공여국으로 성장했습니다.

　국제사회의 도움을 요청한 유엔총회결의가 아니더라도 전 세계 빈곤국가 특히 아시아에 있어서 캄보디아, 라오스, 미얀마, 스리랑카, 베트남, 몽골, 인도네시아 등지에는 삶의 환경이 열악하여 대부분 비참하게 생활하고 있습니다. 이들의 삶을 보면 차마 외면할 수 없습니다.

　식량이 없어 배를 굶주리는 사람들에게 최저 생계를 지원하는 노력이 없다면 그들은 범죄자가 되거나 질병에 시달리며 죽거나 하는 두 가지 길뿐입니다. 이런 이들을 외면하거나 방관해서는 안 됩니다. 상황을 모르고 있다면 다르지만 이미 그들은 우리의 이웃이며, 친구입니다. 아니 우리의 형제요, 자매이며 한 가족입니다. 자비를 베푼다기보다 베푸는 일 자체가 우리 삶을 즐겁게 영위할 수 있는 유일한 길임을 깊이 동감해야 합니다.

인간이 살아가는 데 필요한 물질적인 필수품이 보장되지 않는 한 인간은 어떤 정신적인 지고함에도 다가갈 수 없으며 더구나 평화로운 삶이란 꿈속의 일일 뿐입니다. 먹을 걱정, 입을 걱정으로부터 자유롭지 못한 사람이 무언가 가치 있는 일을 시작한다는 것은 참으로 어렵습니다.

인간생활의 조건에 대한 모든 사람들의 느낌과 감정은 다르지 않으며 더 나은 생활을 위해 노력하는 모습도 똑같습니다. 생활필수품도 똑같이 필요로 합니다. 옆집에서 불이 나면 불은 곧 자기 집으로 옮겨붙게 되어 있습니다. 계급, 민족 그리고 종교의 굴레를 벗어나 모두의 발달을 위하여 노력해야 합니다.

지구상의 어느 곳에서도 굶어죽는 사람이 있어서는 안 된다고 하는 자비의 원력을 마음속에 세웁시다. 작은 일이라도 실천에 옮겨 가슴속에 뿌듯함이 자리잡을 때 비로소 안심(安心)하며 내면으로부터 무한한 자비광명이 흘러나옵니다.

생명의 가치는 누구나 똑같습니다. 그렇기 때문에 우리는 같은 인류로서, 지구촌의 일원으로서 모든 사람들이 최소한 인간적인 삶을 살아갈 수 있도록 도와주어야 합니다. 우리는 더불어 살아가는 존재입니다. 서로 이어진 관계이기 때문에 하나가 무너지면 다 무너지게 되어 있습니다. 내가 무너지지 않기 위해서라도 다른 사람들이 무너지지 않도록 적극적으로 도와야 합니다. '너'와 '내'가 서로 다르지 않기에 함께 살아가야 합니다. 불자들에게 '공생'은 선택이 아니라 필수입니다.

설움 받는 이웃의 탄식 속에도
깨달음이 있다

○

"불자여, 보살이 이 자비로 크게 보시하는 마음으로써 일체 중생을
구호하기 위하여 점점 다시 세간과 출세간의 여러 가지 이익케 하는
일을 구하되 고달픔이 없으므로 곧 고달픈 줄 모르는 마음을 성취하
며, 고달픈 줄 모르는 마음을 얻고는 일체 경과 논에 겁약한 마음이
없으며, 겁약함이 없으므로 일체 경론의 지혜를 성취하느니라. 이
지혜를 얻고는 지을 일과 짓지 아니할 일을 잘 헤아려서 상·중·하품
의 일체중생에 대하여 마땅함을 따르고 힘을 따르고 그 익힌 바를 따
라서 그와 같이 행하나니, 그러므로 보살이 세간의 지혜를 이루게 되
느니라."

– 화엄경

●

　자비는 타인에게 즐거움을 준다는 '자(慈)'와 타인의 고통을 없애주
는 '비(悲)'가 합쳐진 단어입니다. 타인의 고통을 없애고 즐거움을 더해
주는 자비 실천이야말로 부처님의 깨달음을 얻을 수 있는 좋은 방편입
니다. 경전 속 글귀가 아니라 고통 받고 설움 받는 이웃의 신음과 탄식
에 공감할 때 더 큰 깨달음을 이룰 수 있습니다.

우동 한 그릇으로 피운 희망의 꽃

『우동 한 그릇』이라는 유명한 일본 동화를 보고 잔잔한 감동을 받은 일이 있어 간략히 줄거리를 말씀드리겠습니다.

일본의 삿포로 시내 우동가게에서 있었던 일입니다. 섣달 그믐날 밤 가게 문을 막 닫으려고 하는데, 한 아주머니가 두 아들을 데리고 들어와서 우동을 한 그릇만 주문했습니다. 다른 사람 같으면 마감시간이라고 받아주지 않을 수도 있고, 세 사람이 들어와서 우동을 한 그릇만 시킨다고 불평을 했을 텐데, 그 가게 주인은 거의 두 그릇의 양을 한 그릇에 가득 담아서 끓여주었습니다.

그 다음 해 같은 날 똑같은 일이 일어납니다. 그런데 그다음 해에는 형편이 좀 나아졌는지 2인분의 우동을 시키는 겁니다. 이번에도 역시 주인은 우동을 3인분 분량으로 듬뿍 끓여 두 그릇에 나누어 주었습니다. 그 때 아주머니는 우동을 먹는 두 아들에게 "엄마는 너희들의 도움으로 아빠가 교통사고를 내고 돌아가시면서 남긴 빚을 오늘에야 다 갚았단다"라고 말합니다.

주인 부부는 그녀의 말을 듣고 '홀몸으로 두 아들을 키우면서 얼마나 힘들게 살았을까' 하는 마음에 눈물까지 흘렸습니다. 그 후 가게 안의 테이블과 집기들은 모두 바뀌었는데도 그 세 모자가 생각나서 그들이 앉아 있던 헌 테이블은 그대로 놔두었습니다. 하지만 오랫동안 그들은 나타나지 않았습니다. 주인 부부뿐만 아니라 이야기를 전해들은 단골손님들도 그들의 소식을 궁금해 했습니다. 그러던 어느 해 섣달 그믐날 밤 늘 궁금해 하던 그들이 가게로 들어왔고, 그 때까지 비어 있던 그 낡은 테이블에 앉아서 우동 3인분을 시킵니다.

"네엣! 우동 3인분이요～～"

주인 부부는 목이 메었고 사방에서 환성과 박수가 터져 나왔습니다.

그렇습니다. 현실이 아무리 어려워도 희망의 끈을 놓지 않으면 이렇게 재기할 수 있습니다. 남편이 죽고 빚만 남은 상태에서 아들 둘을 데리고 사는 여인의 삶이 얼마나 고달팠겠습니까? 허기진 배를 움켜쥐고 우동 집에 들어갔는데, 돈이 없으니 세 명이 한 그릇만 시키는 그 심정을 생각해 보십시오. 얼마나 미안하고 얼마나 배가 고팠겠습니까? 그런 마음을 배려해 주고 우동의 양을 듬뿍 담아 허기를 달래게 해 준 주인에게 감동하고, 더욱더 열심히 살아갈 희망을 느꼈을 것입니다. 만약 돈 없다고 무시하고 홀대했다면 희망의 싹이 싹둑 잘렸을지도 모를 일입니다. 힘들고 어려운 삶을 사는 우리 이웃들에게 훈훈한 인정을 나누어서 새 희망의 꽃을 피울 수 있도록 도와야 합니다.

연기법과 동체대비행(同體大悲行)의 상관관계

앞에서도 여러 차례 말씀드렸지만, 우리는 서로서로 의지하고 관계를 맺고 있는 연기적 존재입니다. 삼라만상이 인드라 망처럼 서로 이어져 함께 호흡하며 서로의 삶에 영향을 미치며 살아가는 존재입니다. 비록 둘로 셋으로 나뉘어져 있는 것처럼 보이지만 실상은 한 몸이므로 지구촌 모든 생명의 고통을 외면한다면 직무유기에 해당합니다. 그들의 고통은 나의 고통입니다. 그들이 평화롭고 안락하면 나 또한 그와 똑같은 삶을 살게 됩니다.

오늘날 과학문명의 발달로 지구촌 사람들은 누구든지 지구촌이 한 일터임을 알 수 있습니다. 여기서 '한'이란 하나의 일터이기도 하고 큰 일터이기도 합니다. 마찬가지로 인류는 한 가족이란 말도 하나의 가족이고 큰 가족이라는 뜻입니다. 인류는 하나의 대가족이요, 지구촌은 우리가 함께 살아가야 하는 하나의 큰 공동체 마을입니다. 모두가 함께 살아갈 수 있는 지혜를 모아야 하고 가치관을 바로 세워야 하는데, 전 세계의 석학들이 부처님께서 일깨워주신 상의상관(相依相關)의 연기법에 주목하고 있습니다. 연기법이 마음 깊이 자리 잡으면 관념이 아닌 동체자비행이 저절로 나옵니다.

한편 연기법을 깨닫지 못했더라도 지구촌의 가난한 이웃을 도와야겠다는 마음을 내고, 자비를 실천하고자 하는 신념(信念)이 강인해지면 그 신념이 곧 자신의 사상(思想)이 되고, 그 사상이 굳건해지면 신행으로 발전되어 적극 동체자비행을 실천하는 초석이 될 것입니다.

우리 한국불교는 삼국시대 전래 이래로 대승불교를 지향하고 있습니다. 대승불교는 본래 자리이타(自利利他)를 강조하며, 적극적으로는 자신보다 타인을 먼저 구제하는 데에 그 본래 의미가 있습니다. 대승불교의 참 뜻은 대사회참여를 강조한 불교사상과 동체대비행에 있습니다. 하지만 조선시대에 억불숭유정책으로 인해 불교는 보살도를 실천할 사회참여의 길이 정치적으로 막혀 있었습니다. 스님들이 사대문 안으로 들어갈 수도 없었고, 산중에서 기복과 개인수행에만 머무르며 대승불교의 참 의미를 꽃피우지 못했습니다.

삼국시대, 통일신라시대, 고려시대에는 활발한 사회참여 활동을 통해 대중들과 호흡을 함께하며 불교는 전성기를 맞이했습니다. 조선시대에는 불교재산을 몰수당하기도 하고, 고사 직전까지 갔다 해도 과언이 아닙니다. 휴정·유정·언기 스님 등 몇몇 고승들의 수행력에 힘입어 가람수호 및 사원재정 확보를 위한 불사 등을 통해 겨우 법맥을 이어올 수 있었습니다. 그러다보니 불교 본래의 수행과 교학 연구, 도제 양성, 포교는 제대로 할 수도 없었고, 체계적인 발전은 기대조차 할 수 없는 상황이었습니다. 그래서 실천과는 거리가 먼 관념화된 불교로 굳어져 명맥만 유지해 왔습니다.

삼국시대에 불교가 도입된 이후 고려시대까지만 해도 불교가 앞장서서 아사자, 병고자의 고통을 덜어주고, 소외계층을 위한 사회구제사업과 사회참여가 활발했습니다. 그런데 조선시대의 배불정책 속에서 불교는 산중불교로 전락되었습니다. 수행은 기본이요, 사회활동을 통해 대중교화를 하는 것이 불교 본래의 가르침인데, 500년 동안 산속에서만 수행해 온 관습 때문에 산중불교로 오인 받게 되어 버렸습니다.

조선시대에 들어와 불교의 사회참여가 제도적으로 보장받지 못하면서 초세간(超世間)적인 입장을 가진 종교로 화석화된 것은 참으로 안타까운 역사적 사실입니다. 급변하는 개화기에도 불교는 전법도생(傳法度生)의 본분사를 잃고 있었기에 그 시대를 선도하지 못했습니다. 반면 외래종교인 기독교는 도심 속, 대중 속으로 뛰어들어 활발한 선교를 하면서 급속히 사회저변과 민중 속으로 스며들었습니다.

사회적·시대적 고통을 치유하는 데 앞장서서 지구촌 평화에 기여해야

해방 후에는 조선시대 억불정책과 일제 강점기의 잔재를 극복해 한국불교의 맥을 이어가기 위해 부단한 노력을 펼쳐 왔습니다. 왜색불교 청산, 종단 정화, 불교의 대중화, 깨달음의 사회화운동은 그러한 노력의 결과물입니다. 내적으로는 종단의 수행가풍을 정립하고 외적으로는 대중포교 활동을 통해 불교의 사회적 역할과 위상을 제고하기 위한 적극적인 행보를 펼쳤습니다. 민주화된 사회를 직면한 오늘날 한국불교는 연기적 세계관의 지혜와 동체대비의 정신으로 '깨달음의 사회화' 활동을 통한 사회참여와 인류를 선도해 나갈 호기를 맞게 되었습니다.

불교는 '민족의 동질성 회복과 평화통일' '사회·경제 정의의 실현' '인류의 복지사회 구현' '인류 평화 실현'을 위해 앞장서고 기여해야 할 시대적·종교적 책무를 안고 있습니다. 아울러 종교다원주의 이론이 대두되고 종교 간의 대화가 활발히 진행되고 있는 세계적 조류 속에서 인류의 정신세계를 이끌어 나가기 위한 각 종교 간의 대화 협력에도 선도적인 역할을 해야 합니다. 다원주의적 종교 이해는 단순히 문화적·종교적 필요에서뿐만 아니라 성숙한 종교인·사회인이 되기 위한 필수조건이 됩니다.

이러한 시기에 대승불교의 공(空) 사상은 모든 종교를 이해하고 포용할 수 있는 열린 진리관으로서 종교 간의 화합과 협력에 지대한 역할을 할 수 있습니다. 일찍이 원효 스님은 중관사상, 곧 공사상을 토대로 한 화쟁회통(和諍回通)으로 통일신라의 정신적 주춧돌을 놓았습니다. '열고 합함이 자유자재하고 주장과 논파가 서로 걸림이 없다'는 원융무애하면서 궁극적 자유를 성취한 이의 마음 작용인 화쟁의 경지로써 부처님 가르침의 참된 의미를 만 천하에 드러내 보였습니다. 이는 모든 진리 주장과 견해에 대한 집착에서 탈피하여 일심의 경지에 도달할 때 가능합니다.

무한경쟁에 지친 현대인들에게 서양의 정의와 심판의 논리를 지양하고 불교의 지혜와 자비를 바탕으로 자타불이(自他不二)의 중요성을 일깨워 나가야 합니다. 새로운 지구촌 시대, 종교문화의 다원화 시대를 맞아 다방면에 걸친 대화와 협력을 통해 전쟁반대 평화운동, 정치·사회적 대립과 갈등의 중재, 성차별과 인종차별 해소, 사회 빈부 격차 해소, 환경파괴로부터 생명을 보호하는 운동 등 이 시대의 갖가지 문제들을 해결하기 위해 열린 종교인들과 함께 나서야 합니다. 1919년 종교지도자들이 주도했던 3.1운동의 정신을 계승해 민족과 사회의 대립과 갈등으로부터 이 사회의 평화를 창조하는 역할을 해야 할 때입니다.

대만불교를 본받아 중생구제와
사회참여에 더욱 힘쓰자

1980년대에 유럽과 아시아 각국을 순방한 적이 있습니다. 대만의 대표적인 불교단체인 자제공덕회와 불광산사에서는 학교와 병원을 설립하고 양로원 등 사회복지시설을 직접 운영하고 있었습니다. 국제적인 자원봉사단을 만들어 고통 받는 사람들과 함께하는 복지 활동과 사회참여 활동을 활발히 펼치는 모습을 보면서 큰 감명을 받았습니다. 각국을 순례한 후 '한국불교도 이제는 중생구제와 사회참여를 등한시해서는 안 된다, 구습에서 탈피하지 않으면 안 된다'는 굳은 신념을 갖게 되었습니다.

인류의 스승인 부처님께서는 일찍이 모든 생명은 상의상관(相依相關) 관계에 있으며 아무리 미세한 존재라고 하더라도 생명이 존중되어야 하며, 하나의 삶이 또 다른 무수한 삶에 영향을 미치고, 모든 존재는 하나의 삶과 불가분의 관계에 있음을 설파하셨습니다. 또, 예수와 공자께서도 사랑과 인의로써 나와 이웃, 자연을 섬기라고 설하셨습니다.

각기 다른 점도 있지만, 종교의 가르침은 궁극적으로 모든 생명들을 차별하지 않고 내 몸처럼 사랑하는 데서 출발하고 있습니다. 이는 종교다원주의의 목적이기도 합니다. 모든 인류와 생명들은 서로 연관된 중중무진(重重無盡)의 관계 속에서 인연을 맺고 더불어 살아가고 있다는 것을 체득해야 합니다. 이러한 연기론의 관점에서 현실을 바라보고 국내는 물론 지구촌의 문제에도 적극 나서고 동체대비의 보살행을 통해 사회적·시대적 고통을 치유하는 데 앞장서는 불자가 되길 합장 발원합니다.

자기 자신이 연기(緣起)로 존재한다는 사실을 알면 남을 위하고 이롭게 하는 것이 곧 자신을 이롭게 한다는 사실을 알게 됩니다. 그러므로 다른 사람에게 자비를 베푸는 것이 곧 나에게 베푸는 것이요, 실제로 다른 사람에게 자비를 베풀면 나에게 행복이 되어 돌아옵니다. 이 말씀은 결코 관념적이거나 이상적인 얘기가 아닙니다. 과학실험에서도 증명된 바 있습니다. 남을 위해 좋은 일을 하면 엔돌핀이 나와서 즐거워지고 행복해집니다.

인류의 미래를 열어가는
교육 불사

○

"모든 중생에게 대하여 불쌍히 여기는 생각을 내고, 모든 여래에게
는 인자한 아버지라는 생각을 내고, 모든 보살에게는 큰 스승이라
는 생각을 내어야 하나니, 시방의 모든 대보살에게는 항상 간절한 마
음으로 공경하고 예배하며, 모든 중생에게는 평등하게 법을 말하되,
법에 순응하여 많이 말하지도 말고 적게 말하지도 말며, 비록 법을
매우 사랑하는 이에게라도 많이 말하지 않아야 한다."

– 묘법연화경

●

배움터는 희망의 등불!
미얀마에서 꽃피운 세계일화

노적사 신도님을 비롯한 불자님, 등산객, 시민 여러분!
사단법인 지구촌공생회 이사장 송월주입니다.
저는 지난 9월(2008년 9월 4일~12일까지)에 노적사 주지이신 종후 스
님을 비롯한 신도님들과 함께 「화석죽초등학교」와 「에딩공중학교」 준
공식, 「화엄초등학교」 2곳의 기공식에 참석하기 위해 미얀마에 다녀왔

습니다.

지구촌공생회는 올해 미얀마에서 교육지원사업을 활발히 전개하였는데 양곤 북부 밍글라돈 지역 샨마디따 사원에 조계종 '화석죽' 모임의 후원으로 「화석죽초등학교」를 신축하였습니다.

또한 작년에 싸이클론 나르기스로 인해 13만여 명이 죽고 200여만 명의 이재민을 낸 극심한 피해지역 중 하나인 깐수 지역 에딩공 마을에 불교신문과 공동캠페인을 하여 모금된 후원금으로 「에딩공공생중학교」를 신축하였습니다.

그리고 조계종 종책 모임인 화엄회의 후원으로 양곤 외곽 남다곤타운쉽에 있는 따인떼야 사원과 바고 지역의 마닛야마 사원에 「화엄초등학교」 두 곳을 신축하는 기공식을 하여 2개 학교를 이미 지었고, 또두 곳에 학교를 신축 중에 있습니다.

이렇게 학교와 관련된 네 군데 지역을 갔는데, 그 중에서도 가장 인상 깊었던 곳은 「에딩공 공생중학교」 준공식이었습니다. 에딩공이라는 마을은 양곤에서도 뱃길로 300km나 떨어져 있어 세 번이나 배를 갈아타며 12시간 만에 도착하는 오지 중의 오지였습니다.

당시 우리 일행은 어렵게 에딩공에 도착하였는데 선착장에서부터 마을 주민과 학생들 1천여 명이 성대히 맞아주고 마치 큰 축제를 벌이듯이 환영하고 기뻐하는데 그 모습은 아직도 잊을 수 없습니다.

주민 80%가 싸이클론 나르기스에 피해를 당해 극심한 심적·물적 고통을 당하고 있으면서도 살아남은 마을 주민 모두가 환영하러 나와 절망의 끝에서 삶의 희망을 찾은 것처럼 기뻐하는 모습은 정말 큰 감동이었습니다.

미래의 동량인 아이들을 교육시키는 학교가 송두리째 날아가고 폐허가 된 장소에 이번에는 어떠한 태풍에도 끄떡없도록 시멘트와 자갈, 철근으로 기초공사를 단단히 하고 시멘트와 벽돌, 철근으로 벽체를 세웠습니다. 지붕은 단단하게 철근과 재질 좋은 함석을 올렸습니다. 운동장은 아이들이 신나게 뛰어놀 수 있도록 넓게 만들었습니다.

나르기스 피해로부터 살아남은 초·중 학생들은 이제 새로 지은 학교에서 생명의 위협 없이 마음 놓고 공부할 수 있고, 마을주민들은 회의 장소는 물론이고 자연 재해가 일어났을 때 피난처로도 사용하게 됩니다. 참으로 보람있는 일입니다.

이렇듯 미래의 주인공들에게 지혜의 씨앗을 심고 가꾸는 교육 불사에 십시일반 동참해 주신 후원자님들의 정성이 아니었다면 이러한 감동을 느끼지 못할 수도 있습니다. 좌절에 빠져 있는 분들에게 희망을 선사하고 삶의 용기를 불어 넣어준 후원자님들께 감사하고 또 감사드립니다.

자비를 베풀면
그대로 행복이 되어 돌아온다

미얀마는 신심이 깊고 불적이 많이 남아 있는 대표적인 불교국가입니다. 그런데 에딩공 마을처럼 나르기스의 피해를 당하여 좌절과 실의에 빠져 있는 지역이 많습니다. 2500여 개의 불탑이 장중하게 남아 있는 유명한 불적지 파간도 그러한 피해지역 중 한 곳입니다.

내년에는 파간의 빈곤지역에 학교를 지을 예정입니다. 붕괴 직전에 놓여 하루하루 불안에 떨면서 공부하고 있는 아이들을 위해 초등학교 두 곳을 건립하는 데 여러분의 사랑과 자비의 손길, 십시일반의 정성이 필요합니다.

우리 인류는 부처님의 안목으로 보면 한 몸이요, 다 같은 가족입니다. 인류를 비롯한 모든 생명은 서로 의지하며 공생(共生)하는, 연기법(緣起法)으로 이루어진 존재입니다. 삼라만상 가운데 홀로 독립된 존재, 항상 변하지 않는 실체로 존재하는 법은 전무합니다.

자기 자신이 연기(緣起)로 존재한다는 사실을 알면 남을 위하고 이롭게 하는 것이 곧 자신을 이롭게 한다는 사실을 알게 됩니다. 그러므로 다른 사람에게 자비를 베푸는 것이 곧 나에게 베푸는 것이요, 실제로 다른 사람에게 자비를 베풀면 나에게 행복이 되어 돌아옵니다. 이 말씀은 결코 관념적이거나 이상적인 얘기가 아닙니다. 과학실험에서도 증명된 바 있습니다. 남을 위해 좋은 일을 하면 엔돌핀이 나와서 즐거워지고 행복해집니다.

모든 사람이 원하는 행복과 건강 비결이 바로 남을 이롭게 해 주고, 착한 행위를 하는 즐거움입니다. 지금 당장이라도 실천하고 실험해 보면 스스로 체득할 수 있습니다. 나 또한 인터뷰를 할 때마다 "나이에 비해 젊어 보이고 건강해 보인다, 비결이 무엇인가?"라는 질문을 자주 받는데, 곰곰이 생각해 보니, 참선 수행보다 지구촌공생회 일로 이 나라, 저 나라 왕래하면서 그들과 함께 슬픔과 기쁨을 나누고 물질을 나누는 보시행이 가장 큰 건강 비결이라는 생각이 들었습니다.

나와 이웃과 세계와 자연이 결코 둘이 아님을 자각하여 동체대비

(同體大悲)의 삶을 살아가는 것이 깨어 있는 삶이며 행복한 삶입니다. 나눔 문화가 확산될수록 지구촌은 사랑과 믿음이 넘치는 공생사회, 불국토가 된다는 희망을 가슴에 새기시고 실천하시길 기원드립니다.

노적사 신도님을 비롯한 불자님, 등산객, 시민 여러분!

배움의 기회를 잃은 어린이들에게 배움터를 만들어 주고, 그들이 사회의 동량이 되어 자립하고 상생하며 번영을 이루어 나갈 수 있도록 지혜의 씨앗을 뿌리는 일에 마음과 원력을 모아 주십시오.

우리도 과거에 서구 선진국들의 도움을 받아 오늘날 경제재건의 토대를 쌓았듯이 인재를 키우는 교육불사(敎育佛事)에 적극 동참해 주십시오. 나보다 못한 사람이나 빈곤국가의 어려운 사람들에게 고통을 덜어주고 즐거움을 주는 자비행(慈悲行)을 생활화하여 공생(共生)의 정토(淨土) 세계를 구현해 나가길 발원해 봅시다.

제불보살(諸佛菩薩)의 가피가 항상하여 여러분들의 가정이 안락하고 건강과 행복이 함께 하길 기원합니다. 감사합니다.

지구촌공생회 교육지원사업 · 식수지원사업 현황 (2016년 6월 기준)

나라	교육지원사업	식수지원사업
캄보디아	유치원 15, 초교 8, 국제협력센터 1	생명의 우물 2,243기
라오스	유치원 2, 초교 10, 청소년센터 1	
미얀마	초교 9, 중학교 1	마을 물탱크 24기
네팔	초교 5, 공립학교 3, 청소년센터 1	마을 공동 우물 6기
몽골	유치원 1, 청소년센터 1	마을 공동 우물 13기(사업종료)
케냐	초교 2, 중고등학교 1	마을 공동 우물 20기
기타(사업종료)	인도네시아 유치원 4곳, 스리랑카 유치원 3곳	

**58개 교육시설 건립
수혜자 5만여 명**

**2,304기 식수시설 건립
수혜자 20만여 명**

세상을 품는 지혜의 안목으로
자비를 실천하자

○

"어떤 존재든 그들이 약한 것이든 강한 것이든, 긴 것이든 큰 것이든, 중간의 것이든 짧은 것이든, 미세한 것이든 거친 것이든, 눈에 보이는 것이든 보이지 않는 것이든, 가까운 것이든 먼 것이든, 태어난 것이든 태어날 것이든, 이 모든 존재하는 것들이 행복하기를…
서로 속이지 않으며, 어디서나 어느 누구도 멸시하지 않으며, 성내거나 악의를 가지고 다른 존재를 괴롭히지 않기를… 마치 홀어머니가 외아들을 목숨 다해 보호하듯이, 존재하는 모든 것들에게 자비의 마음을 기르기를…."

– 숫타니파타

●

반갑습니다. 바쁜 일정과 학업에도 불구하고 이렇게 와 주신 조훈영 교수님과 교직원, 108리더스 봉사단 학생 여러분들을 환영합니다. 지식과 교양이 풍부한 여러분들과 무슨 주제로 이야기를 할까 망설이다가 세상을 바라보는 지혜의 안목과 이를 실행해 가는 자비의 실천을 주제로 이야기를 나누고자 합니다.

지구촌에 희망의 씨앗을 심다

내가 이사장으로 몸담고 있는 지구촌공생회는 2003년 9월에 출범하여 캄보디아, 라오스, 몽골, 스리랑카, 미얀마, 네팔, 케냐 등 7개국에 해외 지부를 설립하고, 교육지원사업과 식수(우물)사업, 지역개발사업을 중심으로 지구촌 전역에 세계일화 정신을 꽃피우는 활동을 펼치고 있습니다.

캄보디아에서는 교육지원 사업으로 유치원 1곳(2016년 6월 현재 5곳)과 초등학교 1곳(2016년 6월 현재 8곳)을 건립·운영하고 있으며, 1개의 유치원과 1개의 초등학교를 건립하여 준공식을 앞두고 있습니다. 나아가 다양한 분야에서 협력관계를 구축할 예정입니다(창원국제교육협력센터 1곳 건립운영).

캄보디아에서도 가장 열악한 지역인 캄폿 등지에서 본회의 역점적인 사업으로 식수지원사업인 우물 공사를 시행하여 천 개의 우물을 목표로 600여 개(2016년 6월 현재 생명의 우물 2,243개 달성)의 공동우물을 만들었습니다. 그전에는 건기마다 이곳에 마실 물이 없어서 아이들이나 지역민들이 흙탕물이나 웅덩이에 고인 물을 마시다가 온갖 수인성 질병에 시달려 생명을 잃는 사람들이 많았다고 합니다. 하지만 본회가 제공한 안전하고 깨끗한 우물 물을 마신 뒤로는 수인성질환으로 죽거나 심한 배앓이로 고통을 받던 어린이와 노약자들이 사라졌다고 합니다. 참으로 다행스러운 일이 아닐 수 없습니다. 한편 지뢰제거사업과 아동 후원 사업(현재 8명)도 병행하고 있습니다.

라오스에서는 유치원 1곳(2016년 6월 현재 2곳)을 건립·운영하며, 인근에 낙후된 초등학교를 수리·보수하는 사업을 해 왔으며, 초등학교 1곳(2016년 6월 현재 10곳)을 건립하여 준공을 앞두고 있습니다. 또한 지역 도서관(2015년 현재 10곳)과 보건소를 운영하고 있으며, 청소년센터(2016년 6월 현재 1곳)를 건립하여 다양한 교육 프로그램을 통해 청소년과 주민들에게 배움의 기회를 넓혀 주고 아울러 건강 증진에 기여하고 있습니다. 아동 후원(2016년 6월 현재 7명)은 지속적으로 확대할 예정입니다.

몽골에서는 유치원을 1곳 건립·운영하고 있으며 식수가 없어 열악한 상태에 있는 지역에 12개(2016년 6월 현재 13개)의 대형 관정 우물을 만들어 깨끗하고 안전한 식수를 공급하고 있습니다. 내년에는 도시 빈민지역에 게르 청소년 공부방과 청소년직업훈련센터를 설립하여 교육지원과 청소년들의 구직활동에 도움을 주려 합니다.〔몽골 항올구 지역의 마을 녹색화 사업(4,924주의 묘목 지원과 묘목 관리법 교육)과 농업장 운영 및 농업교육, 묘목의 과실로 수익을 창출하여 지역 주민들의 자립 역량을 강화하고 있음〕.

스리랑카에서는 쓰나미 피해복구 지원 사업으로 마타하르 등 지역에 3개의 유치원을 건립하였으며, 주민들의 식수난을 해결하기 위해 상수도관 연결과 물탱크를 각 가정에 보급하였습니다. 또한 두 개의 사원에 각각 버섯농장을 만들어 버섯 재배와 판매를 통해 빈곤층 주민들의 직업창출과 소득 증대에 기여하고 있습니다.

미얀마에서는 싸이클론 나르기스 피해로 인해 어려움을 겪는 이재민과 빈곤지역 주민들을 위해 식량과 의약품을 지원하고, 피해지역에 초등학교를 새로 짓거나 개보수 하는 등 교육지원활동을 전개하고 있습니다(2016년 6월 현재 초등학교 및 도서관 9곳 건립 운영, 중학교 1곳 건립·운영, 물탱크 24기 건립).

케냐에서는 카지아도 지역에서 식수사업을 하여 8개의 우물(2016년 현재 핸드 펌프 및 모터펌프 18기 완공)을 만들고 있으며, 주민보건위생사업과 말라리아 퇴치를 위한 모기장 지원과 허브식물 지원사업을 하고 있습니다. 또한 지역조사를 정보화한 마사이 프로젝트를 통해 향후 빈곤지역의 소득증대 사업에도 기여하고자 합니다(2016년 6월 현재 초등학교 2곳, 중고등학교 1곳 건립 운영, 아동 후원 9명, 공동농장운영 및 농업교육).

네팔에서는 기초교육지원을 위한 초등학교 건립을 준비 중에 있습니다(2016년 6월 현재 초등학교 5곳, 공립학교 3곳, 청소년센터 1곳 건립 운영).

인도네시아에도 유치원을 4곳 건립하여 빈곤과 낙후 교육시설로 학습의 기회를 박탈당한 어린이들을 위해 UN이 채택한 MDGs 8대 목표 중 '보편적 초등교육 실현'에 이바지하고 있습니다.

국내에서는 공생노인복지센터를 중심으로 독거노인들을 후원하는 사업을 전개하고 있습니다(현재 취약계층 복지지원, 국내 긴급 구호, 공생노인복지센터 지부/지회 운영 및 사업 지속적으로 펼치고 있음).

공부의 궁극적인 목적은 인류와 사회에 회향하는 것이어야 한다

저는 1994년부터 1998년까지 대한불교 조계종 총무원장으로 있으면서 사회복지법인 '대한불교조계종복지재단'을 만들었습니다. 조계종 복지재단은 현재 단일 복지법인으로는 최대인 120여 개의 시설을 거느린 법인으로 거듭났으며, 한국불교가 사회복지에 참여하는 중앙차원의

복지의 기틀로 성장하였습니다.

그 뒤 각 지역의 불교계가 복지에 참여하도록 하기 위해 교구본사인 금산사에 금산사복지법인을 만들어 서원노인복지관과 분관인 기린봉 노인복지관, 씨니어클럽, 노인들에게 일거리를 제공해 주는 일거리센터와 중증노인들을 위한 생활시설인 희강원을 운영하고 있습니다. 금산사 말사인 송광사를 통해 정신박약아를 위한 송광정신요양원과 군산 은적사의 보현요양원을 운영하고 있으며, 서울 영화사에서는 유치원과 서울특별시립 광진노인종합복지관과 영화데이케어센터를 위탁 운영하고 있습니다. 또한 경기도 광주에 일본군 위안부 피해자 할머니들이 생활하고 있는 사회복지법인 '나눔의 집'을 만들어 이사장직을 맡아 지금까지 운영하고 있습니다.

그동안 대북지원사업에도 참여해 10여 년간 상임공동대표를 맡아 '우리민족서로돕기운동'을 이끌었지만 북한의 핵실험 등으로 인해 대표직을 사임하고 북한에 대한 긴급한 인도적인 지원사업만 하고 있습니다. 이 외에도 십수 개 시민단체의 공동대표 및 대표직을 맡아 왔고 (재)실업극복국민재단(현재 '함께일하는재단'의 전신) 이사장직을 맡고 있습니다.

우리가 이러한 일을 하는 것은 우리 모두가 동업중생이기 때문입니다. 다만 현상적으로 인연에 따라 각각의 삶이 있고 처지와 환경, 삶의 조건이 다른 것처럼 보이지만 사실은 우리는 한 몸 한 뿌리입니다.

유엔의 산하기구에서 밝힌 바에 따르면 전 세계 인구 65억 5천여만 명 가운데 9억 2천5백만 명이 기아에 허덕이고, 매년 천만여 명의 어린이들이 기아와 질병으로 소중한 목숨을 잃고 있다고 합니다. 10억 명이 하루 1달러 미만으로 살고 있고, 11억명이 안전한 식수를 마시지 못하며, 20억 명이 전기가 들어오지 않는 곳에서 살고 있는 것이 우리 지구촌의 현실입니다.

전 세계 GDP의 80%를 선진국에 살고 있는 10억 명이 소유하고 있으며, 세계 인구 중 1%의 소득이 전 세계 인구 57%의 소득과 비슷할 만큼 부의 편중이 극심합니다.

이에 유엔에서는 절대빈곤과 기아퇴치, 각종 질병퇴치, 인류의 지속가능한 환경 확보 등을 위한 사업을 위해 밀레니엄개발목표(MDGs)라는 8개 분야별 목표와 18개 세부목표를 설정하여 유엔은 물론 국가별, 시민사회와 민간부문에서 추진하도록 하고 있습니다.

우리나라는 세계 10위권의 경제대국이라는 위상과는 달리 의식면에서는 아직도 배려와 나눔을 일상화하는 후원과 봉사문화가 선진국들에 비해 훨씬 뒤처져 있습니다. 그러한 면에서 본다면 봉사를 자원한 여러분들은 우리 사회의 존재 의미를 넘어서 글로벌 존재로서의 의무와 역할을 충분히 할 수 있다 해도 과언이 아닙니다.

인류의 생존을 위협하는 요소인 절대빈곤, 기아, 각종 질병, 지속가능한 삶을 위협하는 환경을 바로 제거하고 퇴치하는 사업이 전 지구적으로 추진되지 않고는 인류는 미래를 보장받을 수 없습니다.

비록 국가와 민족, 인종과 언어, 종교와 문화, 이념과 사상의 차이가 있다 하더라도 이를 차별하지 않고 돕는 일이 이 시대를 살아가는 우리 삶의 의무입니다. 이제 우리 사회도 글로벌 시민의식이 좀 더 성숙하여 기부, 봉사 등 지구촌 이웃에 대한 나눔을 통해 행복의 가치를 찾고, 공동체정신을 회복하여야 합니다.

따라서 우리 불교계에서도 지금도 노력하고 있지만 앞으로 더 많이 진력해야 합니다. 세상 사람들의 고통을 덜어주는 지혜는 불교의 사회적 존재가치이며, 다른 생명의 고통을 느낄 줄 아는 자비는 자기수행의 원동력이 됩니다. 나아가 개인의 수행이 세상에 대한 이타행과 둘이 아님을 깨닫게 되면 곧 법을 깨닫게 됩니다.

　여러분들이 하는 공부의 궁극적인 목적은 인류와 사회에 회향하고 환원하는 것이어야 합니다. 개인 욕망 충족과 출세의 도구로 이용해서는 안 됩니다. 이것이 공부하는 이의 기본자세입니다.

　나의 이웃이 질병과 빈곤의 고통에서 벗어나도록 도와야 하고 못 배운 사람에게 배움의 길을 열어 주어야 하며, 자연과 환경을 살리고 전쟁을 방지하여 지구촌의 평화를 실현하는 일이 우리들의 할 일입니다. 다만 이런 일을 하는 데는 각자 관심 분야에 대한 집중과 전문성을 심화하는 노력이 뒤따라야 합니다. 이처럼 우리가 안고 있는 사회적·시대적 고통을 외면하지 않고 이웃의 고통은 덜어주고 즐거움은 더해주는 실천이 바로 동사섭이요, 동체대비행입니다. 그러한 삶을 살 때 여러분들의 삶은 온전해 질 수 있으며 진정한 행복에 도달할 수 있습니다.

- 2008(불기 2552년) 9월 20일 동국대 108 리더스 봉사단을 위한 법어 1

불교정신에 입각한
자원봉사활동

○

"어떤 걸림도 없이, 어떤 미움도 없이, 어떤 적의도 없이, 한량없는
자애의 마음이 위로 아래로 옆으로 온 천지에 가득하기를! 서 있을
때에도 걸어 다닐 때에도 앉아 있을 때에도 누워 있을 때에도 정신이
깨어 있는 한 이렇게 마음을 챙기고 닦기를…."

– 숫타니파타

●

자원봉사활동은 가장 빛나는 자아실현

여러분 모두 한 가지씩은 자원봉사활동을 하고 계시지요? 너무 거
창하게 생각하실 필요는 없습니다. 사찰에서 도량을 청소하고 법회 안
내를 맡으며, 마을에서 이웃을 위해 도움을 주는 일을 하는 것 등도 다
자원봉사활동의 일환입니다. 어떤 활동이든 자기 스스로 나서서 국가
나 사회 또는 타인에게 적극적으로 도움을 주는 일을 한다면 자원봉사
활동이라고 할 수 있습니다.

자원봉사활동에 대한 일반적인 정의를 다시한번 새겨본다면, 이웃
이나 국가, 또는 국제사회를 위하여 기여하는 유익한 활동을 뜻합니다.

자기 자신이 스스로 원해서 하는 일이기 때문에 사실은 궁극적으로 자기 자신의 품격을 높이기 위한 활동, 자아를 실현하는 가장 가치 있는 노력이라고 할 수 있습니다.

자원봉사에 내재되어 있는 가치는 생명존중과 인간존엄성이 바탕에 깔려 있으며 단순히 맹목적인 실천이나 남이 시켜서 하는 결정이 아닌 스스로의 결정을 통해 실천하고, 조건 없이 남에게 베풀며 대가를 바라지 않는 헌신으로 공익성과 사회연대의식을 기본으로 하고 있습니다.

결국 이러한 활동을 통해 궁극적으로는 자아를 실현하고 타인과 공유하며 이기주의에서 비롯된 갈등과 대립, 소외를 극복하여 이타주의의 확산과 공동체사회 구현에 이바지해야 합니다.

불교적 개념도 이와 궤를 같이 합니다. 다른 사람의 고통을 어루만져 주고 고통에서 벗어날 수 있도록 도와주는 이타행, 즉 자원봉사를 통해 나와 남이 하나임을 아는 지혜를 증득하고, 연기적 존재의 이치를 깨달아 우리 사회가 불국정토가 되도록 하는 봉사행위라고 말할 수 있습니다.

다만, 불교에서는 자원봉사활동에 임하는 사람의 마음가짐에 대해 매우 섬세한 가르침을 제시하고 있습니다. 자원봉사를 할 때 어떠한 마음가짐과 자세를 가지고 해야 하는지에 대한 불교적 실천이념으로 다음과 같은 대표적 사례를 거론할 수 있습니다. 무엇보다도 먼저, 자원봉사활동은 『화엄경』 「십행품」에 나타난 보살의 십행(十行)과 십바라밀(十婆羅蜜), 사섭법(四攝法)을 실천이념으로 삼아야 합니다.

십행(열 가지 실천행위)에 대해 말씀드리면 다음과 같습니다.

첫째 환희행(歡喜行)은 평등한 마음으로 일체중생에게 회향(보시)하되 자신의 이익을 구하지 않아야 합니다. 십바라밀 가운데 보시행의 재시(財施), 법시(法施), 무외시(無畏施)가 여기에 해당됩니다.

일반적으로 말하면 각종 재화로써 누군가를 도와주는 후원활동과 바른 지혜를 얻도록 이끌어 주는 교육활동, 누군가가 두려움과 어려움에 직면해 있을 때 편안한 마음을 갖고 안정을 찾도록 해 주는 상담활동을 말합니다.

둘째 요익행(饒益行)은 지계바라밀의 실천으로 청정한 계율을 지켜 감각대상에 집착하지 않고 어떤 명예를 구하지 않는 실천행입니다. 자기 고집이나 주관적인 행위에 휩쓸리지 않고 대상자(수혜자)의 이익을 위해 하는 활동입니다.

셋째 무에한행(無恚恨行)은 인욕바라밀의 실천으로 참는 법을 성취하여 어떠한 경우라도 마음이 흔들리지 않고 평정심을 유지하며 항상 온화한 얼굴과 다정한 말로써 상대방에 대해 화를 내거나 원망하는 마음을 갖지 않으며 겉으로 표출하지 않는 것입니다.

넷째 무진행(無盡行)은 정진바라밀의 실천으로 일체 중생이 온갖 고통에서 벗어날 때까지 정진하여 앞으로 나아가되 자신의 의지를 굽히거나 퇴보함이 없이 계속 노력하되, 활동과정에서 여러 가지 회의감이 들고 중단하고 싶은 욕구가 일어나도 물러서지 않고 목표가 달성될 때까지 계속하는 것입니다.

다섯째 이치란행(離痴亂行)은 선정바라밀의 실천으로 좋고 나쁜 소리를 들어도 좋아하거나 미워함이 없는 상태로 활동과정에서 여러 가지 다양한 평가와 반응을 접하게 되는데 그러한 평가에 일희일비하지 않고 집착하지 않는 마음자세를 항상 유지하는 것입니다.

여섯째 선현행(善現行)은 지혜바라밀로 모든 존재는 무상(無常)하고 무아(無我)라는 존재의 이치를 받아들이지 못하고 자신과 대상에 집착함으로써 괴로움을 만들어낸다는 사실을 현명하게 알아 삼법인, 사성제, 팔정도, 연기법의 원리를 생활 속에서 실천하는 것을 의미합니다. 자원활동가는 스스로의 지혜를 증득하기 위해 노력하면서도 다른 활동가, 대상자들이 바른 지혜를 얻도록 노력하는 것입니다.

일곱째 무착행(無着行)은 방편바라밀로 자신과 대상, 행위에 대한 집착을 버리고 지혜로운 마음으로 이타행의 이념을 실천하는 것입니다. 자원활동 행위에 대해 자만심을 갖거나 집착하지 않음으로써 자기 자신은 물론이고 대상자들이 편안하고 지혜로운 삶을 영위하도록 이끌어 주어야 합니다.

여덟째 존중행(尊重行)은 원(願)바라밀로 모든 사람을 평등하게 대하며 사회를 구성하는 모든 사람들이 인간답고 행복하게 살 수 있는 환경을 만들어 주는 실천행입니다. 자원활동가는 대상자에게 이런저런 분별심을 갖지 않고 오로지 한결같은 마음으로 봉사의 원력을 세워야 합니다.

아홉째 선법행(善法行)은 역(力)바라밀로 모든 중생을 이롭게 해 주는 실천행으로써 모든 중생의 집이 되고, 구호자가 되고, 귀의처가 되고, 길잡이가 되고, 스승이 되고, 횃불이 되고, 광명이 되고, 등불이 되는 것을 말합니다. 향후 자원활동가의 목표가 되어야 합니다.

끝으로 진실행(眞實行)은 지(智)바라밀로 부처님의 진실한 가르침을 배워 일체 중생을 위해 실천하는 것입니다. 부처님의 가르침인 자비

희사(慈悲喜捨)의 사무량심(四無量心)을 실천함으로써 자기 안의 불성(佛性)을 깨워서 스스로 대자유를 향유해야 합니다. 자원활동가는 이런 좋은 가르침을 바탕으로 대상자들이 스스로 행복하고 삶의 의지를 갖고 생활해 갈 수 있도록 지혜를 증장시키는 역할을 해야 합니다.

다음으로 보시(布施), 애어(愛語), 이행(利行), 동사(同事)의 사섭법을 실천해야 합니다. 대승불교에서는 이 사섭법을 보살행의 중요한 덕목으로 삼고 있습니다. 사섭법의 첫 번째 실천 덕목도 보시입니다. 보시는 평등한 마음으로 모든 이들에게 베풀되 자신의 이익을 구하지 않는 것입니다. 참고로 여러분들이 일상생활에서도 실천할 수 있는 보시 형태로 무재칠시(無財七施)가 있는데, 간단히 말씀드리면 다음과 같습니다.

첫째 화안시(和顏施)는 만나는 모든 사람들에게 정다운 얼굴, 미소 짓는 얼굴로 대하는 것입니다.

둘째 화안시(和眼施)는 부드럽고 편안한 눈빛으로 상대방을 대하는 것입니다.

셋째 화언시(和言施)는 주위 사람들에게 부드러운 말, 상냥한 말, 칭찬과 위로, 격려, 양보의 말을 하는 것입니다.

넷째 심시(心施)는 나와 마주하는 모든 사람에게 따뜻한 마음으로 대해 주는 것입니다.

다섯째 신시(身施)는 모든 사람을 친절하게 대하며 여러분처럼 어려운 이웃을 위해 몸을 직접 움직여 자원봉사활동을 하는 것입니다.

여섯째 상좌시(上座施)는 지하철을 타거나 버스를 탔을 때 노약자나 몸이 불편한 이에게 자리를 양보해 주는 것입니다.

일곱째 방사시(房舍施)는 고달픈 사람들이나 노숙자들에게 쉴 자리를 마련해 주는 것입니다.

중생들을 구제하기 위한 적극적인 네 가지 행동덕목인 사섭법 가운데 첫 번째는 보시입니다. 보시는 크게 물질을 베풀어 주는 재시(財施), 불법(佛法)을 가르쳐 주고 널리 전하는 법시(法施), 두려움을 없애어 마음을 편안하게 해 주는 무외시(無畏施)가 있습니다.

사섭법의 두 번째 애어(愛語)는 말 그대로 사랑하는 말, 칭찬하는 말, 부드러운 말을 통해 상대방을 존중하고 일체감을 갖게 하는 행위입니다.

세 번째 이행(利行)은 상대방을 이롭게 하는 모든 실천적인 행위입니다.

네 번째 동사(同事)는 상대방의 입장에 서서 다른 사람의 고통을 덜어주고 즐거움은 나누고 두려움을 없애주는 것으로 나와 상대방이 둘이 아닌 하나의 존재임을 협력을 통해 보여주는 것입니다.

사섭법은 우리 불교 승가공동체의 생활덕목일 뿐만 아니라 가족, 사회, 지구촌 인류가 생활하는 데 있어서도 매우 중요한 사회윤리 덕목이라 할 수 있습니다.

글로벌 시민의식을 지닌 인재,
세계를 선도하는 글로벌 리더가 되길…

이제 이러한 말들을 일반적인 의미로 다시 정리해 여러분들이 봉사자로서 가져야 할 마음자세를 말씀드리겠습니다.

첫째, 원력을 세워야 합니다. 인간다운 삶을 영위하지 못하는 사람들을 위해 그들의 삶을 변화시키는 자원활동을 함에 있어서 어떤 어려움에 직면할지라도 극복하겠다는 사명감을 가져야 합니다.

둘째, 전문성을 가져야 합니다. 자원봉사활동은 누구나 할 수 있는 일이지만 아무나 할 수 있는 일은 아닙니다. 이는 자원활동 교육의 중요성을 강조하는 표현으로 전문성이 수반되어야 하므로 전문적인 지식 습득을 위해 노력해야 합니다.

셋째, 자신을 드러내지 않는 겸허함을 가져야 합니다. 자원활동을 통해 자기라는 아상(我相)을 내어 명예를 추구하거나 대가를 바라거나 자신의 행위에 대해 집착하는 마음을 지양하여 몸과 입과 뜻을 청정하게 하고 순수한 마음으로 그들의 삶과 나의 삶이 다르지 않음을 자각해야 합니다.

넷째, 목표한 바를 성취해야 합니다. 자원봉사활동 과정에서 어떤 어려움에 직면하여 여러 가지 회의감이 들어 중간에 포기하고 싶은 욕구가 생겨도 그들의 삶을 항상 생각하고 목표한 것을 이룰 때까지 노력해야 합니다.

다섯째, 대상자(수혜자)를 존중해야 합니다. 항상 온화한 얼굴과 정다운 말로 상대방을 대하며 대상자의 연령, 성별, 종교, 인종, 사상에 차별을 두지 않고 존중하여야 합니다.

여섯째, 자원활동에 대한 연대의식과 정보의 공유가 필요합니다. 자원활동의 개별성을 지양하고 활동의 효율성과 역량의 극대화를 도모해야 합니다.

여러분들은 이러한 불교의 실천적인 이념을 통해 상의상관 관계에 있는 우리 존재의 원리를 여실히 알아서 너와 내가 둘이 아님을 실증적으로 실천하는 나눔행, 즉 동체대비행을 열심히 실천하시기 바랍니다.

우리의 활동이 전 지구촌의 모든 생명을 살릴 수도 없고 모든 사람의 빈곤을 해소할 수도 없습니다. 비록 인류의 모든 고통을 다 없앨 수는 없지만, 한 사람의 관심과 정성·이타행이 쌓이고, 다른 사람에게 전파된다면 그만큼 지구촌의 수많은 생명을 살리고, 고통에서 벗어날 수 있도록 도울 수 있습니다. 이러한 생각과 행동을 통해 참된 삶의 의미와 소중한 존재의 가치를 찾기 바랍니다. 아울러 여러분들 모두가 글로벌 의식을 지닌 인재가 되어 세계를 선도하는 글로벌 리더가 되길 바랍니다.

이 자리를 같이 해 준 여러분들에게 불보살님의 가피와 위신력이 항상하기를 기원합니다. 감사합니다.

－ 2008(불기 2552년) 9월 20일 동국대 108 리더스 봉사단을 위한 법어 2

'캄보디아 생명의 우물 2,000기 완공식'에 참석.
상좌인 원행 스님과 함께 현지 어린이들에게 물을 떠주는 필자.

우리의 활동이 전 지구촌의 모든 생명을
살릴 수도 없고 모든 사람의 빈곤을 해소할
수도 없습니다. 비록 인류의 모든 고통을
다 없앨 수는 없지만, 한 사람의 관심과
정성·이타행이 쌓이고, 다른 사람에게
전파된다면 그만큼 지구촌의 수많은
생명을 살리고, 고통에서 벗어날 수 있도록
도울 수 있습니다. 이러한 생각과 행동을
통해 참된 삶의 의미와 소중한 존재의
가치를 찾기 바랍니다.

검은 대륙 아프리카에
희망의 빛을…

○

"삼계의 낡고 썩은 불타는 집에 태어나서 중생의 생로병사와 근심,
비탄, 고통, 번뇌와 어리석음과 어둠에 덮인 삼독의 불을 꺼주고 교
화하여 아뇩다라삼먁삼보리를 얻게 한다."

– 묘법연화경 비유품

●

물고기보다는 물고기 잡는 법을,
그리고 그보다도 먼저 자립 의지를

아프리카라고 하면 검은 대륙, 동물의 왕국, 사파리 등 대자연의 아
름다움과 함께 가난, 분쟁, 말라리아, 에이즈 등 부정적인 이미지를 지
닌 단어들을 떠올리는 사람이 많습니다. 아프리카는 53개의 나라로 이
루어져 있는데 현재 인구가 9억 2,400만 명이고, 앞으로 2050년이 되
면 10억 이상의 인구가 늘어 19억 9,400만 명이 된다고 합니다.

그리고 지금 지구상에서는 3초마다 한 사람씩 굶주림으로 죽어가
고 있다고 하는데, 대부분 아프리카 사람들이라고 합니다. 계산해 보
면 4년마다 우리나라 전체 인구에 해당하는 사람들이 기아로 죽어가는

것입니다. 이러한 사실이 세상의 관심을 아프리카로 집중시켰고, 전 세계에서 많은 인적·물적 자원이 아프리카에 대부분 지원되고 있습니다. 하지만 이렇게 지원한 자원이 아프리카의 가난을 해결하고 있는지는 한번 생각해 볼 일입니다.

2000년 UN이 새천년개발목표를 발표하면서 2015년까지 전 세계의 빈곤국을 반으로 줄이겠다는 야심찬 계획을 수립했습니다. 그리고 목표 달성 가능성을 타진해 보고자 중간점검을 해 보았는데, 아프리카는 2015년까지 그 목표치 달성이 요원한 수치로 나타났습니다.

지구촌공생회는 UN의 계획에 참여하여 목표 달성을 이루고자 2007년 4월 불교계에서는 처음으로 아프리카 땅에 발을 디디고 본격적으로 지원활동에 동참하게 되었습니다. 지구촌공생회가 활동하고 있는 카지아도(케냐 수도 나이로비에서 남쪽으로 80km 떨어진 지역으로 마사이 사람이 거주함)는 물이 매우 부족한 지역입니다. 주민들이 보통 3~8km를 걸어서 물을 길어다 먹습니다.

그렇게 식수 공급이 열악한 지역이다 보니 여러 단체에서 식수지원사업을 활발히 펼치고 있습니다. 이 지역은 강이 없어서 물을 얻기 위해서는 빗물이나 지하수를 끌어올려야 합니다. 그래서 관정을 최소 60m에서 최대 200m까지 굴착하고, 핸드펌프나 모터펌프를 설치해 물을 끌어올려야 합니다.

문제는 프로젝트를 진행함에 있어 얼마나 주민 참여를 이끌어내고 그들을 주체로 세우느냐에 있습니다. 하지만 대부분의 단체들이 주민 참여에 초점을 맞추기보다 시설 설치에 더 중심을 두고 사업을 진행해 왔습니다. 그러다 보니 여러 가지 부작용이 발생했습니다.

핸드펌프를 처음 사용하는 주민들은 그 방법을 잘 몰라서 험하게 사용하고, 고장이 나면 고치기보다는 다시 먼 길로 물을 길러 다닙니다. 그래서 지금 60~70%의 핸드펌프나 모터펌프가 고장이 나서 방치되어 있습니다.

왜 주민들이 고칠 생각을 하지 않을까 살펴보니 다 이유가 있었습니다. 그냥 세월만 보내면서 기다리고 있으면 다른 NGO 단체가 와서 고장 난 펌프를 수리해 주기 때문입니다. 그 모습을 보면서 참으로 안타까웠습니다. 아프리카에 자원보다 먼저 무엇을 주어야 할 것인지가 화두가 되었습니다.

이분들에게 필요한 것은 물고기가 아니라 물고기를 잡는 법입니다. 아니 그보다 더 시급한 것은 삶에 대한 자긍심과 다른 사람에게 의존하지 않고 주체적으로 자기 삶을 일구어갈 수 있는 주인공 의식이 필요하다는 생각이 들었습니다. 하기야 이분들이 수동적이고 의존적으로 된 것 또한 아프리카의 슬픈 역사와 무관하지 않으니 그 또한 지구에 함께 호흡하고 살아가는 우리 모두의 책임이라 하지 않을 수 없습니다.

아프리카는 지난 80여 년 동안 유럽의 식민지를 거치면서 자긍심과 자립심이 송두리째 짓밟혔고, 지금까지 그 습관이 남아 있습니다. 그런데 이제는 NGO가 찾아와서 다른 방식으로 그들의 자립심을 해치고 있는지는 아닌지 곰곰이 고민했습니다. 궁극적으로 아프리카를 위한 일이 무엇일까 숙고할 때가 도래했습니다.

학습된 무기력을
회복할 때까지

　지구촌공생회에서는 카지아도 지역에서 식수 지원, 교육 지원, 지역개발사업들을 진행하고 있습니다. 2007년부터 식수 지원 사업을 시작했는데 한국국제협력단과 여러 후원자들의 지원으로 카지아도 지역에 13기의 핸드펌프(2016년 6월 현재 18기 완공)를 설치해 주었습니다. 이렇게 주민들에게 식수 사업을 지원해 주다 보니 다음에는 학교, 그 다음에는 병원을 지원해 달라는 요청을 받았습니다. 그분들에게 지원 요청을 받으면서 외부자금에 의존하지 않고 그들 스스로 마을개발 비용을 만들 수 있는 방안이 없을까 고민하게 되었습니다.

　마침내 2009년 한국국제협력단 지원으로 시범농장 사업을 시작하게 되었습니다. 주민들이 농사를 짓고 남는 수익 일부분을 적립해서 몇년 뒤에 마을개발비용으로 사용하는 방안입니다. 그렇게 되면 주민들이 외부자금에 의존하지 않고 스스로 마을개발을 진행할 수가 있습니다. 물론 시작단계인지라 성과보다는 시행착오를 겪고 있긴 합니다만, 주민이 자치적으로 연구하고 진행해 나간다면 좋은 성과가 있으리라 기대됩니다.

　이와 같이 지구촌공생회는 종교와 민족의 경계를 넘어서 주민들이 스스로 자립할 수 있는, 개개인의 역량을 강화하는 데 초점을 맞춰 사업을 시행하고 있습니다. 사람들을 변화시키는 방법은 쉽지 않은 일입니다. 특히 오랜 시간 동안 다른 나라의 지배를 받으면서 패배의식, 의존증, 무기력증 등이 집단무의식처럼 몸과 마음에 밴 사람들을 변화시키는 방법은 더 어렵습니다. 사람의 인식과 습관을 변화시키기 위해서는 많은 시간과 노력이 필요합니다. 1, 2년 가지고 될 일이 아니기 때문에 그들의 가능성을 믿고 감인대(堪忍待), 견디고 참고 기다려야 합니다. 만일 그들의 변화된 모습을 빨리 보려고 안달하고, 변하지 않는 태도를 답답해하면 지쳐서 의욕이 떨어집니다.

그래서 무엇보다 자기 마음이 안정되어야 합니다. 부처님의 가르침을 늘 마음속에 새기고 수행을 통해 삶의 지혜와 에너지를 받아야 합니다. 나 역시 부처님의 가르침이 나의 삶의 나침반으로 방향을 가리켜 주기도 하고, 지칠 때마다 에너지가 되어 주고 있습니다.

부처님께서 인내심을 가지고 한평생 중생들을 구제했듯이 이제 우리들이 아프리카의 가난한 이웃을 위해 자비보살행을 실천해야 할 때가 아닌가 사려됩니다. 우리 불교는 타종교보다는 해외로 눈을 돌린 지 얼마 되지 않았습니다. 하지만 사람들의 가능성을 믿어주고 응원해 주고, 운명을 바꾸어 주는 최고의 가르침이 부처님 법입니다. 부처님 법을 가슴에 품고 진심으로 사람들을 만나고 진심으로 도와준다면 세상을 밝히는 큰 등불이 되리라 믿어 의심치 않습니다.

연기법(緣起法)을 알면
고통에서 벗어날 수 있다

○

"보살마하살은 그 얻은 바를 따라서 선근(善根)을 더하여 늘리고, 비뚤어진 마음과 삿된 마음을 없앤다. 수보리야, 이것이 보살마하살의 몸이 청정하고 마음이 청정한 것이다. 이렇게 몸과 마음이 청정한 까닭에 능히 성문이나 벽지불의 경지를 지나 보살의 지위에 드는 것이다."

– 마하반야바라밀경

●

요즈음 어떻게 지내시나요? 힘드시지요? 힘든 게 당연합니다. 오죽하면 부처님께서 우리가 사는 이 세상을 사바세계, 즉 고통을 견디는 세계라고 하셨겠습니까?

인간은 누구나 나고 늙고 병들고 죽는 네 가지 근본적인 고통을 갖고 태어납니다. 이밖에 사랑하는 사람과 헤어지는 고통, 미워하는 사람과 만나는 고통, 좋아하는 것을 갖지 못하는 고통, 오온의 욕망이 치성한 데서 겪는 고통을 더해서 팔고(八苦)라고 합니다.

그런데 우리 마음을 잘 다스리면 이러한 고통에서 어느 정도 벗어날 수 있습니다. 물론 마음 다스리기가 쉽지는 않습니다. 그러나 자기 마음을 다스리는 데 온 힘을 쏟을 수도 있고 나아가 나보다 더 힘들게 살아가는 사람들을 돌아보고 그분들을 위해 좋은 일을 하면, 자연히 마음이 다스려지고 그것이 스스로를 고통에서 벗어날 수 있게 만들어 줍니다.

가장 힘든 사람을 먼저 도와야 한다

우리 주위를 살펴보면 하루하루 고통 속에 살아가는 이웃들이 정말 많습니다. 그리고 다른 사람에게 자비를 베풀면 나에게 행복이 되어 돌아온다는 인과를 삶 속에서 이미 느끼셨을 것입니다. 한편 '시간도 부족하고 재물도 부족한데 세상의 수많은 사람들 가운데 누구를 돕고 누구를 만날 것인가?'라는 고민을 한 적도 있을 겁니다.

어차피 물질은 한계가 있기 마련인지라 쓸 수 있는 재화도 한계가 있습니다. '누구부터 도울 것인가?'라고 이리저리 궁리하던 분들의 마음을 이해합니다. 나 역시 그런 때가 있었기 때문입니다. 일단 여러 사람 중에서 가장 힘든 사람을 먼저 도와야 합니다.

제가 이사장으로 있는 지구촌공생회에서 해외의 여러 나라 사람들을 돕는 모습을 보고 "우리나라도 힘든 사람들이 많은데…" 하면서 볼멘소리를 하는 사람들도 간혹 있는 듯합니다. 이왕이면 가까운 이웃을 돕자고 말하는 것도 이해합니다. 하지만 지금 우리나라는 힘들다 힘들다 해도 상대적으로 더 잘 사는 사람들에 비해서 못 살 뿐이지 절대적인 빈곤에서는 벗어났습니다. 한마디로 우리나라는 경제적인 측면에서는 선진국 대열에 이미 들어갔습니다.

그 옛날 우리나라도 이웃 나라 사람들의 원조를 받아 보릿고개의 굶주림에서 겨우 벗어날 수 있었고, 그 덕분에 기운을 차리고 경제대국으로 진입했던 생각을 하면, 지금 우리가 가난한 이웃나라 사람들을 돕는 원조는 그동안의 묵은 빚을 갚듯이 당연한 필연입니다.

배고픈 사람에겐 법보다 먼저 밥을 줘라

우리 인간은 본래 평등합니다. 또한 지혜와 복덕이 갖추어진 뿌리가 같은 존재입니다. 나눔은 상대방을 위한 행위가 아니라 바로 자기 자신을 위한 행위입니다. 물질을 나누고 마음을 나누는 나눔의 문화가 확산될수록 우리 지구촌은 사랑과 믿음이 넘치는 공생(共生) 사회로 탈바꿈됩니다.

자기와 세상이라는 양극적 방향성이 서로를 방해하지 않고 하나로 융합할 때, 불법이 세상의 진정한 빛이 될 수 있으며 자기 자신도 깨달음에 도달할 수 있습니다. 배고프고 질병으로 시달리는 사람에게 "본래 생사가 없으니 마음을 갈고 닦아서 진리를 깨달으라"는 식의 심오하고 고차원적인 설법을 해 주는 방식은 지혜가 아닙니다. 부처님께서도 이와 같은 상황에서 어찌 해야 할지 일화를 통해 분명히 보여주셨습니다.

부처님께서는 항상 새벽에 세상을 살피신다고 합니다. 그날도 새벽에 일어나셔서 세상을 살피시는데 한 농부가 눈에 들어왔습니다. 그런데 이 농부가 수다원과를 얻게 될 인연이 되었다는 것을 알게 되었지요. 보통 성인 어른이 하루에 걸어갈 수 있는 거리가 1요자나인데, 30요자나나 되는 먼 거리, 그러니까 한 달이나 걸리는 거리를 이 농부 한 사람을 제도하기 위해서 걸어가셨습니다. 부처님께서 이 세상에 오신 뜻이 바로 인연 있는 중생을 제도하기 위한 서원으로 오셨기 때문입니다.

부처님께서는 마침내 이 농부가 사는 마을 근처에 도착했는데, 농부는 그날따라 새벽에 키우던 소가 도망을 가서 새벽부터 아침도 못 먹고 그 소를 찾으러 나간 겁니다. 소를 찾아 헤매다가 한낮이 다 되어서 결국 소를 찾아서 마을로 돌아옵니다. 그런데 마을 어귀에서 부처님이 오셨다는 소리를 듣고는, '부처님의 법문을 들어야 하는데 너무 늦었구나' 하고는 밥도 안 먹고, 부처님 법문을 들으러 갑니다.

부처님께서 대중들과 함께 앉아계시다가 그 농부가 황급히 뛰어오는 것을 보시고, "공양을 하고 남은 음식이 있느냐?"고 비구들에게 물으셨습니다. 음식이 남아 있다는 대답을 듣자마자, 농부에게 먼저 음식을 주라고 하셨습니다. 그리고 농부가 다 밥을 먹을 때까지 기다렸다가 법을 설하셨습니다. 그 때 이 농부는 수다원과를 성취했다고 합니다.

부처님 제자들이 생각하길, '이상하다. 부처님께서 평소 음식이 남아 있느냐는 질문을 한 적이 전혀 없었는데, 오늘은 왜 그런 질문을 하셨을까?'라고 의아해 하면서 도반들끼리 그 얘기를 나누고 있었습니다. 부처님께서 제자들의 궁금증을 풀어주십니다.

"비구들이여, 내가 30요자나를 걸어서 여기까지 온 까닭은 순전히 이 농부가 수다원과를 성취할 인연이 무르익었기 때문이다. 그런데 그는 이른 아침부터 잃어버린 소를 찾아 돌아다니느라 아침과 점심을 다 굶었다. '배고픔의 고통을 겪고 있는 사람에게 법문을 하면 이해하지 못할 것'이라고 생각해서 음식을 가져다주라고 한 것이다. 비구들이여, 이 세상에 배고픔의 고통보다 더한 고통은 없다"고 하시면서 다음과 같은 게송을 읊어서 제자들을 깨우쳐 주셨습니다.

배고픔이 가장 큰 병이요,
상카라가 가장 큰 괴로움이네.
이것을 있는 그대로 알면
열반을 성취할 수 있나니
열반은 으뜸가는 행복이네.

부처님처럼 온 우주에서 가장 훌륭하신 스승의 고귀한 법문이라 할지라도 배가 몹시 고픈 사람에게는 귓전에 스쳐지나가는 말이 될 수도 있습니다. 배고픈 사람에게는 먼저 밥을 주고 허기를 면하게 한 뒤에 법을 주어야 합니다.

여러 가지 다른 고통을 겪는 사람들에게도 마찬가지입니다. 그 사람이 갖고 있는 가장 힘든 고통에서 벗어날 수 있도록 도와줘야 합니다. 국적을 가리지 않고 고통 받는 사람들의 삶의 질을 높여주고 갖가지 고통에서 벗어날 수 있도록 도와줄 때 비로소 불교는 세상을 이롭게 하는 자비의 종교로 자리매김하게 될 것입니다.

구도(求道)의 본질은 이타행에 있다는 이치를 잊지 마십시오. 자비행을 함으로써 깨달음(菩提)을 얻고 더 나아가 해탈할 수 있다는 신심(信心)을 가지시기 바랍니다.

한편 배고픈 사람에게 밥을 주고 빵을 주는 이타에 머물러서는 안 됩니다. 일단 허기를 면하게 한 뒤에는 반드시 스스로 살아갈 수 있는 길을 열어주어야 합니다. 학교를 세워서 배움의 길, 자립할 수 있는 길을 열어주는 혜안이야말로 정말 중요합니다. 또한 생태계의 파괴와 오염을 막는 일도 적극적으로 실천해야 합니다. 교육을 통해 의식을 변화시키고 실생활 속에 개선할 수 있도록 이끌어 줄 때 개인도 변하고 사회도 변합니다.

무한 향상을 통한
인류사회의 업그레이드

대부분의 사람들은 마음 밖에서 행복과 구원을 얻으려 합니다. 그러나 마음 밖에는 부처도 없고 행복도 없습니다. 심즉불(心即佛), 마음이 곧 부처이기 때문입니다.

지금 우리 사회는 물질은 풍요로운데 정신은 공허하고 불안하기만 합니다. 그동안 명예와 지위, 재물과 욕망에 이끌려 마음 밖 대상에 집착하며 살아왔기 때문입니다. 그 마음의 습관을 변화시켜야 합니다. 탐내고 성내고 어리석은 탐진치(貪瞋癡) 삼독심에 끄달려 온 자신의 삶을 성찰하고, 나의 본래 모습, 즉 부처의 모습을 바로 보아야 합니다.

자기 자신의 모습만 제대로 봐도 매사에 욕심 내지 않고 만족하는 소욕지족의 삶을 살아갈 수 있습니다. 그렇게 자신의 마음을 닦아 근본적으로 마음을 변화시킬 때 무한향상의 길로 나아갈 수 있게 됩니다.

여러분, 참 나를 찾으셨습니까? 참 나가 보입니까? 제가 누누이 강조하는 바입니다만, 자기 자신이 독존적 존재가 아니라 연기적인 존재임을 알면 남을 위하고 이롭게 하면 곧 자신을 이롭게 한다는 사실을 알게 됩니다. 나와 이웃과 세계와 자연이 결코 둘이 아님을 자각함으로써 동체대비의 삶을 살아가면 깨어 있는 삶이며 행복한 삶임을 체득하게 됩니다.

　모쪼록 정견(正見), 바른 견해를 갖고 우리 자신이 본래부처요, 연기적 존재임을 확신하고 삼독심의 번뇌 망상을 가라앉히기 위한 참선·기도 등 수행을 생활화하십시오. 그리하여 잘못된 마음의 습관, 몸의 습관을 바꿔 환골탈태하고, 마음에 진리의 등불을 밝혀 세상의 빛이 되어주십시오. 중도 지혜의 자리를 알면 나와 너라는 상대적인 차별상과 분별망상이 모두 사라집니다. 그러한 경지에 이를 때 보살행을 하지 말라고 말해도 아주 자연스럽게 하게 되는 것입니다.

　이 얼마나 대단한 일입니까? 우리가 널리 법을 전하는 것은 불교, 부처님을 위한 일이 아닙니다. 우리 자신을 위하고 인류를 위하고, 세상을 위하는 일입니다. 우리나라, 전 세계, 더 나아가 우주를 위하는 일임을 알고 발심 수행한다면 머지않아 하지 말라고 말려도 보살행을 하고, 행하는 것마다 보살행이 되는 경지에 도달할 수 있으리라 믿습니다. 고통 받는 사람들의 고통을 덜어주고 즐거움을 주는 자비행(慈悲行)을 생활화하여 함께 살아가는 공생(共生)의 불국정토(佛國淨土)를 구현해 나갑시다.

- 불교 텔레비전 희망 법문

자비가 부처님이며
사랑이 곧 하나님이다

○

"어떤 이는 고뇌하는 중생을 위하여 깊은 자비심을 일으켜 자신의 몸으로 그 고뇌를 대신 받고, 그들로 하여금 즐거움을 얻게 한 공덕으로 나의 처소에 태어났으며, 어떤 이는 계율과 인욕으로 깨끗한 자비심을 닦은 공덕으로 나의 처소에 태어났으며, 어떤 이는 무수하게 사방으로 걸림없이 재(齋)와 강설하는 법회를 시행한 공덕으로 나의 처소에 태어났으며, 어떤 이는 계율을 지키고 법문을 많이 듣고 선정과 무루의 지혜를 닦은 공덕으로 나의 처소에 태어났으며, 어떤 이는 서로 사랑하는데 이별하게 되거나 무리를 지어 송사를 제기하여 극심한 고뇌를 받는 중생들을 보고 방편력으로 화합시켜 준 공덕으로 나의 처소에 태어났다."

– 미륵삼부경

●

평소 사계절이 뚜렷한 나라에 태어난 자체가 감동적으로 다가올 때가 있습니다. 봄·여름·가을·겨울 대자연의 변화 속에서 제행무상(諸行無常)이라, 모든 현상은 시시각각 변화하므로 영원한 실체는 없다는 부처님의 가르침이 가슴에 확 다가온 경험들이 있으실 겁니다. 우리나라의 대자연, 사계절의 뚜렷한 날씨가 제행무상의 진리를 일깨워주는데 요즘엔 지구온난화로 인해 아열대성 기후로 바뀌는 현상을 보면서 만감이 교차되었습니다.

지구온난화, 강 건너 불 보듯 해선 안 된다

무더위에 어떻게 잘 지내셨습니까? 이번 여름에는 장마가 끝난 후에 비가 많이 내렸습니다. 예전 같으면 7월 중하순에 장마가 오고 8월 초면 장마가 끝나는데 올해는 정작 장마철에는 비가 오지 않고 오히려 장마 후에 비가 많이 왔습니다. 게다가 동남아시아에서 발생하는 스콜과 같은 게릴라성 폭우가 빈번해졌습니다. 우리나라에 찾아온 폭염과 열대야 현상, 잦은 국지성 집중호우 등 아열대 기후로 변해가는 이러한 현상은 지구온난화의 결과라고 합니다. 이로 인해 영동 및 영남일부지역에 수해 피해가 발생했고, 특히 북한에는 수해 피해가 심해서 300여 명의 사망자 및 실종자가 생겼고, 30만 명의 이재민이 발생하였으며, 곡물의 15%가량이 피해를 입었다고 합니다.

해외에도 기상이변이 속출하였는데 영국에서는 폭우, 루마니아·터키 등에는 폭염, 미국 남서부지역에는 폭염과 가뭄이 계속되고 있고, 중미 카리브 해안 국가에는 예년보다 훨씬 강력한 허리케인이 발생하여 수많은 이재민이 발생하였습니다. 호주는 100년 만의 가뭄으로 최악의 물 부족에 시달리고 있으며, 중국과 인도·파키스탄엔 폭우와 홍

수가 빈번하게 발생하고 있습니다. 한편 남미의 아르헨티나에서는 90년 만에 첫눈이 내려 최악의 한파에 시달렸다고 합니다.

지구온난화는 산업화의 산물인 이산화탄소, 메탄 등 온실가스의 급격한 증가가 가장 큰 원인이라 할 수 있습니다. 자본의 이익을 확대하기 위해 무분별한 개발로 삼림이 훼손되어 환경생태계는 파괴되고, 각종 공해물질 배출로 인해 지구온난화현상이 심화되고 있습니다. 유엔 산하 정부간기후변화위원회(IPCC)는 금세기 안에 지구표면 온도는 1.8℃에서 4.0℃까지 상승한다고 합니다. 이렇게 되면 기상이변은 앞으로도 계속 확대되어 일상화될 전망이라고 하니 생태계는 물론이고 인류의 생존에도 큰 위협이 아닐 수 없습니다.

기상이변으로 인해 향후 자연재해의 피해가 더욱 커지고 식량문제, 에너지대란, 식수난, 치유가 잘 되지 않는 원인 불명의 환경관련 질병이 증가하고 있는데, 강 건너 불 보듯 묵과할 수 없는 일입니다.

삶의 질에 있어서도 선진국과 저개발국, 개발지역과 미개발지역, 자본가와 노동자 간의 빈부격차와 양극화가 점점 더 심화되고 구조화되고 있습니다. 경제적·정치적 이익을 극대화하려는 국가 간·정파세력 간의 전쟁과 내전은 그칠 날이 없으며 그 참상은 지금도 매스컴을 통해 시시각각 우리에게 보도되고 있습니다.

지구온난화에 따른 각종 자연재해를 막고 환경생태계를 되살리며 빈곤 퇴치를 통해 양극화문제를 해결할 제반 노력을 해야 합니다. 지구촌의 개인·단체·국가가 이 문제에 대해 집중적으로 고민하고, 근본적인 대책을 수립하지 않으면 안 되는 절박한 시점에 살고 있습니다.

지구촌이라는 말에서도 알 수 있듯이 지구의 자연과 인간, 국가와 사회, 너와 나의 삶이 인드라 망으로 조밀하게 이어져 있습니다. 전 세계가 소중한 생명공동체로서 하나의 삶을 이루어가고 있음을 자각하고 세상을 살릴 수 있는 청정한 삶으로 돌아가야 합니다.

우리는 하나의 생명체,
'나'와 '또 다른 나'의 관계를 알면 행복해진다

나와 사회, 자연과 우주는 둘이 아닌 하나의 생명체입니다. 우리 생명의 근원자리는 같습니다. 절대적으로 평등합니다. 우리의 근본은 하나의 진여불성(眞如佛性)이고, 우리는 진여불성에서 인연 따라 살아가며 삶의 무늬를 그리고 있습니다. 그런데 그러한 이치를 제대로 모르기 때문에 서로 반목하고 질시하고 다투고 괴롭히고 괴로워합니다.

이 세상에 나타나는 대부분의 문제는 우리 모두가 하나의 생명체임을 모르기 때문에 일어난다고 사료됩니다. 내가 하나의 나가 아니고, 또 다른 나라는 이치, 남이 곧 나라는 도리를 알 때 어찌 또 다른 나인 남을 괴롭힐 수 있겠습니까? 비록 떨어져 있으나 또 다른 나와 관계 속에 존재한다는 진리를 알면 고통스러운 일을 만들지도 않고 고통에서 벗어날 수 있습니다. 남을 돕는 일이 곧 자기 자신을 돕는 일임을 인식할 때 우리의 삶의 질은 물론이고 행복지수도 훨씬 더 높아질 것입니다.

그런데 이러한 연기법의 이치를 깨달았는지는 알 수 없으나 세계 각국에서 기부문화가 자리 잡으면서 많은 이들에게 희망을 주고 있습니다. 참으로 고무적인 일이요, 인류문화사적인 측면에서 봤을 때도 대단한 전기(轉機)가 될 수 있는 예감이 듭니다.

세계 제일의 갑부인 빌게이츠는 2000년 세계 최대의 자선단체인 빌&멜린다게이츠재단을 설립하여 재산의 많은 부분을 기부하였습니다. 빌게이츠는 자발적으로 천문학적인 기부금을 조성하여 지구촌의 환경을 살리고 질병과 빈곤 퇴치, 교육환경개선에 지원을 하고 있습니다. 인류의 삶의 발전을 위해 헌신하는 빌게이츠의 선행은 우리에게 많은 교훈을 주고 있습니다.

빌게이츠는 언론을 통해 그들 부부와 워렌 버핏 회장의 사후 50년까지 재단의 모든 자산을 남김없이 사용하여 기부 활동의 효과를 극대화겠다는 발표를 했습니다. 아울러 창의적이고 혁신적인 방식으로 사회공헌사업을 하고 있는 빌&멜린다게이츠재단은 미국은 물론이고 세계적으로 기부 열풍을 일으키는 선도적 역할을 하고 있습니다.

지구상의 모든 생명은 소중합니다. 우리는 똑같은 가치를 가진 존재입니다. 그렇기 때문에 사회에서 많은 혜택을 입은 사람들은 사회에 되돌려 주어 그 은혜를 갚아야 한다는 원칙이 빌게이츠의 사회공헌에 대한 기본철학이라고 합니다. 빌게이츠의 철학은 부처님의 가르침과 다르지 않습니다.

우리나라에도 빌게이츠 같은 기업가가 많이 배출되어야 합니다. 우리나라의 사회공헌을 위한 국내기부금은 GDP(국내총생산)의 0.05%에 지나지 않아서 미국의 1.67%, 영국의 0.72%에 훨씬 못 미친다고 합니다. 이제 우리 사회도 지도계층은 물론이고 일반인들도 기부와 나눔을 일상화하는 문화가 자리 잡힐 수 있도록 힘써야 합니다.

기부, 즉 보시(布施)는 자신을 이롭게 하고 다른 이를 기쁘게 하는 보살행이요, 우리의 생명이 하나임을 실천하는 공덕행입니다. 또한 보시를 할 때에는 금강경의 "무주상(無住相) 보시복덕(布施福德) 불가사량(不可思量)이라"는 말씀처럼 주었다는 마음을 내지 않고 해야만 그 공덕이 무량합니다.

존재의 근원에서 본다면 우리의 존재는 무아(無我)이며 무소유(無所有)입니다. 하지만 물질에 집착하는 관념, 즉 대상물에 대한 집착이 자연과 인간을 둘로 만들고 너와 나를 구분하여 보게 하고 있습니다. 그러나 존재의 본래 성품, 우주의 본래 성품은 본래 무차별이며 평등합니다. 이러한 존재의 본래성품을 지구촌에 실현하고자 하는 노력, 그것이 바로 자비입니다. 자비가 곧 부처님이며 사랑이 곧 하나님입니다. 자비와 사랑이 없는 삶은 허무하며 존재의 의미가 없는 몽상과도 같은 삶이라 할 수 있습니다.

국내와 북한은 물론이고, 빈곤국가에는 지금 이 순간에도 수많은 사람들이 질병과 폭력에 시달리며 살아가고 있습니다. 열악한 조건에서 삶의 희망을 잃고 살아가는 이들의 생명이 나와 똑같이 소중하다는 실상을 알아야 합니다. 또한 앎에서 그치지 않고 이 사람들이 새롭게 희망을 품을 수 있도록 보살행을 실천해야 합니다.

우리 모두 자비와 사랑이 이 세상에 충만해 질 수 있도록 노력합시다. 밭에 뿌리는 거름처럼 자비와 사랑을 가능한 한 많이 더 널리 퍼트려서 고통은 나누고 행복은 함께하여 생명과 희망의 지구공동체 나무를 잘 가꾸어 가기를 두 손 모아 기원합니다.

- 지구촌공생회보 권두법문

중도 지혜의 자리를 알면 나와 너라는 상대적인 차별상과
분별망상이 모두 사라집니다. 그러한 경지에 이를 때 보살행을
하지 말라고 말해도 아주 자연스럽게 하게 됩니다.
이 얼마나 대단한 일입니까? 우리가 널리 법을 전하는 것은
불교, 부처님을 위한 일이 아닙니다. 우리 자신을 위하고
인류를 위하고, 세상을 위하는 일입니다.

나누면 절반이 아니라
배가 된다

○

"여래(부처님)가 이 세상에 나타난 까닭은
이처럼 불행하고 돌볼 이 없는 사람을 구하고자 함이니
병들거나 야윈 출가수행자와 모든 가난한 이,
부모가 없거나 의지할 곳 없는 불쌍한 이와 노인에게 베푼다면
복덕은 무량하고 소원은 성취되어
큰 강처럼 모든 복이 흘러와 공덕이 쌓여
마땅히 깨달음을 얻으리라."

– 법구비유경

●

절제와 양보,
행복으로 가는 지름길

새해에 새로 떠오르는 태양을 바라보며, 여러분의 가정에 행복이
깃들기를 기원합니다. 으레 신년이 되면 각자가 더 나은 삶을 바라며 계
획을 세우고 소원을 빕니다. 참으로 자신의 본분을 알고 자족하는 것보
다 더 큰 행복은 없습니다. 절제와 양보가 참다운 행복으로 가는 지름길

입니다.

부처님께서 말씀하신 동체대비(同體大悲)도, 네 이웃을 사랑하라는 예수그리스도의 가르침도, 공자의 인(仁)도, 모든 성인의 가르침은 절제와 양보를 통한 화합과 평화입니다. 모든 성현들은 한 목소리로 나의 행복이 우리 모두의 행복이 된다고 일깨워주고 있습니다. 나만의 행복은 갈등이며 착취이고, 폭력입니다.

여러분들은 지구촌의 가난한 중생들을 자발적으로 도우며 만물일체라는 숭고한 정신을 실행에 옮기고 있습니다. 비움과 나눔의 마음으로 인류의 공영에 기여하고 있는 여러분들은 참다운 행복의 성취자입니다.

'민세상'을 수상하며 민세 안재홍 선생의 '다살이' 정신을 기린다

지난 2010년 제1회 사회통합 부문 민세상을 수상하는 개인적 영광을 얻었습니다. 민세(民世) 안재홍(安在鴻) 선생(1891∼1965)은 6·25사변 당시 납북되어 그리 잘 알려지진 않았으나, 항일운동사에서 반드시 기억해야 할 독립유공자입니다. 한국 근현대사를 대표하는 언론인이자 조선학운동을 주도한 신민족주의 역사학자로서 식민지 백성과 고통을 함께하며 비전을 제시한 인물입니다.

시대일보 기자로 출발해 조선일보 주필과 사장 등을 거치며 예리한 필봉으로 민족의식을 고취했습니다. 특히 민족말살정책이 극에 달한 일제 말기까지 변절하지 않고 8년에 가까운 옥고를 치르면서도 자주 독립의 원력을 꺾지 않은 참다운 우국지사입니다.

해방 이후에는 극심한 이념대립의 와중에서 좌우가 공존하는 민족 통일국가수립에 헌신했습니다. 비록 남북분단이 고착되며 꿈을 이루진 못했으나, 민세 안재홍의 '신(新)민족주의'는 일제강점기와 해방 전후 민족의 장래를 제시한 대표적인 정치사상으로 평가받고 있습니다.

폐쇄적이고 편협한 민족주의의 한계를 넘어서 '만민총언' '대중공생'을 새로운 통합이념으로 제시한 '신민족주의론', 그리고 온 누리의 인류가 다 함께 잘 살아야 한다는 '다살이' 정신은 대립과 갈등의 시대에 빛나는 귀감이 됩니다. '나와 나라(민족)와 누리(세계)와 함께'를 부르짖은 그의 정신을 본받아야 할 때입니다.

민세상을 받고 기념강연을 하면서, 선각자들의 사상은 결국 공생(共生)과 공영(共榮)으로 통한다는 사실을 새삼 깨달았습니다. 안중근 의사의 동양평화론도, 만해 한용운 스님의 보살도에 근거한 사해동포주의도 궁극적으로는 제국주의적 압제를 부정하며 전 인류가 공평하게 권리를 누리는 대동세계를 지향하고 있습니다.

만약 그 당시 대한민국이 당당한 독립국이자 경제적으로 오늘날과 같은 성장을 이루고 교통과 통신이 지금처럼 발달했다면, 그분들도 지구촌을 무대로 국제개발과 구호에 매진하지 않았을까 싶습니다. 모든 종교와 윤리는 인류의 공동선 실현이라는 한 길로 통하기 때문입니다.

더구나 우리나라가 6·25 전쟁으로 초토화된 상태에서 빈곤 국가로 전락하여 국제개발로부터 원조를 받던 수혜국에서 후원국으로 위상이 반전된 데에는, 구미 경제선진국으로부터 30여 년에 걸쳐 230억여

불을 지원받아 그것에 힘입어 경제성장을 이룬 결과이기도 합니다. 그러니 현재 빈곤국에 대한 관심과 보살핌은 우리나라 국민들의 보은이자 의무라고도 할 수 있겠습니다. 하지만 미국 국제개발센터(CDG)가 발표한 '2014 개발공헌지수(CDI)'에서 우리나라는 조사대상 27개국(원조국) 중 최하위인 27위를 기록한 것으로 나타났습니다. 2008년부터 7년 연속 꼴찌입니다. 개발공헌지수란 각국의 대외원조 규모를 측정한 점수입니다. 유엔 사무총장을 배출하고 안전보장이사회 비상임이사국에 재선출된 우리나라의 국제적 위상과 세계 10위권의 경제력을 감안하면, 참으로 안타까운 수준이라고 할 수 있겠습니다.

조금 부족하게,
조금 불편하게 살면
그만큼 만물은 풍요로워지고 안락해진다

한동안 '웰빙(Well-Being)'이 유행하더니 요즘은 '힐링(Healing)'에 열광하는 듯합니다. 웰빙은 신체적 건강과 정신적 건강의 조화가 참다운 행복이라는 뜻으로, 힐링은 스트레스를 극복할 마음 치유의 의미로 쓰입니다. 진정한 행복을 향한 사회적 관심과 갈구가 나날이 커지는 양상을 보면, 그만큼 현대인들의 일상이 행복하지 않고 팍팍한 모양입니다.

우리나라의 행복지수는 34개의 OECD 국가 중 32위로 개발공헌지수처럼 최하위권을 맴도는 형편입니다. 국민들이 자신의 삶에 만족을 느끼지 못하는 원인은 여러 분야에서 찾을 수 있겠지만, 분명 마음의 각박함도 원인 중의 하나입니다. 아무리 재물이 많아도 마음이 각박하고 편협하면 행복한 삶을 누릴 수 없습니다. 욕망을 줄이고 마음을 넉넉하게 쓸 때 그 마음만으로도 평화롭고 행복합니다.

물론 가장 중요한 것은 너와 내가 다르지 않다는 부처님의 가르침을 스스로 체득하는 일입니다. 너와 내가 둘이 아닌 이치를 알면 하지 말라고 말려도 다른 사람에게 베풀고 배려하기 마련입니다. 지구촌의 안녕과 평화에 기여하는 삶을 그리 거창하게 생각하지 않아도 됩니다. 내 주변 사람들을 알뜰살뜰 보살피고, 작은 일이나마 도와주고 몇 천 원, 몇 만 원이라도 형편껏 좋은 일 하는 곳에 보시하는 선행이 바로 지구촌을 위한 자비실천행입니다. 아무쪼록 올해는 더욱 많은 사람들이 자비행을 실천하며 날마다 '나누면 절반이 아니라 배가 되는' 이치를 체험했으면 좋겠습니다.

지구촌, 우리가 함께
살아가야 할 공동체

○

"보리심을 낸다는 것은 이른바 크게 가엾이 여기는 마음을 냄이니 널리 일체 중생을 구하는 까닭이다. 크게 사랑하는 마음을 냄이니 모든 세간을 동등히 복되게 하는 까닭이다. 안락심을 냄이니 일체 중생들로 하여금 모든 괴로움을 없애게 하는 까닭이다."

– 대방광불화엄경

●

무시무종(無始無終)을 얘기하며 시작했던 임진년이 저물어가고 있습니다. 한해를 마무리하면서 많은 사람들은 지난 한 해 이루지 못한 꿈에 대해 아쉬워하고 후회하기도 합니다. 부처님께서는 우주의 본질은 시작과 끝이 없이 영원하고, 공간적으로는 광대무변(廣大無邊)하다고 말씀하셨습니다. 하지만 우리가 살고 있는 세상은 시작과 끝을 분별하며 공과(功過)를 이야기하길 좋아합니다.

나는 출가 수행자이지만, 한편으론 사회구성원의 한 사람이기에 우리가 함께 살아가고 있는 구성원들 간의 약속인 '시간'에 따라 공간을 옮겨 다니며 살아가고 있습니다. 시간이라는 것은 고정된 것일까요? 그렇지 않습니다. 비행기가 없었던 구한말에는 제물포에서 배를 타고 근한 달을 걸려야 미국의 샌프란시스코에 도착할 수 있었습니다. 그런데 지금은 어떻습니까?

우리나라가 '일일(一日) 생활권'이라 한 적이 엊그제 같은데, 이제는 지구촌 전체를 일일생활권이라고 할 정도로 가까워졌습니다. 아프리카의 웬만한 도시도 하루 만에 갈 수 있게 됐습니다. 이렇게 교통 수단이 눈부시게 발전하고 있습니다.

또한 우리는 인터넷의 발달로 오지 이외 지역의 사건사고까지 시시각각으로 알 수 있는 시대에 살고 있습니다. 스마트폰이 통하는 장소이면 언제 어디서나 실시간 검색이 가능합니다.

한 해를 마무리하면서 자기를 성찰하는 시간은 후회를 하기 위한 시간이 아닙니다. 과거에 대한 반성을 통해 이전보다 나아지도록 노력하는 몸부림이기에 중대한 의미가 있습니다.

여느 해도 그러했지만, 올 한 해 내내 특히 고마움에 대한 이야기를 많이 했습니다. 우리 주변에는 고마운 분들이 정말 많습니다. 농사짓는 농부, 바다에서 일하는 어부, 광물을 캐는 광부, 이분들이 땀 흘린 수확물들을 내가 사용할 수 있게 해주는 배달부 등 묵묵히 자신의 일에 최선을 다하는 모든 사람들이 참으로 고맙고 소중한 분들입니다.

특히 삼라만상이 한 생명이며 지구촌 모두가 한 가족이라는 일념으로 지구촌공생회와 함께 해 주신 후원자와 활동가 여러분들에게 감사드립니다. 여러분들이 부처님의 화현이요, 여러분들의 보살행 또한 본래 갖고 있는 불성(佛性)의 구현입니다. 자신의 일에 최선을 다하는 우리 곁의 부처님들께 감사하며 이분들을 통해 생명이 있는 모든 존재에 불성(佛性)이 있다는 부처님 말씀을 다시 한 번 깨닫게 됩니다.

절대 빈곤자나 상대적 박탈감이
큰 이들을 방치해서는 안 된다

우리 한국불교는 1950년대 정화, 1990년대 종단개혁의 과정을 겪으며 발전을 거듭해 왔습니다. 정화와 개혁은 지난날의 잘못을 깨끗하게 정리하고 새로움을 맞이하려는 준비 및 노력과 크게 다르지 않습니다.

흐르지 않는 물은 썩기 마련입니다. 굳게 다진 각오를 얼마나 조화롭게 실천해 내느냐가 중요합니다. 정화와 개혁은 시대에 따라 표현을 달리할 뿐 지속돼야 할 과업입니다. 종단이나 사회의 구조적 모순 때문에 생겨나는 부산물인 만큼 부정적인 것이 있다면 순화시키기 위해 부단히 노력해야 합니다. 의지를 곧추세우고 종단의 질서 속에서 더불어 잘 살아갈 수 있도록 함께 힘써야 합니다. 수행과 포교가 늘 함께 병행되어야 하는 이치와 같습니다.

세상이 아무리 발전해도 우리가 사는 세계는 연기(緣起)와 인과(因果)의 원칙에서 벗어날 수 없습니다. 의식주의 비약적인 발전에도 불구하고 기아·빈곤·질병에 시달리는 사람들이 세계 곳곳에 산재해 있습니다. 선진국으로 눈을 돌려봐도 사정은 다르지 않습니다. 또한 절대적 빈곤이 아니라 상대적 빈곤에 의한 갈등이 줄어들지 않고 있습니다. 연기적 세계관을 관념적으로만 가질 게 아니라 생활현장에서 실천될 수 있도록 발전적으로 바꿔나가야 합니다.

주변 사람들이 질병에 시달리고 있는데 자기 혼자만 건강할 수 있겠습니까? 주변 환경이 오염되어 가는데 자기 집만 온전하게 보전될 수 있을까요? 빈곤·질병·환경 문제 등은 세계인들이 함께 풀어가야 할 인류의 영원한 과제입니다.

시장경제의 원칙이 아무리 잘 지켜진다 해도 소유의 과다, 부의 편재에 따른 문제는 쉽게 해결할 수 있는 사안이 아닙니다. 이 역시 법과 원칙이 정한 질서 속에서 순차적으로 해결해 나가야 합니다. 내가 가진 것이 적다고 해서 많이 가진 이들을 무조건 비난하고 증오해서는 안 됩니다. 우리는 역사 속에서 청부(淸富)와 탁부(濁富)의 예 또한 심심치 않게 봐 왔습니다. '경주 최 부자' '제주의 만덕'과 같은 존경받는 부자가 많이 나올 수 있도록 정부와 시민단체 등이 함께 노력해 가야 합니다.

절대 빈곤자나 상대적 박탈감이 큰 분들을 방치해서는 행복한 사회를 만들 수 없습니다. 이분들에게 먼저 재교육을 통해 삶의 가치관을 정립하게 해 주고, 교육의 기회를 주고, 일자리를 마련해 줌으로써 삶의 질을 높이고 행복하게 살아갈 수 있도록 제도적인 뒷받침을 해 줘야 합니다.

공생과 공영은
지금 바로 실천해야 할 덕목

내년 2월이면 새 대통령이 취임합니다. 최근 북한의 장거리 미사일 발사는 우리가 처한 안보 현실이 얼마나 중요한지를 또 한 번 실감하게 해 줬습니다. 제18대 대통령 당선인도 선거과정을 통해 여러 차례 이야기해 왔습니다. 상생과 공생의 정신이 정치, 경제, 사회 곳곳에 스며들도록 함께 노력해야 합니다. 역대 최다 득표. 과반이 넘는 지지를 받았지만 지지하지 않았던 이들도 과반에 이른다는 사실을 간과해선 안 됩니다. 유권자들 또한 지지 여부를 떠나 선거가 끝난 이후엔 하나의 국민으로서 실행 가능한 공약부터 이행해가도록 지혜를 모아야 합니다. 재선에 성공한 미국의 한 대통령도 제1기 공약 이행율이 40%를 넘지 않는 것으로 알고 있습니다. 선거과정에서 무리하게 제기된 공약은 없는지 함께 가려내 국가 성장 동력의 발목을 잡는 일은 없어야 합니다.

공생과 공영은 시대와 지역을 막론하고 지고지순의 가치이며, 지금 바로 실천해야 할 덕목입니다. 무언가를 소유하거나 고집할수록 마음은 비좁고 거칠어집니다. 반면 마음을 내려놓고 비우면 그 무엇과도 바꿀 수 없는 충만의 기쁨을 누릴 수 있습니다. 내가 조금 가난하고 불편하면 그만큼 만물의 살림이 좀 더 풍요로워지고 안락해지기 마련입니다. 너와 내가 다르지 않다는 부처님의 가르침을 되새겨 지구촌의 안녕과 평화에 기여하는 삶을 발원해야 할 때입니다. 천경만론(千經萬論)을 다 외운다 해도 실천이 없다면 헛일입니다.

12월은 한해의 끝이지만, 새해의 시작을 알리는 동지(冬至)가 있습니다. 외형으로는 한 해의 끝이지만 내면으로는 이미 새로운 한 해를 시작한 것입니다. 12월을 보내며 '세계일화(世界一花)'의 가르침을 다시 한 번 마음 깊이 새겨봤으면 합니다.

- 불교신문 2012년 12월 26일 송년법문

함께 꾼 꿈, 함께 이룬 행복!
새로운 희망!

ㅇ

"젊은이여, 공덕을 쌓고자 한다면 동산에 과일나무 등을 심어라. 나무 그늘은 넓고 시원하여 여러 사람들이 쉬어갈 수 있으며, 다리를 놓거나 배를 만들어 강물을 건너게 해 주고, 배고픈 사람들을 도와주는 복덕의 집을 짓고, 우물을 파서 목마른 사람의 갈증을 풀어주며 정사(精舍)를 지어 지나가는 나그네를 쉬게 하면 그 공덕은 밤낮으로 자랄 것이다. 또한 법답게 정해진 계율을 지키면 그 인연으로 천상에 나게 되리라."

－ 아함경

●

한 가족 한 생명인
지구촌 사람들을 위하여…

국제개발협력 NGO단체인 사단법인 지구촌공생회를 창립한 지 12년이 되었습니다. 지난 2003년 10월 30일 지구촌의 소외된 이웃들의 아픔과 함께하고자 뜻을 모았던 기억이 선연합니다. 약관의 나이에 출가하여 깨달음을 얻기 위해 절차탁마(切磋琢磨)하고, 부처님의 가르침을 올바르게 실천하고 한국불교를 개혁하고자 노력하였으며, 이 과정에서 얻은 깨달음을 온 국민과 함께 나누기 위한 '깨달음의 사회화' 운동을 전개하여 왔습니다.

대한민국은 식민지배와 한국전쟁의 참화를 이겨내고, 오늘날 산업화와 민주화, 정보화 사회로 발전하여 왔습니다. 발전의 과정 속에서 우리나라 정부와 국민과 기업의 피나는 노력이 있었습니다만, 선진국을 비롯한 사해동포들의 수많은 원조가 함께 했음은 이미 알려진 사실입니다.

줄탁동시, 즉 우리 국민 스스로의 노력과 세계 각국의 지원과 협력이 어우러져 국제개발협력의 가장 모범적인 사례를 우리 대한민국 국민이 만들어 냈습니다. '깨달음의 사회화' 운동의 과정에서 몸소 체험한 우리나라의 발전상과 빈곤국가의 가슴 아픈 현장을 둘러보면서 세계일화(世界一花) 정신, 즉 지구촌이 한 가족이요, 한 생명이라는 신념으로 자연스럽게 국제개발협력사업에 몸담게 되었습니다.

신뢰를 쌓아 불교계 NGO를
선도하는 단체로 성장하다

지난 2015년 10월 30일, 사단법인 지구촌공생회가 창립 12주년을 맞이하였습니다. 기쁘고 의미 있는 날을 맞이하여 10년 이상 지구촌공생회를 변함없이 후원해 주신 장기후원회원들과 중요한 사업을 진행할 때마다 선뜻 고액을 기부해 주신 후원회원들을 모시고 1박 2일 동안 금산사 템플스테이를 참가하였습니다.

자신들의 보살행(菩薩行)을 드러내지 않기 위해 참석하지 않으신 분도 있지만, 스스로 자비공덕(慈悲功德)을 실천하면서도 지구촌공생회의 활동에 관심을 갖고 함께 해 주신 분들과 주변사람들이 보시를 통해 권선공덕(勸善功德)을 쌓도록 노력해 주신 분들이 함께한 자리였습니다.

돌이켜보니, 지구촌공생회 창립기념식은 저의 칠순을 기념하는 고희연을 대신하여 진행되었습니다. 처음에는 단체 운영을 위한 후원금 마련에 많은 어려움을 겪었습니다. 12년이 지난 지금은 비록 역사가 긴 국내 유수의 단체와 비교하면 많이 부족하지만, 10여 년 이상을 한결같이 격려하고 후원해 주신 여러 스님들과 후원회원, 후원단체들의 자비공덕으로 어느덧 불교계 NGO를 선도하는 단체로 성장하였습니다.

그동안 지구촌공생회는 전 세계 13개 국가에서 2,287기의 식수시설을 건립하여 급수공덕(給水功德)을 실천하였고, 51개의 교육시설을 완공하였고, 5개 학교의 건립을 진행 중이며, 5개의 자립사업장을 운영·지원하였습니다. 캄보디아에는 20개 마을, 15만여 평의 지뢰를 제거하고, 몽골에 4개의 푸른 마을을 조성하였으며, 8개 국가의 긴급 구호 사업을 완수한 바 있습니다.

최근에는 네팔 강진 피해 긴급 구호 활동과 장기 복구 사업을 시행하고 있습니다. 강진 이후 계속되는 여진과 폭염, 폭우와 산사태, 헌법 제정을 둘러싼 폭동과 석유난 등으로 복구 사업에 어려움을 겪고 있지만, 현지조사를 통해 차마 눈 뜨고 볼 수 없는 목불인견(目不忍見)의 참상을 확인할 수 있었습니다.

지구촌공생회는 부처님의 탄생지이며 온 인류의 희망과 동경의 대상이 되고 있는 세계의 지붕 히말라야를 품고 있는 네팔의 고통을 덜어주고자 지난 9월 15일 네팔 산골학교 20개교 건립계획을 발표한 바 있습니다.

이번 네팔 강진 피해 긴급 구호 활동과 장기 재건 복구 사업을 통해 지구촌공생회가 장족의 발전을 하고 있음을 인식하게 되었습니다. 강진 발생 이후 후원회원들을 대상으로 현지의 상황을 알리는 문자와 인터넷 홍보만으로도 2억 8천여 만 원이 한 달 만에 모금되었고, 학교건립비용도 벌써 12개교 건립기금이 모아지거나 약정 받았습니다.

지구촌공생회의 사업이 신뢰를 얻게 된 데서 얻어진 결과라서 더욱 자랑스럽습니다. 불교신문을 비롯한 언론과 BBS, BTN 등의 방송을 통해 지구촌공생회의 투명하고 정확한 사업 계획과 캄보디아 건립 우물에 대한 전수 사후관리, 주민들과 아동의 자립의지를 기반으로 진행되는 미얀마 물탱크사업과 아동후원 등 국제개발협력사업의 원칙에 맞게 운영하는 데 감동하여 스스로 후원회원으로 동참하고, 거액의 후원금을 무주상으로 기부하는 사례가 늘어나고 있습니다.

자신의 선행을 알리지 않는 무주상보시는 무한공덕(無限功德)을 받는 일이며, 스스로 마음을 내어 보시를 하는 것도 보람되고 명예로운 일입니다.

1만 7천여 후원자들과 함께 쌓아온
권선공덕의 역사

지구촌공생회의 오늘은 1만 7천여 명의 후원자들이 함께 쌓아 온 대가입니다. 국왕이 부처님께 바친 100개의 등불보다 난다라는 가난한 여인이 정성을 다해 밝힌 등불이 가장 오랫동안 빛나고 공덕이 크다는 빈자일등(貧者一燈)의 고사(故事)처럼 지구촌공생회의 오늘은 모든 후원자들의 지극한 정성으로 이루어졌기에 더욱 의미가 있습니다. 특히 스스로 공덕을 쌓는 것도 좋지만 고통 받는 이웃들에 대해 알리고 보시(布施)를 통해 다른 사람이 공덕을 쌓게 하는 권선공덕(勸善功德)도 매우 중요합니다.

저는 금오 스님으로부터 '이 뭐꼬?' 화두를 받고, 60여 년 동안 승려로 살면서 15년 동안 수행정진하고, 30여 년 동안은 수행과 종무행정을 겸수하였으며, 20여 년 간은 수행과 실천을 겸하는 시민운동과 사회활동에 매진해 왔습니다. 신군부에 끝내 협조하지 않았다는 사유로 10·27법난의 아픔을 겪기도 하였지만, 총무원장으로서 종무행정을 이끌고, 국내·외의 소외된 이웃들을 위한 깨달음의 사회화를 실천해 왔습니다.

우리나라는 6·25 이후 군사원조와는 별개로 GDP의 30%가 넘는 해외원조를 기반으로 해서 오늘날 세계 10대 경제대국이 되고, 원조수혜국에서 원조공여국으로 발전했습니다. UN에서도 분쟁과 기근, 부패를 청산하여 빈곤을 완전 퇴치하고, 질병을 감소시키기 위하여 새천년개발목표(MDGs)에 이어 지속가능발전목표(SDGs)를 새롭게 설정하여 국제적인 지원을 늘려가고 있습니다. 오늘날 세계는 교통·정보·통신이 발달하여 거리적으로도 가까워지고, 물질의 풍요로 과거에 비해 어려운 이웃을 도울 수 있는 여건이 성숙하였습니다. UN의 결의를 떠나서 중생의 고통을 줄여주고 즐거움을 더해주는 자비와 사랑의 실천은 종교인으로서, 세계시민으로서 당연히 해야 할 일입니다. 또한 우리 모두가 능동적이고 적극적으로 해야 할 일입니다.

지구촌공생회의 오늘은 작은 데서부터 큰 곳까지 지극한 정성으로 임해 온 후원회원과 후원단체, 300여 활동가들의 노력, 그리고 지역주민들의 자립의지가 함께 만들어 낸 세계일화정신(世界一花精神)의 구현이라 할 수 있습니다. 그동안의 성원과 믿음에 보답코자 더욱 분발정진(奮發精進)해 나갈 것을 약속드리며, 지구촌공생회의 세계를 껴안는 자비실천에 함께 해 주신 모든 분들께 다시 한 번 감사드립니다.

– 지구촌 공생회보 창간 12주년 기념호

제4장.

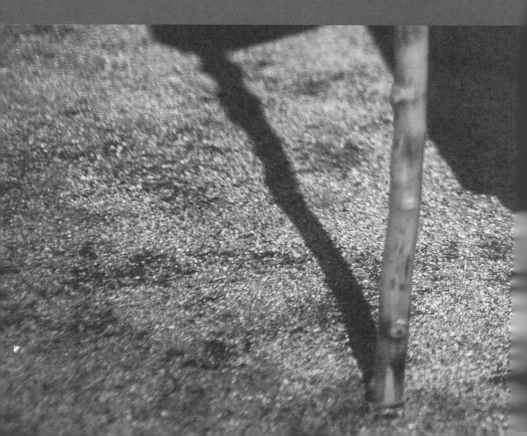

불법은
세간에
있다

한강이 거슬러 거꾸로
흐르게 하지 말라

○

"세존이시여, 저는 오늘부터 깨달음에 이를 때까지 만약 고독한 사람, 갇혀 있는 사람, 질병이 있는 사람 등 갖가지 고통과 재난을 당하는 중생들을 본다면 마침내 잠시라도 저버리지 않고 반드시 그들을 편안하게 해 주고, 의리로써 이익 되게 하고, 온갖 고통에서 벗어나게 한 뒤에야 떠나겠습니다."

ㅡ 승만경

●

오늘 따라 가을하늘이 높고 푸릅니다. 저 하늘은 지구촌 어디에나 다 통해 있는데, 나라마다 선을 그어놓고 인위적으로 법을 만들어 놓고 자연의 이치와는 다르게 살아가면서 온갖 병통을 만들어내고 각양각색의 안타까운 사연들을 접하게 합니다.

오늘 이 자리에 참석하신 모든 분들께서도 노승과 같은 마음으로 오늘 이주노동자들을 위한 법석에 함께 참석하셨습니다.

이 도량에 운집한 대중들은 일심으로 합장하여 제불보살님께 극락왕생과 심신안녕을 발원하는 간절한 기도를 올렸습니다. 자비롭고 따뜻하고 슬퍼하는 마음이 낯설고 열악한 환경의 작업장에서 일하다 뜻하지 않은 산업재해로 희생된 이주노동자들의 고혼을 천도하고, 이 땅에서 여전히 힘겹게 살아가고 있는 이주노동자 가족과 동료들에게 큰 힘이 될 것입니다.

의식을 업그레이드시키고 확장시키면
인류가 한 가족임을 체득할 수 있어

우리는 지금 이 자리, 이 뜻 깊은 법석에서 만났습니다. 여러분 옆 사람을 보면서 어떤 생각이 드십니까? 따뜻한 마음이 느껴지실 것입니다. 이 자리에 함께한 것만으로도 가치관이 통하고 생각이 비슷하다는 마음에 남다른 친밀감을 느끼셨을 겁니다.

내 가족을 만나면 편하고, 친구와 함께 있으면 행복합니다. 가까운 사람과는 특별히 주고받는 게 없어도 편하고 행복합니다. 그런데 멀리 떨어져 있는 사람, 생면부지의 사람에게는 불편함을 느끼고 어색하고 긴장감을 느끼는 게 사실입니다.

그런데 바로 그 점을 변화시켜야 합니다. 자기 자신의 의식을 업그레이드해서 지구촌에 사는 우리 모두가 한 가족이라고 생각할 때 세상은 그대로 평화로워지고 행복해집니다. 수행은 결국 의식을 업그레이드하고 널리 확장시키는 것입니다. 수행을 통해 깨달음을 성취하면 우리 모두가 몸은 각각 떨어져 있지만 하나로 이어진 존재라는 것을 알게 됩니다. 불교에서는 이렇게 깨달은 분, 즉 연기법을 깨달은 분을 연각이라고 합니다. 이 세상에 불보살은 차치하고 연각이라도 많아지면 이 세상의 온갖 괴로운 일들이 더 이상 일어나지 않게 됩니다.

여러분 생각해 보십시오. 상대방이 부모·자식·형제자매·친척·친구로 보인다면 그 사람에게 악행을 저지를 수 있겠습니까? 설령 그 사람이 기분 나쁘게 한다 해도 가까운 사람이기에 참아주고 기다려줄 수 있습니다. 그런데 나와 영 판 먼 사람, 전혀 관계없는 사람이라고 생각하면 나쁜 짓도 서슴없이 저지를 수 있게 됩니다.

이미 지난 일이지만, 미국 서부 개척 시절, 서양인들이 인디언을 자기들과 똑같은 사람으로 인정했다면 그토록 함부로 학대하지 않았을 것이고, 아프리카 흑인들을 노예로 만들어 짐승처럼 부리지도 않았을 것입니다.

부처님께서 꼬살라 국의 사왓디 기원정사에 머무실 때, 어느 날 한 바라문에게 말씀하셨습니다.

"선남자가 집에 살면서 즐거워할 때 같이 즐거워하고, 괴로워할 때 같이 괴로워하며 일을 할 때는 뜻을 모아 같이 일하는 것을 가족이라고 말한다."

부처님께서 한 바라문에게 말씀하신 집과 가족이 우리가 생각하는 혈연의 가족, 피를 나눈 가족이 살아가는 집일까요? 그렇지 않습니다. 여기에서 집은 마을, 나라, 지구촌, 더 나아가 온 우주를 말합니다. 내 가족만이 가족이 아니라 생명 있는 모든 것이 다 연결되어 있는 한 몸이요, 가족입니다. 이렇듯 가치관의 변혁이 일어나야 합니다. 너는 너고 나는 나라는 생각, 인간과 신을 나누고 인간과 자연을 나누는 이분법적인 사고, 직선적인 사고는 매우 위험한 사고방식입니다. 오늘날 세상을 위협하는 모든 문제들이 이러한 잘못된 사고방식을 교육 받고 배운 대로 행동해 온 인과응보라고 할 수 있습니다.

수행은 내가 만나는 사람을 또 다른 나로 인식할 수 있는 의식의 확장입니다. 머리로만 그렇게 생각하는 것이 아니라 몸으로 체득해서 확실히 깨닫는 작업이 수행입니다.

이승의 한 내려놓고
슬픔에서 벗어나 극락왕생하시길…

요즘은 교통과 통신의 발달로 이동과 정보가 신속해지고 전 지구적인 교류가 활발한 시대입니다. 또한 국내에 거주하는 외국인이 100만이 되는 지구촌, 다문화시대입니다. 이분들과 평화롭게 공존하기 위해서는 정책적 지원과 함께 전 국민의 인식의 전환이 필요합니다. 먼저 3D업종에서 일하면서 우리나라 발전에 기여한 이주노동자들이 우리나라 사람들과 똑같은 권리를 가질 수 있도록 정부정책이 바뀌어야 합니다. 아울러 수행을 통한 연기적 세계관의 체득이 필수적인 요소라고 할 수 있습니다. 그런데 우리 사회에 연기적 세계관이 뿌리 내리려면 긴 세월이 필요할 것 같습니다. 특히 이주노동자들에 대한 차별 의식이 사라지지 않은 점이 매우 안타깝습니다.

지구상에 살고 있는 인류는 민족과 종교, 이념과 문화, 빈부의 차이를 초월하여 함께 공존공영하면서 살아가야 할 시대적 책무가 있습니다. 공존 공영하지 않으면 자멸할 수도 있습니다. 지구촌 인류의 생존을 위해서는 전쟁 방지와 빈곤, 질병퇴치, 환경문제 등에 대해 선진국, 개도국, 저개발국을 막론하고 우리 모든 인류가 함께 힘을 모아야 합니다.

앞에서도 누누이 말씀드린 바와 같이 우리의 삶은 존재의 근원에서 본다면 '너'의 삶과 '나'의 삶이 결코 다르지 않고 '나'와 '세상'이 둘이 아닙니다. 우리 인류는 서로가 서로를 의지하고 서로 도와야 살아갈 수 있는 연기적 존재요, 삶의 공동체에서 살아갈 수 있는 존재입니다. 인도적인 면에서도 인권을 존중하고 상호 협력하여 지구촌의 평화와 인류의 행복이 실현될 수 있도록 동사섭하는 노력이 절실합니다.

이제 제불보살님께서 신묘한 위신력으로 유명을 달리한 영혼들을 거두어 들여, 금일 영가가 육도윤회를 뛰어넘어 곧바로 극락에 이르는 원이 성취되게 하고, 뜻하지 않은 고난을 당하여 괴로워하는 희생자 가족들에게 슬픔을 잊고 오늘의 역경을 극복할 수 있는 지혜와 용기를 주실 것입니다. 그리고 이 땅에 살고 있는 모든 이주노동자들에게는 지혜 광명으로 희망과 바른 길을 열게 하고, 이 고난에서 벗어나 정신적 혼란은 진정되고, 사회적 안녕이 이룩되게 할 것입니다.

금일 이주노동자 영가들이여!

생사가 본래 없다 하나, 사랑하는 사람들에게 마지막 인사도 건네지 못하고, 이역만리에서 비통하게 이승의 명을 거두어야 했을 영가들은 결코 이승의 한을 쉬 거두지 못할 것입니다.

그러나 영가들이여!

태어나는 것은 한 조각 구름이 일어남이요, 죽는 것은 한 조각 구름이 사라지는 것이라고 했습니다. 하지만 구름은 실체가 없습니다. 생사의 오고감 또한 그와 같습니다.

오늘의 이 인연 공덕으로 이승에서의 모든 한을 다 내려놓고 극락
정토에서 열반적정(涅槃寂靜)을 누리소서. 오늘의 이 인연으로 살아 있
는 우리들은, 당신들의 죽음이 헛되지 않게 이 땅에서 살아가는 모든
이주노동자들을 이웃으로 맞이할 것입니다.

일향위가불고신(一向爲家不顧身)
반야명월조청담(半夜明月照靑潭)
직득한강각역류(直得漢江却逆流)
도기삼각출중관(倒騎三角出重關)

가족을 위하여 자기를 돌보지 아니함이라
한밤중에 밝은 달은 푸른 못을 비추도다.
한강이 바로 거슬러 거꾸로 흐르고
거꾸로 삼각산을 타고 겹겹의 관문을 차고 나가도다.

— 불기 2551년 10월 28일 이주노동자를 위한 법석에서

공동체를 살리는
생명 살림의 열린 불사

○

"부루나는 이런 방편으로 무량 백천 중생을 요익케 하며, 또 무량 아
승지 사람들을 교화하여 아뇩다라삼먁삼보리에 이르게 하였으니 부
처님의 국토를 청정케 하기 위하여 항상 중생을 교화하는 불사를 지
었다."

– 묘법연화경 오백제자수기품

●

오늘 오곡이 풍성한 결실의 계절에 생각할수록 뜻 깊은 일을 여러
분과 함께 나누게 되어 참으로 기쁩니다. 지난 2008년부터 네 차례에
걸쳐 여러 스님들과 학계의 전문가가 머리를 맞대고 도량 불사 세미나
를 통해 불사(佛事)에 대해 깊은 성찰과 토론으로 불사의 정신과 방향을
제시하는 불사10조를 만들었습니다.

그 동안 '우리나라 절 불사에 대한 성찰과 방향, 그리고 제안' '불사
란 무엇인가', '불사에서 담아야 하는 21세기 시대정신은 무엇인가', '작
금에 이루어지는 불사는 종교의 정신을 제대로 살리고 있는가' 등의 세
미나를 지켜보면서 '이제 불교적 세계관과 시대정신이 깃든 불사를 하
겠구나' 하는 생각에 미소를 짓곤 했는데, 오늘 이렇게 불사10조를 만

들어 선포하게 되었으니 참으로 기쁜 일이 아닐 수 없습니다. 모든 대중들과 함께 마음 깊이 경하하는 바입니다. 아울러 『묘법연화경』 「오백제자수기품」의 말씀처럼 진정한 불사는 부처님의 가르침으로 중생을 이익케 하는 교화임을 잊지 말아야겠습니다. 중생을 깨달음으로 이끌어주는 것이야말로 세상을 불국토로 만드는 길이요, 공동체를 살리는 생명 살림의 열린 불사라고 할 수 있습니다.

각설하고, '실상사 선언(불사10조)'은 스님과 전문가가 함께 힘을 합쳐서 가람 불사의 방향을 제시하는 역사적으로 의미 있는 불사 중의 불사이고, 매우 시의적절한 불사라는 생각이 듭니다. 불사10조의 정신을 온전히 담아 앞으로의 불사는 건축물의 아름다움을 드러내는 데서 더 나아가 연기적 세계관을 구현하고, 수행과 포교, 지역공동체를 만들어내는 큰 역할을 해야 합니다.

가람불사의 새로운 방향,
불사10조

과거 우리 선조들은 불상조성에서 가람불사에 이르기까지 부처님의 무량공덕을 찬탄하며 부처님을 마음 깊이 연모하고 의지하면서 신심과 원력으로 불사를 했습니다. 각 사찰마다 살펴보면 전각의 배치는 물론이고 도량 구석구석 부처님의 가르침을 올곧게 담아 놓았습니다. 그러한 결과 우리 전통사찰은 스님들과 불자들의 수행과 신행공간이자 아름다운 전통문화유산을 지닌 도량으로 국민들의 안식처가 되어 면면히 맥을 이어오고 있습니다. 또한 김대성이 전생의 부모와 현생의 부모를 위해 조성한 석굴암과 불국사 창건 설화에서도 엿볼 수 있듯 불사에 깃든 아름다운 이야기가 감동을 불러일으킵니다.

이처럼 우리 선조들의 얼과 정신이 녹아 있는 전통사찰을 후대에까지 길이 보전, 계승 발전시킬 수 있도록 지혜를 모아 불교 정신을 담은 불사를 해야 합니다. 그럼에도 불구하고 간혹 급한 마음에, 혹은 불사에 대한 안목이 부족해서 눈살을 찌푸리게 하는 경우도 없지 않았는데, 오늘 실상사 선언을 전기로 가람불사가 아주 멋지게 이루어지리라 믿습니다.

앞으로 모든 불사에는 불사10조(이 책 287~289쪽 참조)의 정신을 온전히 담아내어야 합니다. 연기적 세계관을 구현하고 건축의 아름다움을 드러내면서 스님들의 수행과 신도들의 신행 및 교육·포교활동 공간으로 쓰이는 동시에 지역 공동체의 공간으로도 한 몫 해야 할 것입니다. 이러한 역할을 충실히 이행하기 위해서는 도심지에 위치하거나 신도가 많아서 다양한 신행활동과 교육·포교활동을 활발히 하는 사찰은 대량 집회장소가 필수적이므로 현대사회에 맞는 대형건물도 필요합니다. 일본의 경우에도 유명사찰인 동본원사, 서본원사, 지은원, 일련선종의 근본도량인 정본당 등은 대형건물을 건립하여 대량집회장소로 활용하고 있습니다.

하지만 지역적 여건이 맞지 않거나 신도가 적어서 재정이 빈약한 사찰은 대형불사를 지양하고 전통적인 가람 배치의 원형을 살린 불사, 전통을 창조적으로 계승하고, 조화와 생태가 어우러지는 불사를 해야 합니다. 이렇듯 가람불사는 장소와 교통여건, 신도 수, 교육 및 포교 역량에 맞추어 제대로 건립되어야 합니다. 그러한 의미에서 네 차례에 걸처 스님들과 전문가들이 모여서 토론하여 지혜를 모은 결과물인 불사 10조가앞으로 가람불사의 방향을 제시해 주고 있으니, 역사적으로도 대단히 뜻 깊은 일이라고 생각합니다.

또한 우리 한국불교는 통불교적 전통을 지향하고 있습니다. 하지만 사찰마다 신행형태에 따라 선수행도량, 화엄도량, 관음도량, 지장도량 등의 고유한 특성이 있습니다. 이러한 특성을 가람불사에 잘 담아내길 기대합니다.

일반인들의 삶의 질을 높이고 행복에 기여하는 열린 공간으로 만들어야

이제 지구촌은 교통과 통신, 정보의 발달로 한 일가가 되었습니다. 우리 한국불교도 바깥으로 눈을 돌려서 인류가 공존하고 공생하는 데 이바지해야 합니다. 동체대비의 마음으로 보현행·보살행을 적극적으로 실천해야 한다는 말입니다.

사찰은 주로 스님들의 수행과 포교 공간, 일반불자들의 수련 공간, 법회 공간으로 사용하고 있습니다. 사찰 안에 문화원을 만들어서 이웃 주민들과 국민들의 삶의 질을 높이는 복지공간으로 쓰이는 경우도 있습니다. 하지만 앞으로는 불자가 아니더라도 일반인들에게 사찰 문을 활짝 열어서 일반인들의 삶의 질을 높이고 궁극적인 행복에 기여할 수 있는 문화예술 공간, 더 나아가 지구촌을 향도하는 지도자를 양성하는 다목적 교육공간으로 활용되어야 한다고 생각합니다.

사찰은 모든 사람에게 열린 공간으로서 우리나라 사람뿐만 아니라 지구촌에 살아가는 모든 나라 사람들을 받아들이고 보듬어 주는 등 다양한 사회활동을 지원하는 도량으로 거듭나야 합니다. 그렇게 할 때 부처님의 법음은 널리 알리려 하지 않아도 알려지고, 고통 받는 우리의 지구촌 이웃들에게 굳이 구제의 손길을 펼치지 않아도 부처님의 가르침으로 안심입명하게 되고, 온갖 괴로움에서 벗어나 진정한 구원을 받을 수 있게 됩니다.

오늘 한국불교의 창조적 지평을 넓히고 불교의 정신을 이 사회에 구현하는 사찰불사의 정신과 지침이 될 불사10조가 선포되었으니 마치 희망의 노래가 우렁차게 울려 퍼지는 것 같습니다. 우리의 사찰이 그 고유의 기능을 확대하면서 문화유산으로서의 가치를 만대에 이어가기를 희망합니다.

아유일권경(我有一卷經)
불인지묵성(不因紙墨成)
전개무일자(展開無一字)
상방대광명(常放大光明)

나에게 경전 한 권이 있으니,
종이와 먹으로 쓴 게 아니네.
펼치면 한 글자도 없지만,
언제나 온 누리를 훤히 밝히네.

— 서산 대사의 운수단가사

아유일포대(我有一布袋)
허공무가애(虛空無罣碍)
전개변우주(展開邊宇宙)
입시관자재(入時觀自在)

나에게 포대가 하나 있으니,
허공처럼 걸림이 없어라.
열어 펼치면 우주에 두루하고,
오므려 들일 때도 자재로움을 보노라.
- 포대 화상

    오늘의 법좌가 공허한 외침으로만 끝나지 않고 앞으로 사찰불사의 구체적 실천의 지남(指南)이 되어 면면히 이어나가기를 발원합니다. 그렇게 하기 위해서는 먼저 우리 자신의 마음속에 법당을 만들어 수행 정진해야 합니다. 우리 마음을 닦는 것이야말로 가장 훌륭한 불사입니다. 법당의 부처님께 참배하면서 자기 마음속의 부처님을 친견한다면 그보다 더 좋은 일이 없습니다. 위에 소개한 서산 대사의 운수단가사와 포대 화상의 게송을 음미하면서 먼저 마음속 법당불사를 한다면 도량불사는 절로절로 성취될 것입니다.

    모쪼록 마음에 항상 부처님을 모시고 수행하며 참 불사의 공덕을 짓기 바랍니다. 우리 모두의 정진을 다짐하면서 제불보살님의 가피가 제방의 동참자들에게 항상 함께하기를 기원합니다.

실상사 선언_ 불사10조(佛事十條)

한국 전통 사찰의 모든 불사에는 불교의 기본적 세계관과 시대정신이 담겨 있다. 그리하여 그 절들은 오랫동안 아름다움의 맥을 이어온 것이다. 그러나 요즈음 일어나고 있는 대부분의 절 불사는 방향을 잃고 있다. 이러한 정황은 자칫 우리 선조가 이루어놓은 문화유산을 우리 세대에 이르러 파괴할 지경에 이르러, 우리나라 역사 문화와 불교의 앞날에 끼칠 부정적 영향이 크게 우려된다. 이에 우리는 한국 현대 불사가 올바르게 나아갈 바를 밝히고, 이를 바탕으로 실상사 불사를 실천적으로 추진하고자 한다.

1. 연기적 세계관의 불사

   모든 사물은 유형무형의 미묘한 관계 속에 그물코처럼 이어져 존재한다. 불사 역시 마땅히 이러한 관계가 고려된 연기적 세계관과 시대정신을 반영하여야 한다.

2. 생명살림의 불사

   모든 생명은 서로 의지하여 살아간다. 불사는 자연계–생명체–사람이 합일, 공존하는 것이어야 한다. 불사는 돌, 풀, 나무 등 모든 대상과 모든 생명을 모시고 보살피며 살리는 것이어야 한다.

3. 공동체를 살리는 불사

   절은 우리 모두의 절이다. 그러므로 불사는 스님의 수행, 신도의 신행과 지역주민의 삶이 조화롭게 공존하며, 사부대중과 지역사회 공동체를 살리는 공간을 지어내는 것이어야 한다.

4. 절제의 아름다움이 있는 불사

땅의 선택, 건물 배치, 공간의 비움, 건축 규모, 재료, 장식, 표현 등이 올바르고 적절해야 한다. 따라서 불사는 권위적이거나 독선적이지 않고, 실용적·합리적이어야 한다.

5. 대중적 협동의 불사

모든 불사는 특정 개인이나 단체에 의해 일방적으로 주도되어서는 안 된다. 스님, 신도, 전문가, 지역 주민, 공공기관 등 관계자가 참여하는 것이 바람직하다. 따라서 불사는 우선 올바른 절차를 협의하고, 그 협의 결과에 따라 진행되어야 한다.

6. 자연과 풍경을 배려하는 불사

불사는 본디 그 자체로서 자연과 풍경을 해치지 않고 더 빛나게 하는 것이다. 따라서 불사는 세속의 일반 건축보다 한층 더 자연을 배려하는 공존 공생의 건축이어야 한다.

7. 시대와 사회의 요구에 부응하는 불사

불사는 그 시대와 사회를 밝히는 등불이어야 한다. 불사는 시대정신과 사회적 요구를 찾아내어 그 시대, 그 사회가 요구하는 공간 창조 행위가 되어야 한다. 따라서 불사는 불교가 그 시대와 사회를 향해 발언하는 시대의식을 실천하는 장이 되어야 한다.

8. 고전의 정신을 계승하는 불사

불사의 전통은 물리적 형식의 전승이 아니라, 정신을 이어가는 것이다. 따라서 불사는 전통 형식의 반복이 아닌, 고전 정신의 창조적 계승이 되어야 한다.

9. 지역의 특성을 반영하는 불사

창의적 불사의 요체는 '제다움'을 담아내는 데 있다. 불사에는 그 지역의 기후, 풍토, 역사, 환경 및 삶의 문화가 배인 정체성을 담아내어야 한다.

10. 지속가능한 생태적 불사

생태적 지혜를 최대한 실천하는 여유로운 불사가 지속가능한 불사이다. 불사에는 자연에너지 활용 및 절감, 자원 재활용과 재생을 최대한 고려해야 한다. 그러므로 불사를 일으키기 전에 기존 건물의 활용 가능성을 먼저 생각해야 한다. 불사는 무엇보다 자연생태적·자연친화적이어야 한다.

단기 4342년 불기 2553년

서기 2009년 10월 10일

선언자 모두

너는 너고 나는 나라는 생각, 인간과 신을 나누고 인간과
자연을 나누는 이분법적인 사고, 직선적인 사고는 매우
위험한 사고방식입니다. 오늘날 세상을 위협하는 모든
문제들이 이러한 잘못된 사고방식을 교육 받고 배운 대로
행동해 온 인과응보라고 할 수 있습니다.
수행은 내가 만나는 사람을 또 다른 나로 인식할 수 있는
의식의 확장입니다. 머리로만 그렇게 생각하는 것이 아니라
몸으로 체득해서 확실히 깨닫는 작업이 수행입니다.

희양산에 봄이 오는데
봄 같지 않다

○

"보살은 밖으로부터 주어진 손님 같은 번뇌를 끊어 없애고 자비심을 일으키며, 집착이 있는 자비에는 생사를 싫어하는 마음이 있으나 만약 이 집착을 떠날 수가 있다면 싫어하는 일도 없을 것입니다. 어떤 곳에 태어나더라도 집착으로 인해 마음이 가리워질 리가 없는 까닭입니다. 태어나도 속박되는 일이 없고, 능히 중생을 위해 가르침을 설해 속박으로부터 해방시킵니다. 부처님께서 설하신 것과 같이 자기가 결박되어 있다면 어떻게 남의 결박을 풀어줄 수가 있겠습니까? 스스로 결박되어 있지 않아야 능히 남의 결박을 풀어줄 수가 있는 법입니다. 그러므로 보살은 반드시 집착해서는 안 됩니다."

– 유마힐소설경

●

산은 물을 건너지 않고
물은 산을 넘지 않는다

백두대간의 중심인 희양산에도 봄이 오고 있습니다. 그러나 춘래불사춘(春來不似春)이라, 봄이 오는데도 영 봄 같지가 않습니다. 산빛은 푸르러지고, 계곡물은 맑게 흐르며 봄의 찬가를 부르는데도 썰렁하여 봄 같지 않은 것을 보면 역시 마음이 어떠한 방향으로 어떻게 흘러가고 있는지가 더욱 중요한 것 같습니다. 여러분은 어떠십니까?

이곳 희양산 봉암사는 일 년에 단 한 번 음력 사월 초파일, 부처님 오신 날에만 산문을 엽니다. 오늘은 초파일이 아닌데도 불구하고 이렇게 부득불 조계종 종립선원인 봉암사의 산문을 열었습니다. 이렇게 할 수밖에 없는 우리 현실이 참으로 안타까울 뿐입니다.

오늘 이 법석에 자연과 환경, 뭇 생명을 걱정하는 마음으로 모이신 순례자와 사부대중 여러분! 예로부터 산자분수령(山自分水嶺)이라, "산은 물을 건너지 않고 물은 산을 넘지 않는다"고 했습니다. 그런데 작금의 상황은 이 천고 자연의 진리인 순리(順理)를 배척하는 지경에 이르렀습니다.

지금도 전 국토가 개발 열풍에 휩싸여 환경 훼손이 일어나고 있는데 운하건설이 국책사업으로 확정된다면 수로가 지나가는 해당지역은 물론이고 전 국토의 자연환경 훼손과 생태계 파괴는 이루 말할 수 없을 정도로 대폭 확대됩니다.

겨자씨만한 땅에도 중생에 대한 보살의 서원이 깃들어 있습니다. 나와 남이 둘이 아니듯 사람과 자연도 둘이 아닙니다. 자연 또한 사람과 같이 살아 움직이는 유기체들의 터전입니다. 산이 움직이지 않는 무정물처럼 보이지만 실상은 산도 꿈틀꿈틀 움직이고, 산에는 새와 짐승, 갖가지 나무에 이르기까지 수많은 생명들이 살아가고 있습니다. 그런데 산을 뚫어 물구멍을 내고 공중 수로를 만들어 물길을 강제로 내며 하천에 콘크리트 방벽과 구조물을 설치한다 하니 얼마나 몰상

식한 일인지 그저 답답할 뿐입니다. 자연을 파괴하는 행위는 산하대지 두두물물에 깃들어 있는 유정무정의 생명체를 죽이는 반생명적인 행위입니다. 자연을 살리기도 힘든데 정부가 나서서 죽이는 데 앞장서고 있으니 후손들에게 벌써부터 부끄럽기만 합니다. 오늘 이렇게 법석이 이루어지고 있는 청정수행도량인 이곳 봉암사와 주변 지역도 예외는 아닙니다.

잘 아시겠지만, 우주의 진리를 깨치신 부처님께서 말씀하시길, 모든 중생이 나와 한 몸, 한 생명이라고 하셨습니다. 우주의 만유의 실상을 보신 부처님의 말씀대로 살아야 합니다. 그것이 바로 중생들과 고락을 함께하는 동사섭이요, 동체대비행입니다. 실로 동체대비와 동사섭의 보살행은 중생제도를 서원하는 모든 운수납자와 불자들이 목숨 바쳐 실천해야 할 우리 모두가 지닌 일생 일대 가장 큰 화두입니다.

위기는 기회다

위기는 새로운 기회를 만들어 주기도 합니다. 번뇌가 곧 깨달음이라는 말처럼 번뇌가 있기에 괴로운 가운데 더 열심히 수행 정진해서 깨달음을 성취할 수 있습니다.

"몸에 병 없기를 바라지 말라.
병이 없으면 탐욕이 생기기 쉽고,
탐욕이 생기면 반드시 계율을 파하여 도에서 물러난다.

이에 병고로써 양약을 삼으라."

- 『보왕삼매론』

참으로 병고로써 양약을 삼을 때가 왔습니다. 자연을 병들게 하는 일들이 도처에서 벌어지고 있기에 그 참상을 보다 못한 보살들이 마침내 적극적으로 '보살행'을 실천하고, '수행의 사회화', '깨달음의 사회화'를 이루는 시점이 왔습니다. '위로는 보리를 구하고, 아래로는 중생을 제도한다'는 상구보리 하화중생(上求菩提 下化衆生)할 수 있는 확실한 기회가 도래했기 때문입니다.

지금 우리 불자들은 뭇 생명을 건강하게 살리고, 지구촌의 소외된 이웃들이 겪는 기아와 질병, 빈곤과 무지에 의한 사회고(社會苦), 그리고 남북 분단과 지구촌의 분쟁, 환경 파괴 등의 시대고(時代苦)를 덜어주는 일에 더욱 앞장서야 할 때입니다.

불법재세간(佛法在世間)
불리세간각(不離世間覺)
이세멱보리(離世覓菩提)
흡여구토각(恰如求兎角)

불법은 세간에 있으며
세간을 떠나서 깨닫지 못하네.
세간을 떠나서 보리(깨달음)를 찾는다면
그것은 마치 토끼뿔을 구하는 것과 같다.

세간에 부처님의 가르침이 있습니다. 불교가 수행만 하고 깨달음에만 치우친다면 무슨 의미가 있겠습니까. 진리는 현실에서, 중생들의 삶속에서 실현되어야 합니다. 불교를 상징하는 연꽃을 보십시오. 뿌리를 진흙(세간)에 두고 진흙 속에서 연꽃이 피어나는 이치를 절대로 잊어서는 안 됩니다. 수행을 통한 깨달음이 더 큰 자비를 가져오고 또 자비의 실천이 더 큰 깨달음을 가져옵니다. 깨달음과 자비의 실천은 수레의 양쪽 바퀴와 같고 새의 양 날개와 같습니다.

그런데 청계천은 물을 흐르게 했으니 순리(順理)이자 순천(順天)이라 할 수 있지만, 운하 사업은 진리에 어긋나는 일이며 역리(逆理)이자 역천(逆天)입니다. 생각하면 생각할수록 '한반도 대운하 구상'은 단군 이래 우리 민족 구성원의 생명 터전인 국토와 환경을 파괴하는 대단히 잘못된 일임이 분명합니다. 아무리 생각해도 부처님 법과 불국토의 기반을 무너뜨리는 일임을 부인할 수 없습니다.

불국토의 터전인 한반도의 생태계가 무너지면 그곳에 의지해 살아가야 할 부처님 법도, 중생도, 부처님 도량도, 불교의 찬란한 전통문화도 생명의 가치를 잃게 됩니다. 실로 두렵고도 두려운 일이 아닐 수 없습니다. 정부가 주도하는 서민경제, 복지경제의 활성화 정책은 너무나 지당한 일입니다. 하지만, 작은 것을 얻기 위해 큰 것을 희생시키는 어리석은 일은 애당초 하지 말아야 합니다. 대대손손 물려주어야 할 자연환경을 훼손하지 않고도 경제를 일으킬 수 있는 방법은 매우 많습니다. 국제 무역 다변화와 무역 활성화를 통해서도 얼마든지 경제를 성장시킬 수 있습니다. 그럼에도 불구하고, 환경을 파괴하고, 엄청난 재앙을 불러올 수 있는 운하 건설을 통해 경제성장을 도모한다는 발상은 정말 이해가 되지 않는 일입니다.

오늘 이 자리에 함께 하신 사부대중 여러분!

때마침 불교, 원불교, 천주교, 개신교 등 성직자들로 구성된 '생명의 강을 모시는 도보순례단'이 여기까지 왔습니다.

경기도 김포의 애기봉전망대에서 출발해 한강과 남한강을 걷고 문경새재를 넘어 낙동강 하류까지 여정 중 25일 째를 걸어서 오늘 여기까지 왔습니다. 이들이 가는 길은 생명을 사랑하고 평화를 실현하는 거룩한 길이며, 국토와 자연을 사랑하는 신념과 원력의 길이며 진리의 길입니다.

순례단의 노고에 격려하는 뜻을 갖고 여기 모이신 모든 분들과 자연생태계를 지키려는 모든 이들의 서원을 담아 우리 모두 뭇 생명의 고향이요, 불국토의 터전인 한반도를 보존하고 가꾸는 보현행자로 살아갈 것을 마음 깊이 새기고 동참하는 의지를 담아 큰 박수로 화답합시다. 그리고 운하사업은 아직 시작 전이니 우리의 각오를 명확히 밝히면서 정부를 최대한 설득하고, 자비롭게 대처해 나갑시다.

마침내 잠시 멈춘 듯했던 봄이 오늘 바로 이 자리에 다시 오고 있음을 온몸으로 느껴 봅시다. 우리의 서원이 완연한 봄을 만끽할 수 있도록 만들어야 합니다. 순례단의 일정이 무사히 회향되기를 발원하면서 오늘 참석하신 사부대중들과 모든 분들에게 부처님의 가피가 두루 원만하길 기원합니다. 성불하십시오.

　- 불기 2552년 3월 7일 봉암사 법어

'화해와 상생', 국운 도약의
주춧돌이 되리라

○

"보살마하살은 반야바라밀을 행할 때 보살을 보지 않고, 보살이라는 이름을 보지 않으며, 반야바라밀을 보지 않고 내가 반야바라밀을 행함도 보지 않는다. 왜냐하면 보살과 보살이라는 이름도 본성이 공하며 공한 가운데는 색도 없고 수·상·행·식도 없으며, 색을 여의고도 또한 공이 없으며, 수·상·행·식을 여의고도 또한 공이 없기 때문이다. 색은 바로 공이며, 공은 바로 색이고, 수·상·행·식은 바로 공이고 공이 바로 식이다. 왜냐하면 사리불아, 단지 이름만을 가지고 깨달음이라 하고, 단지 이름만을 가지고 보살이라 하며, 단지 이름만을 가지고 공이라 하기 때문이다.(중략) 왜냐하면 이름이라는 것은 이 인연이 화합하는 법이며, 단지 분별과 생각으로 거짓으로 이름 붙인 때문이다."

– 마하반야바라밀경 봉발품

●

우리 사회에서 중추적인 역할을 하고 있는 각계의 지도자들이 모여 대립과 갈등으로부터 화해를, 경쟁과 배척보다는 상생의 삶을 구현하겠다는 결연한 염원과 의지를 모아 '화해와 상생'이라는 소통의 모임을 결성하게 된 것을 진심으로 축하하고 그동안의 준비과정에 대해 노고를 치하합니다. 본 모임이 우리 사회의 분열된 국론을 하나로 모으고 실망과 불신의 정치 지도력을 회복하는 계기가 되고 우리 사회의 심화된 양극화로 상대적 박탈감과 빈곤으로 허탈해 있는 국민들에게 희망을 주는 사회 통합적 역할을 하기를 간곡히 바랍니다.

여러분들이 주지하시다피 작년 한 해는 국내외적으로 충격과 변화가 큰 한해였습니다. 국내적으로 우리 사회의 양극화가 심화되어 신빈곤층이 양산되었습니다. 경제난을 겪으면서 중산층 가운데 상대적 빈곤감으로 말미암아 하층으로 전락했다고 생각하는 사람들이 점점 많아지고, 생활의 질은 말할 수 없이 떨어졌습니다.

사회는 좌와 우·보수와 진보라는 이념적 대립이 심화되고, 세대 간 소통의 단절, 지역·계층 간의 대립과 남남갈등의 골이 중층적으로 확대되어 통합보다는 분열이 심화되어 가고 있습니다. 게다가 당리당략에 입각해 정권 연장과 정권 획득만을 목표로 한 정치권은 국민에게 불안과 좌절·실망만을 안겨주고 있습니다. 국제정세는 더욱 엄혹하여 6자 회담의 소득 없는 폐막으로 북핵문제는 해결점을 보이지 못하고 한반도의 위기는 더욱 증폭되고 있습니다.

새해에는 어렵고 위중한 우리의 현실상황을 극복할 수 있는 타개책이 마련되었으면 합니다. 또한 분열된 국론과 민심을 하나로 모아 나라의 국운이 더욱 도약할 수 있는 전기가 되기를 간곡히 기원해 봅니다. 그러기 위해서는 여기에 모이신 분들은 물론 우리 사회 각 분야의 지도자들이 화해와 상생을 위해 지혜를 모아야 합니다. 그러한 차원에서 본인이 평소 생각하고 있는 바를 말씀드리고자 합니다.

개혁적 보수와 합리적 진보의 소통을 통해
상생의 정치를 이끌어야

먼저 현 정부에 대해 말씀드리면 참여정부는 출범 초기에는 다수 국민의 의견을 존중해 국정을 운영하겠다고 했습니다.

그러나 지난 4년 동안 이 정부는 국민의 여론을 존중하기보다는 자기의 정치적 신념대로 일방적으로 개혁을 추진해 왔습니다. 그러자 다수의 국민들이 한 때는 밀물처럼 이 정권을 지지했지만 얼마 지나지 않아 썰물처럼 지지 여론이 빠져 나갔습니다.

이런 결과는 국민들의 의견을 겸허하게 수렴하려는 진지한 노력은 하지 않고 개혁만능주의에 빠져 일방적으로 국정을 운영한 데도 그 원인이 있습니다. 또한 남북관계 개선은 공고한 한·미 동맹의 바탕 위에서 추진해야 함에도 한·미 동맹은 소홀히 하면서 대북문제는 '자주적으로 우리 민족끼리' 대화를 통해 풀어가야 한다고 한 정책도 원인이라 할 수 있습니다.

그리고 이 정부는 성장보다는 분배를 우선시 했지만 결과적으로 성장과 분배 모두 만족할 만한 성과를 만들지 못했으며, 풍부한 경험과 전문적 안목을 가진 이를 고루 포용하여 등용해야 하는데, 자신의 신념과 정치적 이념에만 치우쳐 편협적인 인사에 치우치는 실수도 하고 있습니다. 뿐만 아니라 시장경제와 법치주의에 기초한 국정운영을 원활하게 하지 못해 사회적 갈등이 더욱 더 심화되는 부작용도 있어 이러한 점들을 대단히 아쉽게 생각합니다. 이제 남은 1년이라도 더 실패하지 않도록 정책의 일관성을 가지고 국민의 의견을 잘 수렴하여 국민을 편안하게 해야 합니다. 야당 또한 국리민복을 위한 정책과 국가의 선진화를 위한 방안을 확고히 제시해야 합니다. 정부정책에 대해 반대의사를 표명하면서도 현실적인 대안을 제시하지 못하고, 여당의 실정에 의한 반사이익에 안주하여 정권 획득에만 급급한 모습을 보이고 있으니 참으로 안타깝습니다.

아울러 정치지도자들께 한 말씀 드리면 당리당략을 떠나 자유민주주의와 시장경제, 법치주의, 인권의 보편적 가치에 바탕을 두고 정치·경제·사회·문화·교육 등 각 방면이 고루 발전할 수 있도록 정치적 역량을 발휘해야 합니다.

아무리 자기주장이 옳다 하더라도 상대의 이야기를 경청하고 존중하며 대화를 통해 민주적으로 풀어나가야 합니다. 이제는 극좌·극우의 극단적 이념 대립에서 벗어나 산업화 주역과 민주화 주역들이 서로 힘을 모아 개혁적 보수와 합리적 진보의 소통을 통해 상생의 정치를 이끌어 내야 합니다. 특히 정치지도자들은 절제된 언어와 신중한 행동, 일치된 언행으로 국민들의 모범이 되고 이를 바탕으로 국민들의 신뢰를 얻어야 합니다. 국민들은 정부 정책도 중요하게 생각하지만 정치지도자들의 언어 표현과 처신, 행동에 따라 신뢰와 불신을 크게 갖습니다.

기업도 살고 근로자도 살 수 있는 기업문화가 정착되어야 한다

경제문제에 대해 말씀드리면, 우리 사회의 빈부격차가 점점 더 커져 양극화가 갈수록 심화되고 있습니다. 심각할 정도입니다. 과거에는 분배 정의에 역점을 두어 왔습니다. 그러나 지금은 성장을 통한 분배에 더욱 신경을 써야 합니다. 성장의 활력을 만들기 위해서는 제도 규제 개혁을 통해 불필요한 행정 규제를 없애야 합니다. 규제가 너무 심해 기업인들이 몸을 사리고 투자를 잘 하지 않는 형국입니다. 기업도 성장 하고 동시에 사회보장 정책을 통해 사회안전망을 구축해 가는 그야말 로 함께 잘 살아가는 방법을 고민하고 그 길을 찾아야 합니다. 정부는 기업이 마음 놓고 일할 수 있도록 제도적인 지원을 더욱 강화하고 기업 이 안심하고 투자할 수 있는 환경을 마련해 주어야 합니다.

현재 전국이 개발홍수 속에 투기장화되어 가고 있는데 정부의 국 책사업이 국력에 맞는 예산 수준을 고려하지 않은 채 표를 의식한 선심 성 행정으로 이루어지고 있는 것은 반드시 재고되어야 합니다.

기업도 경영 투명성을 확보해야 합니다. 자본을 투자하여 과실이 생기면 일정 부분 사회에 환원해야 합니다. 사회 공익재산을 관리하고 있다는 생각으로 부(富)를 분배하고 근로자의 처우 개선, 실업자 구제에 적극 나서야 합니다.

자유주의 시장경제 속에서 소유의 편차가 없을 수는 없습니다. 하 지만 기업가들의 경영 능력과 근로자들의 노동과 헌신 속에서 이루어 진 재화인 만큼 이를 일정 부분 분배하고 환원하려는 노력 또한 기업인 들의 중요한 사회적 책무입니다. 노동조합 특히 대기업 노조는 해고 위 협과 저임금에 시달리는 비정규직 노동자들의 근로조건 개선과 임금 나눔을 도와야 합니다.

노사문제도 패러다임의 전환이 필요합니다. 각자 입장을 내세워

눈앞의 이익만을 탐하기보다는 좀 더 긴 안목으로 "네가 있으므로 내가 존재하고 네가 살아야 내가 산다"는 연기법에 입각한 상생경영을 할 때 기업도 살고 근로자도 살 수 있습니다.

그러나 우리나라의 노사관계는 아직도 이해관계가 너무 첨예하며 극단적입니다. 양보와 타협, 관용이 없습니다. 기업가들은 진정한 기업의 사회적 가치를 인식하여 사회적 분배와 윤리적 책임을 지녀야 합니다. 또한 근로자는 기업의 존속과 발전을 통해 자신의 삶을 유지하고 발전시킬 수 있음을 인식하여 극한투쟁보다는 타협과 대화의 가치가 더 소중함을 알아야 합니다.

대화와 교류를 활발히 하되, 감상적 통일지상주의는 지양해야 한다

대북문제에 대해 말씀드리면, 한반도는 북한의 대포동미사일 발사에 이은 북핵 실험으로 인해 핵전쟁의 위협과 불안한 안보상황에 직면해 있습니다. 이 결과 2000년 6·15선언 이후 점증하던 남북교류는 침체되고 남북 간의 화해 무드는 냉각되었습니다. 13개월 만에 열린 6자회담 또한 아무런 성과 없이 차기 회담일정조차 잡지 못한 채 폐막되었습니다.

국민들은 과연 북핵문제가 대화 협상에 의해 평화적으로 해결될 수 있을지 큰 의구심을 갖고 있습니다. 북한이 미국의 적대정책과 금융제재를 풀어달라고 주장하면서 팽팽히 맞서고 있지만 설사 미국을 비롯한 국제사회가 몇 가지 조치를 이행한다 해도 북한이 과연 핵무기개발계획을 포기할까 하는 점입니다.

만약 북한이 핵무기 소형화작업에 진력하여 핵무기의 미사일탑재 완성까지 이르면 협상의 여지는 없고 한반도는 전면전쟁의 위험에 직면하고 맙니다. 정부는 이러한 현실을 냉엄하게 직시하여 대북정책을 수정해야 합니다.

저는 과거에 북한에 대한 인도적 지원에 매우 적극적이었습니다. 그러던 것이 2005년 2월 북한이 핵 보유 선언을 한 후에는 무조건적인 대북지원 활동에 대해 회의하기 시작했고, 북한 미사일 발사 후부터는 햇볕·포용정책을 대폭 수정해야 한다는 생각이 들었습니다. 현 정권뿐만 아니라 지난 정권들도 북한의 핵개발을 막아야 하고 국제사회와의 공조를 통해 한반도 비핵화를 유지해야 한다고 주장해 왔습니다.

또한 북한 정권도 한반도 비핵화를 유지하겠다고 했지만 북한은 끝내 미사일을 발사했고 핵실험을 했습니다. 그런데 현 정부는 이를 '방어용'이라며 적극적이고 단호한 대처를 하지 않았고, 북핵을 폐기하려는 확고한 의지도 보이지 않고 있습니다. 이것은 안보의 입장에서 보면 대단히 불안한 판단입니다. UN결의를 토대로 국제사회와 공조하여 한·미·일 동맹관계를 돈독히 유지하면서, 한편으로 대화하고 다른 한편으로 대북제제를 하면서 북핵을 폐기시키기 위해 최선을 다해야 합니다.

대북 교류와 인도적인 지원에 대해 말씀드리면, 수해와 태풍·가뭄 등 자연재해로 인해 대량 아사 사태가 났을 때의 긴급한 인도적 지원은 계속되어야 합니다. 이러한 인도적 지원 사업을 제외한 대량 식량 지원이나 비료 지원 등은 향후 6자 회담 진행상황을 봐가면서 북한의 핵폐기 의지가 분명해서 핵 사찰을 받겠다고 할 때 재개해야 합니다.

통일문제에 있어서도 감상적 통일지상주의로 급속하게 통일을 추진하는 것을 지양해야 합니다. 먼저 문화와 언어의 이질성을 극복하여 문화의 동질성을 회복하는 노력을 지속하는 가운데 대화와 교류를 통해 북한과의 평화적 관계가 유지되도록 노력해야 합니다.

이념적으로 변화하지 않고 폐쇄적인 상태에 있는 북한을 껴안고만 갈 것이 아니라 통일 여건의 인연이 성숙될 수 있도록 내적으로는 이념 대립의 남남갈등 해소를 지속적으로 해 나가되, 건국이념과 자유민주주의, 시장경제, 법치주의의 헌법정신의 근간 속에서 경제성장과 국민화합을 역점에 두고 통일문제는 점진적으로 무리 없이 해 나가야 할 것입니다. 그리하여 문화대국, 경제강국의 기틀을 확고히 하여 참으로 명실상부한 동북아의 중심적인 선진국으로 거듭나야 합니다. 앞으로는 통일정책이 여론의 수렴과정과 국민적 합의 없이 특정 정치지도자의 개인적·정치적 이해관계에 악용되어서는 안 됩니다.

시민운동단체는 정부와
건강한 긴장관계를 유지하고
합리적으로 운영하길…

시민운동의 역할에 대해서 말씀드리면, 과거의 시민운동은 반독재나 통일 등 이념에 바탕을 둔 사회운동이었습니다. 하지만 민주화 이후에는 대안을 제시하면서 평화적이고 합법적인 방식으로 정치·경제·사회·문화 등 각 방면에서 개선을 추구하는 방향으로 시민운동이 전개됐습니다.

현재 우리 사회에서 큰 영향력을 미치고 있는 참여연대나 경실련, 환경운동연합 등의 시민단체는 정부와 건강한 긴장관계를 유지해야 합니다. 즉 시민단체는 정부에 대안을 제시하고 그것을 정책으로 입안해 집행하는 것은 정부나 관계기관에 맡겨야 합니다.

정부가 개혁적이라고 해서 개혁을 표방하는 시민단체들이 정부정책을 비판할 부분이 있는데도 불구하고 정부와 건강한 긴장관계를 유지하려 하지 않는 것은 매우 잘못된 일입니다. 그런데 지난해 10월 중에 특정 시민단체 출신 인사 수백 명이 정부 산하 위원회 위원장이나 관직으로 진출했다는 언론보도를 봤습니다. 이러면 정말 안 됩니다. 그리고 시민운동은 철저히 합법적으로 행해져야 합니다. 시민단체들이 모임과 행사를 개최할 때는 회원 중심의 비정치인들이 참여한 가운데 해야 하고 특정 정파와는 거리를 두어야 할 것입니다.

화합과 중도,
평화와 상생의 기운이 넘쳐나기를…

끝으로 국제협력사업에 대해 말씀드리면, 우리나라도 UN에 대한 국가적 책무는 물론 정부 주도의 국제 지원사업과 민간 부분의 국제구호사업도 확대되어야 합니다.

나의 생명과 삶이 소중하듯이 지구촌 인류의 삶도 나의 삶과 똑같이 소중합니다. 우리가 과거에 선진국의 원조를 받고 가난의 그늘에서 벗어났듯이 우리 또한 경제적으로 열악한 처지에 있는 지구촌의 제3세계 빈곤국가 주민들의 고통 받는 삶에 대해 관심을 갖고 손을 내밀어야 합니다. 국제구호사업이 올해에도 활발히 전개되어 지구촌에 평화와 상생의 기운이 넘쳐나길 기원해 봅니다.

　　거듭 말씀드리지만, 한반도 안정과 평화체제 구축을 위한 민족적 역량을 모으고 우리나라가 문화대국·경제강국으로 성장하기 위해서는 시장경제와 자유민주주의를 바탕으로 각계 지도자와 국민들이 지혜와 의지를 모아야 합니다.

　　올해는 국가의 국운을 좌우할 최고정치지도자를 뽑는 대통령 선거가 있습니다. 대선을 앞두고 이념과 지역·계층 간의 대립과 갈등이 증폭되거나 국론과 민심이 분열·확산되어서는 안 됩니다.

　　국론 분열의 큰 골인 극좌·극우의 극단적 대립을 지양하고, 개혁적 보수와 합리적 진보의 접점이 우리 사회 이념의 중요한 가치로 자리 매김 되어야 합니다. 화합과 중도를 지향하는 노력이 국민 대다수의 지지를 받고, 정치지도력과 사회통합력으로 확대될 때 우리 사회가 다소 혼란과 진통 속에 있을지라도 우리에게 국민통합과 국가의 희망이 있다고 봅니다. 그러한 의미에서 오늘의 모임이 새해의 서광과 국민의 길잡이가 되기를 기원합니다.

　　감사합니다.

－ 2007년 1월 8일 '화해와 상생' 모임 격려사

노사문제도 패러다임의 전환이 필요합니다.
각자 입장을 내세워 눈앞의 이익만을
탐하기보다는 좀 더 긴 안목으로 "네가
있으므로 내가 존재하고 네가 살아야 내가
산다"는 연기법에 입각한 상생경영을 할 때
기업도 살고 근로자도 살 수 있습니다.

국민의 뜻을 겸허히 받들고
대화를 통해 해결점을
찾아야 한다

○
"불자여, 보살이 이 자비로 크게 보시하는 마음으로써 일체 중생을
구호하기 위하여 점점 다시 세간과 출세간의 여러 가지 이익케 하는
일을 구하되 고달픔이 없으므로 곧 고달픈 줄 모르는 마음을 성취하
느니라."

– 대방광불화엄경

●

　현재 우리 사회는 시국이 혼미하여 국민들이 대단히 불안하게 생
각하는 총체적 위기상황입니다. 이러한 엄중한 시대적 상황을 맞아 각
계의 사회원로와 지도자들이 모여 우리 사회의 대립과 갈등을 해소코
자 하는 간절한 염원을 모아 호소문을 발표하게 되었습니다.

　국민들은 새 정부 들어 다시 진행된 쇠고기 협상결과가 잘못되었
다는 여론이 많았고 이에 청소년들과 일반시민들이 나서서 건강권과
검역주권을 지키기 위해 촛불집회를 시작하였습니다. 이는 일차적으로
정부에 실책한 책임이 있다고 봅니다. 이에 이명박 대통령이 두 차례
국민들에게 사과했고 추가 협상하여 재협상에 준하는 결과를 도출해

내었습니다.

하지만 계속 시위가 장기화되고 과격한 형태로 진행되어 국민들의 생활에 불편이 오고 고유가·고물가 등으로 인한 경제의 어려움, 남북문제, 국제적인 문제 등 해결과제가 산적해 있습니다. 그동안 국민여론을 통해 정부의 여러 잘못된 점에 대해 지적하여 정부도 사과·반성하여 국정을 쇄신하고 있고 미국에도 경종을 울린 바 있습니다. 이제 우리 정치권은 국회가 정상화되도록 노력해야 하며 야당은 등원하여 국회에서 제반사항을 논의하고 해결점을 찾아야 합니다.

이제 더 이상 거리에서 불법과 과격한 대결상황이 되풀이 되어서는 안 됩니다. 서로 한걸음 물러나 자제하고 진정하여 대화를 통해 해결의 접점을 찾아야 합니다. 정부는 국민들의 기대와 여망을 받들어 소통하는 데 노력하고 앞으로도 국민의 뜻을 겸허히 받들어야 합니다.

첫째 방법으로는 먹거리 문제와 국민의 건강을 걱정하는 순수한 마음으로 촛불시위에 참여했던 주부대표들과 학생대표들을 청와대로 초청하여 대화의 모임을 갖는 것도 이 위기상황을 극복하는 소통의 한 방법이 될 수 있습니다. 국민들은 이제 경제의 어려움을 극복하고 경제성장과 국민통합, 문화선진사회를 만드는 데 서로 화합하고 각자의 분야에서 매진해야 합니다. 오늘 시국을 걱정하는 우리 사회의 원로와 각계 지도자들의 염원이 전 국민들에게 알려져 우리 사회의 위기를 극복하는 데 조금이라도 보탬이 되기를 간절히 기원합니다. 감사합니다.

- 2008 위기에 대한 시국 성명과 관련한 인사말

형제간의 사랑을 전하자는
일념으로 시작하다

○

겨자 씨를 허용할 만한 작은 땅일지라도
보살이 신명을 다하지 않는 곳이 없다.

- 법화경

●

국태민안(國泰民安) 조국통일(祖國統一)
세계평화(世界平和) 환경보전(環境保全)
불일증휘(佛日增輝) 법륜상전(法輪常轉)

나라는 태평하고 백성이 안락하며
우리조국 통일되고 세계평화 이뤄지며
자연환경 세간 국토 청정하게 보전되고
부처님 지혜의 해 더욱 훤히 빛나며
진리의 수레바퀴 항상 굴러 지이다.

불자들의 궁극적인 목표는 성불(成佛), 곧 부처님이 되는 것입니다.
그런데 성불은 나 혼자만의 이익과 안락과 행복을 성취하는 일이 아닙니다. 나의 성불이 곧 국토의 완성이며 중생의 완성이라는 사실을 알아야 합니다. 우리와 함께 더불어 사는 중생들이 행복하고 우리가 의지하고 사는 국토가 안락하고 평화로워야 비로소 나도 행복하고 평화롭습니다.

그런데 우리나라는 세계 유일의 분단국가입니다. 국가가 나뉘어져 있다는 현실은 그 자체만으로도 큰 아픔이요, 성불의 걸림돌이라 할 수 있습니다. 그래서 내가 조실로 있는 영화사 범종에 나라의 통일과 국토의 청정, 백성의 안락과 세계 평화의 큰 원력을 담아 위와 같은 명문을 새겨 넣었습니다. 불교에서는 조석예불은 물론이고 법회 때마다 지극 정성으로 국태민안, 조국통일, 세계평화를 염원하고 있습니다. 나는 거기에 환경보전 한 가지를 더 삽입했습니다. 오늘날 환경문제가 지구 전체의 문제이기 때문입니다.

누차 강조하는 말이지만, 이 우주는 인드라망으로 연결되어 있습니다. 우리 모두는 떨어져 있는 듯하지만 실상은 한 몸으로 연결되어 있는 상의상관적(相依相關的) 존재입니다. 어떠한 일들이 국지적이며 개별적으로 일어나는 것 같지만 실은 하나의 수레바퀴 속에서 작용하고 있습니다. 우리가 이 땅에 태어난 까닭도 중중무진의 인연이 얽히고설킨 결과입니다.

사명으로 다가온 '우리민족서로돕기운동'

법화경에 "겨자 씨를 허용할 만한 작은 땅일지라도 보살이 신명을 다하지 않는 곳이 없다"는 말씀이 있습니다. 보살은 어느 곳에서라도 목숨을 바쳐 중생을 구한다는 의미를 지닌 말씀입니다. 나는 늘 이 말씀을 되새기며 뼈저린 반성을 하곤 합니다. 지금 우리가 살고 있는 이 땅은 아득한 옛날부터 우리 조상들이 목숨을 바쳐서 지키고 피땀 흘려 가꾸어 왔습니다. 조상의 얼과 피와 땀이 서린 이 땅이 남북으로 분단된 지 벌써 반세기가 지나고도 십 수 년이 더 흘렀습니다. 그 아픔은 비단 이산가족의 아픔만이 아닙니다. 또한 북한 동포들의 참상은 무어라 표현하기 힘들 정도입니다.

평소 '우리 민족의 뿌리 깊은 고통을 어떻게 치유해야 할 것인가? 그리고 나는 지금 무엇을 해야 하는가?'라는 고민을 했습니다. 그래서 조계종 총무원장 소임을 맡고 바로 이듬해인 1995년부터 '북한 주민 돕기 범불교추진위원회'를 조직하여 총재직을 맡아 북한 주민을 돕기 시작했습니다. 그리고 뜻이 맞는 사람들과 인연이 되어 마침내 1996년 6월 21일 6대 종교단체를 비롯해서 시민단체, 문화단체, 노동단체, 의약단체 등까지 총망라한 33개 단체가 모여 '우리민족서로돕기운동본부'를 결성하였습니다. '우리민족서로돕기운동' 발기대회 호소문을 보면 그 당시 상황이 잘 드러나 있어 몇 부분 발췌하여 말씀드리겠습니다.

"북녘 땅, 우리의 동포들이 기아선상에 헤매며 전 세계를 향하여 도움을 호소하고 있습니다. 작년 북녘 땅 곳곳을 휩쓴 엄청난 수마로 인해 북녘 동포들은 생존 그 자체가 위협받고 있는 상황입니다.(중략)

대기근과 직면한 북한의 실정이 날로 악화되고 있는 상황을 감안한다면 우리 국민 모두가 참여하여 남한 동포들의 정성을 모아 전달할 범국민적 운동기구가 필요한 상황입니다. 이에 우리는 '우리민족서로돕기운동'을 발족시켜 북한동포를 돕는 일에 국민 한 사람 한 사람이 다 같이 참여하는 범국민적 캠페인을 펼치기로 하였습니다.(중략)

이 운동은 앞으로 단순히 북한 동포에게 식량을 지원하는 차원뿐만 아니라 남북한 주민 상호간에 누적되어 온 뿌리 깊은 이질성과 적대감을 해소하고 민족 동질성을 회복하는 계기로 작용하여 남북한 평화 공존과 나아가 통일 시대를 앞당기는 데 기여하게 될 것입니다."

처음 결성 당시만 해도 북한은 우리와 적대관계에 있었고 더구나 남한에도 절대 빈곤자가 많아서 비판적인 시각이 많았습니다. 하지만 1995년 북녘 땅 곳곳을 휩쓴 엄청난 수마로 인해 생존 자체가 위협당하고 있는 북한 동포들을 차마 그냥 두고 볼 수 없었습니다. 그래서 북한 정권을 돕자는 것이 아니라 인도적인 차원에서 동포애를 발휘하는 것이요, 종교인의 입장에서 고통 받는 동포를 돕는 것이요, 한반도의 전쟁 재발을 막는 평화운동이며 생명사랑운동이라고 설득했습니다.

또한 막연하게 도와달라는 차원이 아닌, 국민 한 사람 한 사람이 지속적으로 참여하는 범국민운동으로 발전할 수 있도록 월수입 0.3% 이상 회비로 기부하는 방법을 채택하고, 2만원의 성금이면 북한 주민 일곱 명 가족이 한 달을 살 수 있다고 알려주면서 북한 동포와 우리는 피를 나눈 형제임을 강조하며 기부를 독려했습니다.

비록 분단의 세월은 길었지만 '우리민족서로돕기운동'의 적극적인 활동으로 점차 이해와 관심의 폭을 넓혀나가게 됨으로써, 북한 주민들에게 지원을 해 주게 되었습니다. 1996년·1997년에는 적십자사를 통해서 보내다가 1998년부터는 독자적으로 구호물자를 보냈습니다. 처음에는 구호차원에서 북한에 옥수수·밀가루·쌀 등의 식량을 보냈고 차츰 중장기적인 차원에서 영농을 위한 농기구와 씨감자를 보내는 일 등 북한 농업협력사업을 추진했으며, 식량과 함께 비료·의약품·학용품·의료기구·젖염소·돋보기 등을 보내는 등 지속적으로 지원활동을 펼쳤습니다.

나는 1999년부터 '우리민족서로돕기운동본부' 산하의 '재외동포 결연사업위원회' 위원장을 맡아서 중국으로 탈출한 북한 탈북자들은 물론 한국인에게 사기 당한 중국의 조선족과 러시아의 고려족들을 도왔습니다. '우리민족서로돕기운동본부'에서 모금한 것 가운데 80% 정도는 북한에 보내고, 10~15% 정도 탈북자를 비롯해 중국의 조선족과 연해주의 고려족에게 보냈으며, 나머지 5% 정도는 국내에서 수해나 대형사고가 난 곳을 돕는 데 썼습니다.

'우리민족서로돕기운동본부'는 순수한 민간운동단체로서 가장 활발하게 북한 동포 돕기 운동을 전개했습니다만, 아직도 영양실조를 앓고 있는 주민이나 폐결핵 환자, 수인성 환자 등 도울 일이 많아서 앞으로도 더욱 꾸준히 활동해야 합니다. 2000년에 남북한 정상 간의 회담이 이루어지기 전까지는 북한지원사업과 남북한 교류·협력은 민간운동이 선도했다고 볼 수 있습니다. 이제 정부가 통일기반조성에 적극 나선 마당이니 앞으로는 정부와 민간이 서로 협력하면서 각자 능력과 조건에 맞게 북한주민 돕기 운동을 벌이면서 다 같이 평화통일기반을 조성하는 데 나서야 할 것입니다.

북한을 직접 방문해서
사랑하는 한 형제로 끌어안다

1996년 '우리민족서로돕기운동' 본부의 공동대표를 맡으면서 어떻게 해야 할 것인지 깊이 생각하고 생각했습니다. 사람은 만나서 서로 알아야 무슨 일이든 순조롭게 진행됩니다. 먼저 북한의 형제들을 만나 우리가 형제임을 서로 확인하고 형제의 사랑을 나누는 일에 나서야겠다는 생각이 들었습니다. 그러나 냉랭하게 얼어붙은 동토의 땅 북한에 들어가는 데는 특별한 결심이 필요했습니다. 경전 속의 마하남 왕의 일화가 내 결심에 큰 영향을 미쳤습니다.

사위국(코살라 국)의 유리왕이 석가족을 멸망시킬 때, 석가족의 마하남 왕이 유리왕에게 "연못에 들어가 나올 때까지만이라도 석가족을 도망치게 해 달라"고 부탁했습니다. 유리왕은 마하남 왕의 마지막 소원을 들어주었는데, 아무리 기다려도 마하남 왕의 시체가 떠오르지 않는 겁니다. 물속을 살펴보니, 마하남 왕이 연못 속에 들어가 물풀에 자신의 몸을 감고 죽어 있었습니다. 백성을 사랑하는 왕, 불교를 제대로 배운 이의 보살행이었습니다.

마하남 왕의 심정이라 하면 과한 표현이 될 수도 있겠지만, 나는 두 동강 난 분단 조국, 북한 동포들이 고통에서 조금이라도 벗어날 수 있도록 최선을 다해야겠다는 마음뿐이었습니다. 또한 부처님께 어떠한 고통과 고난이라도 각오하겠다고 다짐하면서 전법의 길을 떠난 부루나처럼 순교자적인 자세로 북한의 형제들에게 남쪽 형제들의 사랑을 전하기 위해 북한으로 향했습니다.

그 후에도 북한 동포들의 겨울나기를 위한 김·미역·내복 등의 대북 지원 물자를 가지고 여러 차례 북한을 방문했습니다. 또한 우리민족서로돕기운동본부가 주최하는 이동 급식 지원사업과 관련해서 북한의 탁아소와 유치원, 국수 공장, 젖염소 목장 등을 시찰하면서 구호 물품의 전달 및 분배 과정을 확인한 바 있습니다.

한편 북한측 민화협과 우리민족서로돕기운동의 금년도 지원 문제 합의서 작성을 위해 다녀오기도 했고, 2002년 6월에는 역시 우리민족서로돕기운동이 추진하고 있는 대북 농업기술 협력 지원사업의 일환으로 농기구 및 수리 기계, 지붕 개량 건축자재, 그리고 북한 어린이들을 위한 축구공 2002개를 전달하기 위해 다녀왔습니다.

국내 외신을 통해 잘 아시다시피 북한은 동구권 공산 정권의 붕괴로 국제적 무역 거래가 어려워졌습니다. 게다가 1994년부터 지속된 극심한 한파와 수해 등의 자연재해로 인해 모든 농산물 생산이 격감되어 식량 배급 체제의 가동이 어려워지면서 식량난과 에너지 부족 등의 경제난으로 북한은 매우 큰 어려움을 겪었습니다. 국내 언론과 외신을 통해 잘 알려져 있듯 극심한 식량난으로 인해 100~200만 명 정도의 북한 주민이 굶어죽었다고 합니다.

아사자(餓死者)는 차치하더라도 살아남은 북한 주민들은 굶주림으로 인한 영양 결핍과 의약품 부족 등으로 각종 병고에 시달리고 있습니다. 특히 북한 어린이들이 심각한 식량난의 가장 큰 피해를 당하고 있는데, 폐질환 등 각종 질병으로 생명을 위협받고 있는 어린이들이 매우 많습니다. 북한이 군사력의 측면에서는 강하다 하더라도 경제적으로는 상당한 어려움에 처해 있는 실정입니다.

직접 가보니 듣던 대로 평양 근교와 묘향산·금강산·정방산·백두산 주변 등의 일부를 제외하고는 북한의 70%가 민둥산이더군요. 연료가 부족해 산의 나무를 벌목해서 쓰다 보니 민둥산이 된 것입니다. 심지어 나무뿌리까지 뽑아서 땔감으로 이용하고 있는 실정이었습니다. 그러한 겉모습만 봐도 북한 주민이 극심한 가난 속에서 얼마나 힘겹게 생존하고 있는지 알 수 있었습니다.

이러한 상황에 대해 북한 당국자들에게 물으면 1994년부터 고난을 겪어 온 것을 시인하면서도 주민 실생활의 어려움과 아사자의 통계에 대한 구체적인 언급은 회피하는 분위기였습니다. 나는 북한을 방문할 때마다 형제를 끌어안는 마음으로, 사랑하는 형제애로 북한 관계자들을 대했습니다. 만남이 잦아지면서 그들도 마음을 열고 다가오는 것처럼 느껴졌습니다.

초등학교 교과서에 나오듯, 세찬 바람보다 따사로운 햇살이 겉옷을 벗게 합니다. 김대중·노무현 정권이 햇볕 정책을 통해 북한 주민을 인도적으로 따뜻이 보듬어 안은 덕분에 남북한의 관계가 그 당시 조금 좋아졌던 것은 사실입니다. 그러나 북한의 미사일 발사와 정부의 소극적인 대응을 보면서 대북정책에 대한 문제점을 인식하게 되었습니다.

그리하여 "김일성에게 김구 선생이 속았고, 김대중 대통령은 김정일에게 속았습니다. 인도적인 지원은 계속해야 하지만 이 도움이 군사적 목적으로 쓰이는 것은 아닌지 국제기구를 통한 감시가 필요합니다. 대북정책의 일대 전환이 요구됩니다"라고 하면서 대북정책의 전환을 촉구했습니다.

이러한 내 발언이 논란이 되어 우리민족서로돕기 관계자들과 갈등이 불거지고, 그해 10월 임기가 만료되면서 창립 때부터 10년간 공동대표와 이사장을 지냈던 그 단체를 떠났습니다. 지금도 내 생각에는 변함이 없습니다. 형제애로 감싸안으면서 동포의 어려움을 돕는 일은 당연한 책무지만, 그것은 미래의 평화통일을 위한 것이지 잘못된 체제를 지탱하고 군사적 도발을 돕기 위한 방법은 아니라는 것입니다.

북한 동포 돕기 민간 운동의 구심점은 인도주의의 동포애

지금 이 순간에도 남한과 북한은 서로 체제가 다른 대치 상황입니다. 우리 정부는 국민의 재산과 생명 보호를 위해 안보 태세를 갖추면서 한편으로는 화해와 교류 협력을 지속해야 합니다.

주지하다시피 '1972년 7·4공동성명'과 '1992년 남북기본합의서', '2000년 6·15공동선언'의 기본 정신은 상호 이념과 체제를 인정하면서 상호 불가침과 긴장 완화와 화해 교류를 통해 한반도에 평화를 정착하고 장차 자주적 평화통일 기반을 조성하는 데 있습니다.

일부에서는 '6·15 정상회담 선언' 이후에 약속한 바대로 북한 정권이 성의와 변화를 보이지 않는데도 불구하고 우리가 일방적으로 퍼 준다는 비난도 있습니다. 남한의 개방적 입장과 지원 노력에 비하여 북한의 성의 있는 태도와 변화가 부족한 것은 사실입니다.

남북 간의 관계는 명백히 대칭적이 아닌 비대칭적 관계입니다. 통계에 의하면, 남한의 경제력이 북한에 비하여 40배에 달한다고 합니다.

지금 북한을 돕는 일들은 현재 한반도에 팽배한 전쟁에 대한 공포를 없애는 평화 유지의 비용이 될 수 있습니다. 남북 간의 소모적 대립을 중단하고, 포용적 상호주의에 바탕을 둔 인도주의적 동포애로써 정부와 민간 차원의 지원을 확대하고 북한이 앞으로 경제적 자립 기반을 구축할 때까지 지원에 인색하지 않아야 합니다. 또한 북한은 남북한 긴장 완화를 위한 진지한 노력을 보여 주어야 합니다. 서해 교전 사태와 미사일 발사 같은 일이 다시는 되풀이되지 않도록 약속해야 합니다.

우리 정부 당국도 미국의 대북 강경 정책을 완화시키는 등 한반도 주변 강대국과의 관계를 조율하는 외교적 노력을 기울이면서 북한 정권의 성의 있는 태도 변화를 촉구하는 정책을 통해 남한 내의 북한 퍼주기 논쟁을 해소해야 합니다.

현재 아사자는 현저히 줄어들었다고 합니다만, 아직도 북한은 만성적인 식량난과 경제난에 시달리고 있습니다. 이러한 식량난의 장기화는 북한 주민들을 질병에 허덕이게 하는 요인이 되고 있으며, 특히 영양 취약 계층인 임신·출산부·영유아 등이 큰 고통을 받고 있습니다. 북한이 최소한의 식량을 자급자족할 수 있기 위해서는 북한의 자구 노력과 아울러 국제사회의 적절하고도 효율적인 뒷받침이 필요합니다. 그동안 우리민족서로돕기운동의 지원 활동은 초기의 긴급 구호 차원의 지원에서부터 농업 생산량을 제고시킬 수 있는 개발 프로그램을 통한 지원 사업으로까지 확대하여 시행하고 있습니다. 구호 대상자도 구체화시키고, 보건 의료 등의 지원사업도 확대되고 있습니다. 그리고 민간 차원의 교류 협력 주체도 각 직능단체, 학술단체, 지방자치단체로 확대되고 있습니다. 그러나 무엇보다 국가적인 지원과 국민적인 관심 및 호응이 절실합니다.

　방북 대표단에 동행했던 사람들은 북한의 헐벗은 산과 북한 동포들의 궁핍과 고통을 직접 보고 느끼면서 체제와 이념을 떠나 인도주의적 측면에서 자비와 사랑으로 북한 주민을 도와야 한다는 데 생각을 같이 했습니다.

　남북은 각자의 정치체제와 이념에 길들여져 그 이념과 체제를 굳건히 지키려 하는데다 한반도 주변 강대국과의 복잡한 국제적 역학 관계 등으로 인해 빠른 시일 내에 통일이 이루어지기는 어렵다고 봅니다. 그러므로 통일은 거시적 안목과 포용적 정신으로 먼저 북한의 경제 회생을 돕고 민족적 동질감을 회복하면서 차근차근 진행되어야 한다고 생각합니다.

　북한을 돕는 일은 단순한 인도적 측면뿐만 아니라 같은 피를 나눈 동포로서의 당연한 소명입니다. 북한 동포 돕기 운동은 기아와 질병, 추위에 고통 받으며 죽어 가는 생명을 살리는 생명 운동이며 평화 정착을 위한 평화 운동이며 앞으로의 통일을 위한 통일 운동입니다. 그러므로 우리가 해 온 북한 동포 돕기 활동은 과거에도 잘한 일이며 앞으로도 계속해서 해야 할 일입니다. 우리의 이러한 노력들이 발판이 되어 남북 문제나 통일 문제에 대한 국민적 합의가 도출되고 반세기 동안 지속되어 온 적대적 증오와 원한이 화해 평화로 바뀌고 이 땅에 평화 통일과 민족 번영의 그날이 있을 것을 확신합니다.

평화통일과 불자의 사명

○

부처가 있을 때는 부처의 큰 가르침에 힘입어 서로 다툼이 없었는데 세월이 지나면서 여러 가지 이론(異論)들이 나와서 서로 다투게 됐다. 자기만 옳다고 하면서 자기의 견해에 집착하기 때문에 다투는데, 알고 보면 다툴 이유가 없다. 얼음과 물의 원천이 같은 것처럼 차별이 없으니 다툴 이유가 없는 것이다. 일부 경론만을 알고, 좁은 소견으로 많은 불교 경전을 배운다 해도 스스로 옳다 하고 잘났다고 하는 것들이 화쟁의 대상이 된다.

- 원효 대사, 십문화쟁론(十門和諍論)

●

불교계의 작지만 의미 있는 일을 확장하면 통일을 앞당길 수 있다

세계 유일의 분단국가인 우리나라가 발전하기 위해서는 북한과 먼저 문화 교류를 통해 화해 분위기를 조성하고 신뢰를 회복해야 한다고 생각합니다. 그래야 사회의 통합이 가능하고 민족의 평화적인 통일 기반을 조성할 수 있기 때문입니다. 특히 문화의 주춧돌인 종교 교류가 그 어느 것보다 중요하다고 봅니다.

그래서 20여 년 전부터 불교계 교류와 인도적 지원을 위해 북한에 10여 차례 다녀왔습니다. 특히 북한의 사찰을 관람한 것이 매우 인상적이었습니다. 김일성 주석이 생존할 때 복원된 광법사와 북한에서 제일 큰 절인 묘향산의 보현사, 그리고 보현사 내에 위치한 서산, 사명, 처영 스님 등 임진왜란 때 나라를 구한 세 고승의 영정을 봉안한 수충사, 정방산 성불사, 평양 시내의 광법사, 용화사 등을 참배하였습니다.

보현사에는 대웅전·만세루·13층탑 등의 사찰 전각 10여 동 이상이 그 옛날의 모습 그대로 잘 복원되어 있었습니다. 김일성 주석의 지시로 지어진 보현사 내의 팔만대장경 보존고에는 해인사의 팔만대장경 인경본과 불상 등 수십 점의 불교유물이 전시되어 있었습니다. 또한 평양 시내 조선중앙역사박물관은 비록 건물 규모가 작고 낡았어도 고대부터 근대까지의 수 만 점의 문화재가 보존·전시되어 있었습니다.

평양 근교에 단군 왕릉이 거대하게 재건되어 있는 모습도 감동적으로 다가왔습니다. 그리고 동명성왕릉도 아주 웅장하게 복원되어 있었고, 그 앞의 정릉사도 크게 복원해 놓았습니다. 평양의 대동문, 연광정, 보통문, 모란봉의 을밀대, 청류정, 부벽루, 최승봉 등 역사적으로 오래 된 건축 조형물과 성곽 등도 잘 보전되어 있었습니다. 민족문화유산을 보호·보전하고 전통문화를 수호하려는 북한 당국의 노력과 정성의 일면을 볼 수 있어 무척 다행스럽다는 생각이 들었습니다.

1995년 2월 조선불교도연맹 박태호 위원장과 중국의 베이징에서 만나 남북불교대표자 회담을 개최했습니다. 여러 차례 접촉한 끝에 1997년 부처님오신날 봉축법요식에서는 남북불교도 공동발원문을 조선불교도연맹 박태호 위원장과 조계종 총무원장 송월주 공동명의로 발표하기도 했습니다. 분단 이후 처음 있는 일이었습니다. 그 후에도 부처님오신날이면 서울 조계사를 비롯한 전국 사찰에서 열리는 봉축법요식에서 남북불교도 공동발원문이 낭독됩니다. 이 또한 통일을 위한 불교계의 작지만 의미 있는 노력이요, 이러한 일을 확장시킬 때 통일을 앞당길 수 있으리라 생각합니다.

부처님의 중도 사상과
원효 스님의 화쟁 사상에서 통일의 길을 찾다

남북한은 서로의 체제를 고수하면서 반세기가 훨씬 넘게 적대 관계를 유지해 왔습니다. 이러한 과거가 있기 때문에 화해와 평화 정책이 쉽게 이루어지리라 보지는 않습니다. 하지만 인내심을 가지고 계속 대화하고, 교류하고, 협력하면서 통일에 저해되는 장애물을 하나하나 걷어내야 할 것입니다.

남북 상호 당국자 회담과 군사 협력 위원회를 통하여 긴장을 완화하고 전쟁 재발을 막는 평화 정착을 위한 노력을 계속해야 합니다. 또한 이산가족들의 재회를 포함한 문화·사회·체육 교류를 활발하게 추진하여 민족의 동질성과 일체감을 이루도록 노력해야 합니다.

이에 우리는 불교인으로서 부처님의 중도 사상과 원효 스님의 화쟁 사상에서 우리 민족이 서로 상생하면서 경제적·문화적으로 번영 발전할 수 있는 통일의 길을 찾아야 합니다.

중도 사상은 극단적인 대결을 초월해서 합의 가능한 부분을 도출하는 길입니다. 그리고 화쟁론은 상호간의 서로 다른 이론의 긍정적인 면을 도출시켜 공통점과 합의를 이루는 방법입니다. 화쟁론이 과거 삼국 통일 이후 문화와 상호 통합을 이루는 정신적인 기초가 되었듯이 오늘의 남북 갈등 문제 해결에도 충분히 적용할 수 있습니다.

우리 민족의 통일은 무력 통일은 절대 안 됩니다. 북한의 의지에 의한 적화 통일은 물론이고 남한의 의지에 의한 흡수 통일도 할 수 없는 상황입니다. 일방적인 통일 노력은 적대감만 격화시켜 통일과는 삼만 팔 천리 멀어지게 했음을 지난 역사가 자명하게 보여 주고 있습니다.

또한 민족 화합의 원칙으로서 부처님의 자비 사상을 제시하는 바입니다. 우리는 지난 1970년 분단된 동서독의 정상회담을 시작한 후 1990년 통일 독일이 될 때까지 동독을 도와주고 통일을 일궈 내는 일에 서독의 종교인들과 민간인들이 앞장서서 주도적인 역할을 한 노력을 간과해서는 안 됩니다.

한반도의 현실을 보면 지난 20여 년 전 북한에서는 극심한 수해·한해로 북한 주민들이 심각한 식량난을 겪어 왔습니다. 지금까지 북한 주민 200만 명 이상이 굶어 죽었고, 지금도 북한 주민 중 3분의 1 정도가 식량난을 겪고 있고, 영양 결핍으로 많은 사람들이 병마에 시달리는 고통스런 삶을 살아가고 있다고 합니다. 특히 외신 보도를 통해 북한 어린이들이 굶어 죽고 병들어 죽는다는 소식을 접할 때 같은 동족으로서 매우 가슴 아팠습니다.

우리 정부와 대한적십자사에서는 고통 받는 북한 주민들을 위해 동포애와 인도적인 면에서 노력했지만 서독이 동독에 했던 지원에 비하면 남한이 북한에 준 도움은 지극히 미약합니다. 이럴 때 불교계에서 동족의 아픔을 치유하는 데 적극 앞장서야 한다고 봅니다.

필자는 조계종 총무원장 재직 당시 1995년부터 '북한주민돕기 범
불교추진위원회(총재)'를 조직하여 북한 주민을 도왔고, 1995년 초에는
시민·사회·종교단체와 함께 '우리민족 서로 돕기 운동본부(상임공동대
표)'를 조직하여 북한주민들을 돕는 일을 함께 해 오고 있습니다. 지금
까지 우리민족서로돕기운동본부에서는 3,000억 원 상당의 물품을 부
담(메친펀드: 단체 회원들과 정부가 각각 50%씩 부담하는 것)하여 북한 주민들에
게 식량, 비료, 의약품, 의류, 농기구 등을 보내 주고 있으나 아직도 가
난과 기아, 병마에 고통 받는 북한 주민들을 구제하기에는 턱없이 부족
합니다. 결과는 이처럼 부족하고 부끄럽지만 필자가 이와 같이 북한 동
포 돕기에 동참하게 된 동기는 "일체중생을 적자(嫡子)와 같이 사랑해야
한다"는 부처님의 말씀을 실천하는 생활이야말로 이 시대의 보살행이
요, 동포애를 구현하는 길이라는 확신 때문이었습니다.

1970년 서독 브란트 수상이 동독을 방문하여 동·서독 정상회담을
시작한 후 1990년 독일이 통일될 때까지 서독 정부와 민간인들이 동독
정부와 주민들에게 경제적으로 많은 도움을 주었고 그 과정에서 600만
명 이상의 인적 교류가 있었다는 점과 동독을 도와주고 통일을 일궈 내
는 일에 서독의 종교인들과 민간인들이 앞장서서 주도적인 역할을 한
노력을 절대 간과해서는 안 됩니다.

앞으로 6·15 남북 공동선언 후속 작업으로 남북한의 인적·물적 교
류가 활발해지리라 여겨집니다. 통일로 가는 길에 불자 한 분 한 분이
부처님 법을 따르는 제자로서 동체대비심으로 보살행을 실천할 것을
간곡히 당부합니다.

1998년 6월 23일 서울 프레스센터.
민간이 주도하는 최대 규모의 실업대책기구인
'실업극복국민운동(현 함께 일하는 재단'의 모체)' 출범식.
공동위원장인 강원용 목사, 김수환 추기경과 함께한 필자.

실업기간이 지속될수록 여러 가지 갈등을 불러일으키게 되고, 개개인의 불안과 불행감·절망감이 심해지면 심해질수록 사회를 붕괴시키는 기폭제가 되기도 합니다. 따라서 여러 가지 시급한 문제도 많겠지만, 무엇보다 일자리 문제가 국정 운영의 중심 과제로 떠올라야 한다고 생각합니다. 국가 성장 잠재력 확충을 위한 최고의 정책수단이 바로 행복한 일자리 창출이라는 것을 인식했으면 합니다. 또한 일자리는 효과적인 부의 재분배 수단이자 우리 사회를 안정적으로 발전시키는 동력이기도 합니다.

일자리 나눔으로
희망을 꽃피우자

○

"음식을 베푸는 사람은 남에게 힘을 주는 사람이며, 의복을 베푸는
사람은 남에게 아름다움을 주는 사람이며, 탈것을 베푸는 사람은 남
에게 편안함을 주는 사람이며, 등불을 베푸는 사람은 남에게 밝은 눈
을 주는 사람이다. 부처님의 가르침을 베푸는 사람은 남에게 윤회의
해탈을 주는 사람이다."

― 상윳따 니까야

●

실업극복국민운동,
새로운 형태의 민간운동

요즘 매스컴은 물론이고 사람들을 만날 때마다 "경기가 안 좋다,
IMF 때보다 더 힘들다"는 얘기를 자주 듣습니다. 당연한 일입니다. 선
진국 대열에 진입할수록 저성장사회가 되고, 성장이 둔화되다 보니 일
자리가 부족해지기 마련입니다. 특히 청년 일자리 부족 문제는 전 세계
적인 골칫거리 화두이기도 합니다. 실업으로 인한 개개인의 피폐된 삶
과 국가적인 어려움은 이미 위험 수위를 넘어섰다고 할 수 있습니다.

일자리야말로 개개인의 삶에서 더 나아가 그 사회를 평화롭게 지속 가능한 사회로 만드는 최소한의 안전망이라고 할 수 있습니다.

실업기간이 지속될수록 여러 가지 갈등을 불러일으키게 되고, 개개인의 불안과 불행감·절망감이 심해지면 심해질수록 사회를 붕괴시키는 기폭제가 되기도 합니다. 따라서 여러 가지 시급한 문제도 많겠지만, 무엇보다 일자리 문제가 국정 운영의 중심 과제로 떠올라야 한다고 생각합니다. 국가 성장 잠재력 확충을 위한 최고의 정책수단이 바로 행복한 일자리 창출이라는 점을 인식했으면 합니다. 또한 일자리는 효과적인 부의 재분배 수단이자 우리 사회를 안정적으로 발전시키는 동력이기도 합니다.

나 역시 현재 '함께일하는재단' 이사장으로서 일자리 문제에 대해 아주 오래 전부터 심각하게 고민해 왔습니다. 돌이켜 생각해 보면 '함께일하는재단'은 정말 소박한 국민운동에서 태동했습니다. 1998년 한국전쟁 이후 최대의 국난이라 일컬어지는 IMF 외환위기에 대해서는 잘 아실 것입니다.

외환위기와 실업대란은 국민적 결집을 불러 일으켰고, 위기 극복을 위한 몇몇 사람의 작은 생각이 사회적인 큰 운동으로 진화하게 된 계기가 바로 '함께일하는재단'의 모체인 실업극복국민운동입니다. 1998년 6월부터 시작된 실업극복국민운동은 우리 한국인의 심성 속에 자리한 어려운 사람들을 도우려는 구휼(救恤) 정신과 "뭉치면 살고 흩어지면 죽는다"는 대동단결·화합의 정신을 이끌어내 모두가 힘을 합쳐 위기를 헤쳐 나가보자는 생각에서 비롯된 것입니다.

세계사 그 어디에서도 유례를 찾아볼 수 없는 애국심이 발동되어

장롱 속 깊이 묻어둔 아이들 백일 반지, 돌 반지 등을 다 들고 나와서 금 모으기운동을 벌였고, 실업 성금의 행렬이 이어져 전 세계의 대중매체 들이 앞 다투어 헤드라인 뉴스로 내보내기도 했습니다. 범국민적인 금 모으기운동은 대성공을 거두었고, 그것이 계속 진화해서 마침내 함께 일하는재단의 뿌리가 된 실업극복국민운동이 시작된 것입니다. 이 운 동은 종교계, 시민단체, 언론기관, 재계 등 다양한 사회 조직이 힘을 합 쳐 만들어낸 새로운 형태의 민간운동이었습니다.

금모으기운동으로 이루어진 범국민적인 성금과 대량 실업 사태에 서 겨우 살아남은 일부 근로자들이 부조의 개념으로 정성껏 모금한 성 금이 쌓이고, 대기업과 공공기관에서 쾌척한 성금이 쌓여 짧은 기간 내 에 1천억 원이 넘는 성금이 모였습니다.

노동부의 제안에 따라 근로복지공단의 '근로복지진흥기금'에 넣 어 운영하되, 민간에서 선정된 위원들의 합의에 따라 분배하기로 했 습니다. 이때 나는 개신교의 강원룡 목사와 가톨릭의 김수환 추기경 과 함께 공동대표 3인 중의 한 명으로 활동하게 되었습니다. 또한 문 화방송 김성희 전무, 한겨레신문사 성한표 부사장, 경실련 유종성 사 무총장, 한국여성단체연합 지은희 대표 등 4인 공동운영위원장이 대 표하는 '실업극복국민운동'이 사업을 주관하여 기금을 집행하기로 했 던 것입니다.

'실업극복국민재단 함께 일하는 사회' 출범, 일자리를 통한 나눔을 실현하다

　실업극복국민운동은 1998년 6월부터 모금을 시작한 이래 약 5년 동안 1,293억 1,400만원의 성금을 모금했고, 성금 기탁자는 개인과 단체를 합해 147만 9,000여 명에 이를 정도로 정말 대단한 성과를 이루었습니다. 수많은 사람들의 값진 정성으로 이루어진 성금을 집행해야 했기에 우리는 그 당시 가장 필요한 곳에 지원하기 위해 고심했습니다. 모두 아홉 차례에 걸친 제안 사업과 다섯 차례에 걸친 기획 사업을 통해 생계비 지원, 겨울나기 지원 사업, 상담 사업, 취업 알선 사업, 희망의 카드 사업, 사회적 일자리 창출 사업 등 다양하면서도 종합적인 구제 사업을 전개했습니다.

　당장 실업으로 생계가 어려운 이들을 위해 생활 안정 사업에 전체 성금의 73%를 사용했고, 일시적인 구호 사업을 넘어 저학력·중고령 장기실직자 등 취약계층을 대상으로 하는 일자리 창출 사업을 기획·추진했습니다. 이때 전국 각 지역에서 자발적으로 설립된 실업극복운동 시민단체들을 독려하여 사업에 참여토록 했으며, 민간실업극복운동의 인프라를 구축, 2000년에는 전국에 지원센터가 100여 곳, 무료 취업 알선 센터가 30여 곳이 되는 등 크게 신장했습니다. 실업극복국민운동은 정부의 손길이 닿지 않는 사각지대를 찾아가 실질적인 도움을 주고, 성공적이고 효율적으로 운용했다는 평가를 받았습니다.

　실업극복국민운동이 4년차에 들어선 2001년 공식적인 실업률은 4%로 떨어져 외부적으로 실업 위기는 넘긴 것처럼 보였지만, 내용면에서 볼 때 비정규직 증가 등 고용의 질이 악화되고 있었고, 중년 이상 장기실업자, 청년, 여성, 장애인, 노인 등 취약계층의 실업문제는 여전히 매우 심각했습니다. 그런데 실업률이 낮아지고 있어 실업극복국민운동이 해체될지도 모른다는 소문이 돌았습니다. 이에 '실업극복사업은 행정기관에서 할 수 있는 것이 아니라 민간단체의 자발적이고도 헌신적인 활동이 더 효율적이므로 지속적으로 시행해야 한다, 실업극복국민운동을 항구적인 실업대책기구로 전환해야 한다'는 생각이 무르익어 2003년 3월 27일 공익재단 '실업극복국민재단 함께 일하는 사회'가 새롭게 출범하였습니다.

'실업극복국민재단 함께 일하는 사회'가 가장 먼저 한 일은 불안정한 고용의 증대, 고령화 사회로 진입 등 취약계층의 빈곤과 실업문제 극복을 위한 '사회적 연대의식 고취와 국민의식 발전을 위한 사업으로의 지향'이었습니다. 한편 문화방송과 공동주관으로 희망 기금 릴레이 캠페인 '실업극복 희망을 추천합니다'라는 프로그램을 진행하여 기금을 마련하고, 사회적 일자리 사업, 지역 고용 활성화 사업에 지원하였습니다. 더 나아가 개인에 대한 지원에서 지역사회에 대한 지원으로 관점을 바꾸고 '고용 친화적 지역 만들기 네트워크사업'을 시행했습니다. 지역네트워크를 위한 다양한 실험을 통해 사회적 경제의 가장 큰 특징은 협력과 연대임을 재삼 확인할 수 있었습니다.

스스로 만들어서 일할 수 있는
환경을 정착시키다

'자유공모사업'은 일할 의지가 있는 실업자를 발굴, 스스로 참여할 수 있는 환경을 만들어 주는 것으로 '일자리는 최고의 복지'라는 재단의 슬로건에도 안성맞춤인 사업입니다. 장애인 쿠키 전문점인 '까르페디엠 베이커리'라는 이름으로 문을 열었고, 철저한 청결 관리와 제빵 기술의 연마로 품질을 높여 백화점과 호텔의 매장에서도 인기를 끌고 있습니다. 또한 홍대 앞 문화예술인협동조합으로서 자신의 창작물을 판매하지 못해 경제적인 어려움을 겪는 젊은 작가들을 지원하였으며, 그 이후 300여 명의 창의적인 젊은 작가들이 '홍대 앞 사이버 마을'을 만들어서 지속적으로 작품을 전시하고 판매하고 있습니다.

한편 장애인 최초의 취업박람회인 '헤드헌팅대회'를 개최하여 장애인이 할 수 있는 다양한 직업을 개발하고 고학력 장애청년에게 자신의 능력과 경력에 적합한 직업을 연결해 주고 전문적인 경력 관리를 지원하는 매칭프로그램 형태로 진행, 장애인도 대접받고 일할 수 있는 기회를 마련해 주었습니다. 놀랍게도 이 대회에서 대다수의 장애청년들이 취업함으로써 장애인에 대한 기업의 편견을 극복하는 계기가 되어 언론매체의 주목을 받기도 했습니다.

인간이 풍요로운 삶을 영위하기 위해서는 먼저 일자리가 있어야 합니다. 현대사회의 가장 중요한 화두가 좋은 일자리라는 점은 재론의 여지도 없습니다. 자유공모사업에서 더 나아가 일자리 창출의 새로운 대안을 고민했습니다. 마침내 우리 사회에 보건, 교육, 복지 등 사회 서

비스 분야의 근로계층이 절대적으로 부족하다는 인식을 하게 되었습니다. 그리하여 지역사회서비스 수요에 가장 민감한 시민단체를 중심으로 공모를 통해 선정하고, 장기적으로 이들이 자립하여 사회적 기업으로 성장할 수 있도록 견인차 역할을 했습니다.

사회적 일자리사업은 단순한 일자리를 넘어 사회적으로 유용한 일자리와 서비스를 제공하는 맞춤형일자리사업으로 자리매김하게 되었고, '실업극복국민재단 함께일하는사회'의 활동은 국가적인 관심을 실질적으로 이끄는 계기가 되었습니다. '교보다솜이 간병봉사단', '아동복지교사 지원사업', '어르신전통문화지도자 양성 및 파견사업', '포스코 무료 간병사업' 등은 우리 재단이 성공적으로 수행한 사업으로 손꼽히고 있습니다. 노동부에서 벤치마킹해 가기도 하고, 몇 건의 사업은 노동부와 공동으로 추진하기도 했습니다.

어느 분야든 인적 자원이 최고의 자원입니다. 사회적 기업은 목적에 대한 확실한 전망을 지니고, 혁신적인 아이디어와 경영 능력을 갖춘 사회적 기업가를 필요로 합니다. 선진국에 비해 뒤늦게 출발한 상황인지라 사회적 기업가를 발굴하고 교육시키는 것이 가장 큰 당면과제였습니다. 이에 우리 재단에서는 2003년 사회적 기업 학교를 개설하고, 2007년 숭실대학교와 카이스트의 자문을 받아 맞춤형 커리큘럼을 개발했습니다. 아울러 각종 세미나와 발제·토론으로 구성된 열린 포럼과 해외연수 프로그램을 통해 사회적 기업가의 날개를 달아주는 운동을 함으로써 사회적 기업의 주요 이슈를 저변에 확산시켰습니다.

그리고 2005년 12월 한나라당(현 새누리당) 진영 의원의 발의로 사회적 기업 지원에 대한 법률안이 국회에 제출되었고, 마침내 2006년 12월

'사회적 기업 육성법'이 국회를 통과했습니다. 비록 여러 가지 문제점이 있고, 개정 보완해야 할 점이 많지만, 사회적 기업의 탄생을 위한 법적 토대를 마련하고, 지방자치단체들이 조례 제정을 통해 이 지원 활동을 적극적으로 수행함으로써 지역 경제 활성화에 기여하게 되었습니다.

우리 재단은 사회적 기업 분야의 가장 전문적인 민간기관으로서 사회적 기업 현장과 정부 사이의 가교 역할을 충실히 하면서 다양한 사업을 개발하여 직접 수행해 왔으며, 그 사업적 노하우를 여러 기관에 전수하였습니다. 이러한 대단히 적극적인 활동은 다른 아시아 국가의 주목을 이끌기에 충분하였고, 2008년부터 아시아사회적기업활동가대회를 주관하였던 것에 이어, 최근 사회적기업월드포럼을 한국에 유치하기에 이르렀습니다. 과거 전 세계에 몰아닥친 IMF구제금융의 위기를 국민의 힘으로 슬기롭게 극복해 왔던 우리나라의 모범적 선례가 이어져 사회적 기업의 방식을 통해 변화된 고용 복지 패러다임을 열성적으로 개척해 나가는 우리의 모습은 다른 나라에도 좋은 귀감이 되고 있습니다. 특히 우리 '함께일하는재단'이 앞장서서 그 길을 열어갔다는 평가에 크나큰 긍지를 가지고 있습니다.

끝으로 지금까지 우리 재단이 걸어온 의미 있는 발걸음에 함께해 준 임직원뿐만 아니라 곁에서 지켜보며 따뜻하게 격려해 주신 수많은 분들께 진심으로 감사드립니다. 일하고자 하는 사람 누구나가 품위 있게 일할 수 있는 세상이 바로 모두가 행복한 세상, 지속 가능한 사회입니다. 일자리를 만들어서 희망의 꽃, 행복의 꽃을 피우고 이 꿈을 실현하기 위해 애쓰는 모든 이들의 앞날에 축복과 희망의 미소가 가득하시기를 기원합니다.

'나눔의 집', 세계 최초의
인권·평화·역사의 장

○
이 깊은 마음으로 저 티끌같이 많은 중생들을 받들면
이것이 바로 부처님의 은혜를 갚는 것이다.
– 화엄경

●

할머니들의 아픔은
우리 모두의 아픔이다

일본의 전쟁범죄 중 가장 죄질이 나쁜 것이 일본군 위안부입니다.
제 2차세계대전 침략전쟁 당시 일본은 한국, 중국, 대만, 미얀마, 필리
핀, 태국, 베트남, 말레이시아, 인도네시아 등 일본이 점령한 국가 출신
의 여성 20여 만 명을 강제로 동원하여 일본군의 성노예로 삼는 반인륜
적 범죄를 저질렀습니다. 특히 우리나라 여성들은 10만 명에서 14만여
명으로 추정될 정도로 가장 큰 피해를 입었습니다.
'나눔의 집'은 꽃다운 나이에 일본군에 강제로 징집되어 인권을 유
린당한 우리나라 일본군 '위안부' 할머니들의 삶의 터전을 마련하자는
취지로 소박하게 시작했습니다. 그런데 이제는 할머니들의 삶터에서

나아가 전 세계적인 인권·평화·역사의 현장으로 발전하였습니다.

25년 전 '나눔의 집'을 열고부터 오늘에 이르기까지 그동안에 있었던 일들을 회고해 보니 만감이 교차합니다. 참으로 많은 일이 있었고, 여러 분들과의 좋은 인연으로 오늘에 이르렀습니다. 불현듯 화엄경의 "장차심심봉진찰(將此深心奉塵刹) 시즉명위보불은(是卽名爲報佛恩), 이 깊은 마음으로 저 티끌같이 많은 중생들을 받들면 이것이 바로 부처님의 은혜를 갚는 것이다"라는 구절이 생각납니다.

수많은 분들께서 정말 지극한 마음으로 함께해 주셨기에 이미 이생의 몸을 벗으신 '나눔의 집' 할머니들도 외롭지 않으셨을 것이고, 지금 생존해 계신 할머니들도 잘 지내고 계십니다.

모든 일에는 첫 인연의 단초가 있기 마련입니다. 1991년에 김학순 할머니의 증언으로 일제의 강압에 전쟁터로 끌려가 유린당한 일본군 위안부 문제에 대해 알게 되었습니다. 나라 잃은 백성의 딸이라는 이유로 꽃다운 나이에 부모 형제 떠나 평생 씻을 수 없는 고통을 받은 분들의 삶을 생각하면 가슴이 미어집니다. 할머니들의 아픔은 나의 아픔이요, 우리 모두의 아픔입니다.

사실 그분들이 고통 받을 때 나는 아주 어릴 때였는지라 그 당시에는 그런 일이 있었던 것도 몰랐습니다. 나뿐만 아니라 동시대를 살았던 어른들도 잘 몰랐을 것입니다. 아무것도 하지 않고 방관하고 침묵한 죄를 묻기 전에 아무것도 할 수 없었던 상황도 이해해 줘야 한다고 봅니다. 하지만 지금은 무엇이든 마음을 내면 할 수 있습니다. 마음을 하나로 모으면 어떠한 일도 해낼 수 있습니다. 행동할 수 있을 때 행동해야 하고, 나눌 수 있을 때 나누어야 합니다.

따뜻한 마음과 밥을 나누는
보금자리로 시작하다

평생 과거를 부끄러워하면서 숨죽이며 살아가던 할머니들이 용기를 내어 한 분 두 분 세상에 모습을 드러냈습니다. 할머니들을 살펴보니, 예상했던 대로 힘겹게 생활하고 있었습니다. 형편이 어려운 할머니들의 생활비를 지원하고, 할머니들에게 따뜻한 방에서 밥 한 끼라도 편히 드실 수 있는 쉼터를 만들어드려야겠다는 생각이 들었습니다. 일체유심조(一切唯心造), 모든 것은 오로지 마음이 만든다는 말처럼 이 세상 모든 것이 마음을 내면 이루어집니다.

그 당시 내가 창립대표로 있었던 불교인권위원회의 총무간사였던 혜진 스님이 한국정신대문제대책협의회에서 추진 중인 실무 소위에 참가하여 정신대 문제에 대한 불교계 성명서를 발표하였습니다. 그리고 '나눔의 집' 설립 추진위원장을 맡아서 불교인권위원회를 중심으로 각계의 뜻있는 시민들의 정성을 모았습니다. 1992년 인사동에서 전시회를 열어 그 당시 4,600만 원 정도의 기금을 조성하고, 뒷날 조계종정을 지내신 월하 스님이 1억 원을 쾌척하시고, 나도 조금 보태는 등 여러 분의 정성을 모아서 '나눔의 집'을 열게 되었습니다.

1992년 전국에 흩어져 있었던 할머니들에게 연락을 취해 처음에는 서교동에 주택을 얻어서 모시다가 명륜동과 혜화동의 전세방을 전전(1933~1995)하면서 모셨습니다. 그 당시만 해도 대중들의 인식이 부족해서 할머니들이 속앓이를 많이 하셨을 것입니다.

1995년 독실한 불자인 조영자 보살이 경기도 광주군 퇴촌면 원당리의 땅을 600평 '나눔의 집'에 기증했습니다. 불교계를 중심으로 건축비를 모금해서 1995년 8월 180여 평의 생활관과 수련관을 착공하였습니다. 그해 12월부터 공기 맑고 한적한 곳에 아담하게 지은 '나눔의 집'에 할머니들이 모여 살기 시작했습니다. 그 때부터 지금까지 쉰여섯 분의 할머니들이 인연이 되어 '나눔의 집'에서 살다가 돌아가신 분도 있고, 다시 자녀들 곁으로 가신 분도 있습니다. 현재 열 분의 할머니들이 '나눔의 집'에서 생활하고 있습니다.

일본군 위안부 문제의 진상을
적극적으로 세상에 알리다

'나눔의 집'은 세계 최초로 일본군에 의해 강제로 성노예 생활을 했던 할머니들이 함께 사는 할머니들의 보금자리에서 더 나아가 일본군 '위안부' 문제의 진상을 밝혀 왜곡된 역사를 바로잡고, 인권과 평화를 교육시키는 현장으로 발전하기까지 참으로 많은 분들의 협조가 있었습니다.

1996년 2월 이수성 국무총리가 방문하여 '나눔의 집' 진입로를 설치해 주었고, 그 해 11월 경기도에서 사회복지법인 인가를 받았습니다. 1997년에는 ㈜대동주택이 역사관을 지어 기증해 주었습니다. 역사관 내부 전시물의 기금 모금을 위해 '3000인 역사관 발기인'을 추진하고, 그해 12월 '일본군위안부기념관 개관준비위원회'를 발족하여 마침내 1998년 8월 '나눔의 집'에 세계 최초의 인권테마박물관인 일본군 '위안부' 역사관을 개관하였습니다. 역사관은 증언의 장, 체험의 장, 기록의 장, 고발의 장, 추모의 장으로 나누어 전시, '위안부' 피해자 할머니들의 삶의 흔적을 남기고 일본군 '위안부' 문제에 대한 진실을 밝혀 일본의 전쟁범죄를 고발하는 '역사교육의 장'으로 활용하고 있습니다.

'나눔의 집'이 생생한 역사의 현장이며, 평화·인권·교육의 장으로 세계적인 명소가 된 것은 그 무엇보다 할머니들의 적극적인 행보 덕분입니다. 일본군이 주둔한 나라마다 위안소가 있고, 위안부가 있었습니다. 하지만, 여성의 특성상 대부분 과거를 숨기면서 살아가고 있었습니다. 그런데 할머니들이 용기를 내어 위안부 문제를 표면 위에 드러냈고, '나눔의 집'에 함께 살면서 다양한 활동을 통해 일본의 공식적인 사과와 함께 명예 회복과 피해 보상을 당당하게 요구하게 되었습니다.

일본군 위안부 피해자들의 항의에 미동도 않는 일본의 태도에 실망하여 1992년 1월 8일 미야자와 전 일본총리의 한국 방문을 계기로 시작, 매주 수요일에 일본 대사관 앞에서 일본 정부의 공식 사과와 배상을 촉구하는 수요집회에 '나눔의 집' 할머니들도 적극적으로 참가해서 시위도 하고 증언도 했습니다.

또한 '나눔의 집'에서는 설립초기부터 주 1회씩 한글학습과 그림수업을 했습니다. 특히 그림수업이 큰 반향을 일으켰습니다. 그림을 통한 치유는 물론이고, 할머니들의 아픈 체험을 생생하게 그린 그림은 그대로 일본의 전쟁 범죄의 실상을 일깨우는 역사자료가 되었습니다. 전문가들도 놀라워할 정도로 빼어난 작품도 많아서 서울, 부산, 인천, 광주 등 전국을 돌며 실시한 '할머니 그림 전시회'는 큰 호응을 받았습니다.

전시회를 통해 일본군 위안부 문제의 진상을 알릴 수 있었던 것도 큰 소득이었습니다. 국내뿐만 아니라 일본의 각 지역을 순회하면서 '할머니 그림전'을 가졌고, 북미 7개 도시(시카고, 뉴욕, 로스엔젤레스, 필라델피아, 캐나다, 토론토, 샌프란시스코)에서 순회전시회를 가졌습니다. 일본과 북미 전시전에서 할머니들의 그림을 접한 사람들마다 "나치 전범에 대해서는 알았지만 일본의 전쟁범죄에 대해서는 미처 몰랐었다"면서 놀라워했고, '나눔의 집'에 주목하게 되었습니다.

이렇듯 '나눔의 집'의 위상이 점점 높아지면서 일본군 '위안부'를 포함한 전시 여성폭력에 관한 실태조사 및 연구와 역사관 전시 홍보, 교육 여성의 인권향상 및 인간의 권익보호 조성을 목적으로 2002년 12월 12일, 경기도에 비영리 민간단체로 '국제평화인권센터'를 등록하여 '평화와 역사', '인권과 여성'이라는 주제로 많은 활동을 하고 있습니다.

한편 역사적인 명소로 자리매김하게 된 '나눔의 집'에 의식 있는 국내외 인사들이 방문하여 역사의 산증인인 할머니들을 만나고 '나눔의 집'을 돌아보며 평화의 의지를 다졌습니다. 사실 일본군 위안부 문제의 진상을 국내외에 알린 것은 '나눔의 집' 할머니들의 적극적인 행보가 가장 큰 역할을 했지만, 미국의 애니 팔레오마베가 하원의원, 혼다 하원의원의 도움이 매우 컸습니다. 이분들이 깊은 관심을 가지고 미국 하원 청문회에 참석해서 증언을 할 수 있도록 자리를 마련해 준 덕분에 일본의 전쟁 범죄 사실, 특히 일본군 위안부 문제가 국제적인 이슈로 부상할 수 있었습니다.

나눔의 집 일본군 위안부 할머니들의 흉상 앞에서
고인들의 넋을 위로하고 있는 필자.

나라 잃은 백성의 딸이라는 이유로 꽃다운 나이에
부모 형제 떠나 평생 씻을 수 없는 고통을 받은
분들의 삶을 생각하면 가슴이 미어집니다.
할머니들의 아픔은 나의 아픔이요,
우리 모두의 아픔입니다.

위안부 결의안,
미국의회에 상정되다

1992년 '나눔의 집'이 개소된 이래 한 해 한 해 뜻 깊은 역사를 기록했지만, 특히 2007년은 결코 잊을 수 없는 역사적인 해입니다.

2007년 2월 15일은 "나눔의 집' 김군자 할머니', '대구 이용수 할머니', '네덜란드 출신이면서 호주에 거주하고 있는, 얀 러프 오헤른 할머니' 세 분이 미국 하원 청문회에 참석, 생생한 증언을 통해 일본의 전쟁범죄 사실을 국제적으로 널리 알린 날입니다.

그리고 2007년 7월 30일에는 미국 연방하원에서 일본군에 강제 동원된 '위안부'의 존재를 인정하고 일본 정부의 공식사과를 요구하는 '결의안'이 채택되었습니다. 연방의회에 '위안부' 결의안을 상정시킨 지 6년 만에 2차 세계대전 당시 강제 동원된 '위안부'에 대해 일본 정부가 공식 사과하고 책임을 질 것을 촉구하는 '위안부 결의안(HR121)'이 미국 의회사상 처음으로 연방 하원을 통과한 것입니다. 하원의원 435명 가운데 168명이 서명, 구두표결을 실시해 30여 분 만에 만장일치로 통과시켰습니다.

미국 하원 결의안은, 마이클 혼다 의원이 발의하였고, 또한 하원 외교위원회 아시아태평양협회 소위원장인 애니 팔레오마베가 의원은 2007년 미국 의회의 '위안부' 결의안 채택과 일본군 '위안부' 청문회를 주도한 바 있습니다. 미국 의회에서 결의안을 받아들였다는 사실은 역사적 사실을 인지하고 있음을 국제적으로 공표한 것이기도 합니다.

20세기 가장 비인도적이고 반인륜적인 전쟁 범죄인 일본군 '위안부' 피해자 문제 해결을 위해 결의안을 발의한 '마이크 혼다' 의원과 청문회를 주도한 '애니 팔레오마베가' 의원, 그리고 초당적으로 동참한 미국 하원의원들에게 이 자리를 빌어 경의를 표합니다.

결의안이 통과된 지 8년이 지나, 피해자들은 한 분 한 분 돌아가시는데, 일본 정부는 요지부동입니다. 이에 '나눔의 집'은 일본 정부가 독일처럼 과거사 청산을 합리적이고 이성적이며, 국제적 상식과 범례에 맞게 처리할 것을 요구하며, 피해자의 명예회복과 법적 배상책임을 이행하고 관련 자료를 완전 공개하길 요청했습니다.

이제 '나눔의 집'이 설립된 지 23년, 세계최초인권테마박물관인 '일본군'위안부'역사관'이 건립된 지 17년이 됩니다. 그동안, 많은 분들의 도움으로 '나눔의 집'이 발전되었고, 전 세계에 일본군 '위안부' 피해자 문제를 알리는 여성 인권의 장으로 정착하였습니다.

'나눔의 집'은 세계의 양심적 단체들과 연대하고 일본시민들과 방문 교류를 확대하고 있습니다. 우리 모두 '나눔의 집'을 통한 '나눔 정신'과 '인권과 역사'의식을 가지고, 일본군 '위안부' 피해자 문제를 해결하기 위해 힘을 모았으면 합니다.

먼저 가신 님들을 추모하며
과거와 소통하고 미래를 열다

'나눔의 집'은 일본군 위안부의 역사와 여성 인권을 상징하는 시설로 국내뿐만 아니라 국제적으로 널리 알려진 명소, 주목받는 단체가 되었습니다. 일본의 전쟁 범죄 행위를 고발하고 피해 할머니들의 명예회복을 위한 다양한 활동, 피스로드 캠프 등을 통해 역사·평화·인권 교육을 시킨 공로로 2014년에는 큰 경사가 있었습니다. 만해 한용운 스님의 사상과 정신을 기리고 되살리기 위해 만해사상실천선양회가 제정한 '2014 만해대상' 평화대상 수상자에 '나눔의 집'이 선정되었습니다.

이는 할머니들의 적극적인 행보와 초대원장인 혜진 스님, 2대 능광 스님, 3대 원행 스님 등 역대 '나눔의 집' 원장스님들의 헌신적인 노력 덕분이라고 생각합니다. 또한 현 원장 원행 스님 이하 상근 실무를 맡은 부원장 호련 스님, 안신권 소장, 김정숙 사무국장 등 실무진들의 심혈을 기울인 업무 수행, 그리고 수많은 봉사자들과 후원자들의 아낌없는 지원 등 여러 인연들이 모여진 결실입니다. 성원하여 주시고 수고하신 모든 분들에게 찬사를 보냅니다.

특히 초창기 어려울 때 초대원장인 혜진 스님과 물심양면으로 애써준 설송 스님의 노고는 잊을 수가 없습니다. 무슨 일이든 계획을 하고 주춧돌을 놓는 초창기가 가장 힘들기 마련인데, 무에서 유를 창조하는 데 크게 기여한 '나눔의 집' 이사, 감사님과 관계 기관 종사자들과 국내외의 후원자 여러분들에게 마음속으로 늘 고맙게 생각합니다.

이렇듯 여러분의 협조로 '나눔의 집'은 눈에 보이는 변화도 아주 큽니다. 전세방을 전전할 때는 차치하고, 처음 기증 받은 600평에 생활관을 지어 할머니들을 모시게 되었는데, 주변 땅을 지속적으로 구입하여 지금은 2,600여 평의 너른 땅에 여섯 동의 건물에서 모시고 있습니다. 할머니들이 일상생활을 하는 생활관(120평), 할머니들의 유품과 손수 그린 작품들, 일본군 위안부를 테마로 한 예술가들의 작품, 일본군 위안소의 유물 등을 전시한 역사관(104평), 교육 수련관(60평), 사무동(15평), 집중치료동(60평) 등이 있고, 앞으로 역사관을 리모델링(2015년 12월 오픈)하고, 추모관(30평), 유품기록관(130평), 추모공원(100평), 일본군'위안부'인권센터(240평)를 더 지을 예정입니다.

현재 '나눔의 집'은 매년 1만 명이 넘는 사람들이 찾고 있습니다. 이 가운데 일본인이 2,000여 명, 기타 외국인이 1,000여 명에 이릅니다. 외국인에 비해 우리의 관심이 적다고 할 수 있습니다. 관심을 갖고 방문해 주시고 '나눔의 집' 인권센터 추모관 건립에도 동참해 주시길 바랍니다. 인권센터는 일본군 위안부 피해의 역사를 바탕으로 전쟁을 반대하고 평화를 수호하는 세계적인 교육장소로 건립됩니다. 또한 고인이 된 할머니들의 흉상과 유품을 전시하며, 위안부 역사를 기록하는 장으로 활용될 예정입니다.

'나눔의 집' 일본군'위안부'인권센터는 고(故) 김화선 할머니가 한평생 모은 돈 6천만 원을 기부해 주신 것이 종잣돈이 되었고, 유재석, 신화 김동완, 김구라 씨, 사유리, 박재민 등 유명 연예인들의 기부로 현재 부지 500평을 마련하여, 2014년 착공식을 했습니다. 얼마 전에는 수불 스님(범어사 주지, 안국선원 선원장)이 대원상(한국의 유마거사로 칭송받는 장경호 거사의 뜻을 되새기기 위해 지난 2003년 제정한 상) 대상을 받은 상금의 절반을 '나눔의 집'에 쾌척했습니다. 수불 스님에게 지면을 빌어 감사의 마음 보냅니다.

이렇듯 많은 분들이 정성을 모아 십시일반 동참할 때 '나눔의 집' 일본군'위안부'인권센터를 빠른 시일 내에 완공하여 세계적인 평화·인권·교육의 장으로서 더욱 활발한 활동을 하게 될 것입니다. 평화와 인권은 그냥 오는 것이 아닙니다. 우리의 선한 마음과 행동이 과거의 뼈 아픈 역사를 청산시키고 평화로운 세상을 여는 원동력이 됩니다.

모쪼록 '나눔의 집' 할머니들이 살아계실 때나 돌아가신 영혼까지 도 편안하실 수 있도록 일본군'위안부'인권센터 건립에 온 정성을 모았으면 합니다.

과거사를 청산해야
밝은 미래를 열어갈 수 있다

○

우리가 강요에 못 이겨 했던 그 일을 역사에 남겨두어야 한다.

– 김학순

●

할머니들이 살아 계실 때
명예 회복을 해야 한다

과거를 망각한 나라는 미래가 없습니다. 우리가 역사를 배우는 것은 과거를 살펴서 다시는 잘못 된 일이 되풀이되지 않도록 하기 위함입니다. 역사를 통해 현재를 조망하고 미래의 목표와 비전에 대한 지침을 바르게 세울 수 있어야 합니다. 더더욱 우리 민족의 불행과 수난의 역사는 더욱 더 확실하게 밝혀보고 과거 역사의 교훈을 뼛속깊이 새겨야 할 것입니다.

◆

김학순___ 일본군 위안부이자 여성운동가로 최초로 국제사회에 일본군 위안부 문제를 고발하고 증언하여 인권·평화·여성 운동의 전기를 마련했다.

105년 전, 우리 민족은 국권을 일본에 빼앗긴 아픔을 겪었습니다. 일본 제국주의는 1910년 8월 22일 대한제국을 병합하는 조약을 불법적으로 체결하고 8월 29일, 이를 공포함으로써 강제로 식민지로 삼았습니다. 한·일 강제병합은 일본의 강압 아래 체결된 것으로 그 정당성을 인정받을 수 없습니다. 국제법상 조약 당사국의 대표자에 대한 강압이 있을 경우, 조약은 원천적으로 무효가 됩니다.

　　지금까지 일본은 불법조약임을 분명하게 인정하지 않고 있습니다. 오히려 일본의 극우 인사들은 "합병조약은 한국이 원해서 합법적으로 했다"는, 말도 안 되는 주장을 합니다. 그뿐만 아니라 본인들의 만행을 인정하고 깊이 사죄하고 국제법상 합당한 배상을 해야 함에도 불구하고 모르쇠로 일관하고 있습니다.

　　일본군 위안부 문제만 해도 그렇습니다. 이 일은 국제적으로 이슈가 되고 있는 '여성 인권 유린 사건'입니다. '나눔의 집'은 일제의 강제병합과 식민지배의 역사적 현장으로서 상당히 큰 의미가 있습니다. '나눔의 집' 그 역사의 현장에서 우리는 과거를 반성하고, 다시는 치욕적인 역사가 반복되지 않도록 다짐하고 밝고 굳건한 미래를 열어가기 위해 새로운 각오를 다져야 합니다.

　　비록 일본 정부는 애써 외면하고 있지만, 일본의 양식 있는 지성인들은 '나눔의 집'을 방문하기도 하고, 후원도 하고, 일본인들의 관심을 불러일으키고 있습니다. 특히 일본의 중의원 '카사이 아끼라' 의원은 2012년 10월 18일 첫 방문 후, 지속적으로 '나눔의 집'을 방문해서 문제를 해결하기 위해 노력하고 있습니다.

　　첫 방문 당시 "식민지배와 전쟁범죄에 대해, 일본 정부가 반성하고 청산해야 한다", "일본 정부가 하루빨리 결단을 내려야 한다", "한일 강제합병의 불법·부당함을 일본 정부가 인정해야 한다"는 것과 아울러 식민지범죄에 대해 일본정부의 시급한 사죄를 촉구하고, 배상 문제를 지적했습니다.

또한 일본 우익 정치인들의 '위안부' 강제동원 부정 발언과 관련해서는 "과거를 진지하게 직시하는 게 정치의 책임"이라며 "우익단체의 역사왜곡 태도는 절대 용서할 수 없는 일"이라고 밝혔습니다. 아울러 한·일 양국은 '친족 형제관계'라고 말하면서 "일본의 공식적인 사과와 반성은 피해자의 상처를 치유함과 동시에 양국의 현안 해결에도 도움이 될 것"이라는 소신 있는 발언을 했습니다. 그에 대해 이 자리를 빌어 감사의 마음을 전합니다.

사실 한·일 양국은 가해국과 피해국이라는 역사적 아픔이 있지만, 1965년 한·일 국교 정상화 이후, 많은 교류와 협력을 통해 동반자적 관계로 발전했습니다. 그러나 아직도 과거사 청산 등 역사의 벽은 허물지 못하고 있습니다. 이러한 과거사 청산의 미비와 역사 왜곡으로 한·일 국민 간의 불신과 감정적 대립은 언제나 불씨로 남아 걸림돌이 되고 있습니다. 모쪼록 일본 사회에 카사이 아끼라 중의원 같은 분이 많아질 때 우리가 그토록 원하는 평화와 협력을 이룰 수 있을 것입니다.

또한 일제 강점기 피해자들에 대한 해결과 구제방안을 제시하지 않는 한 일본은 식민지배에 대한 반성의 진정성을 인정받을 수 없습니다. 전쟁범죄이자 여성인권유린 피해인 '일본군 위안부 피해자' 문제를 외면하는 무지는 일본 스스로 반인권적 국가임을 공포한 것입니다. 아베 일본 총리는 강제병합의 부당성을 인정하고, 한·일 강제병합 조약은 원천무효선언을 하기 바라며, 더 나아가 '전쟁범죄'인 '일본군 위안부 피해자' 문제를 해결해야 합니다.

새로운 시대를 위해 인정할 것은 인정하고, 과거의 잘못을 깨끗이 청산해야 합니다. '나눔의 집'은 '일본군 위안부 피해자' 문제해결을 위해, 세계의 양심적 단체들과 연대하고 방문교류를 확대하여, 이제는 평화와 인권·역사를 배우는 '교류의 장'이 되었습니다.

상생하는 한·일 관계와 세계평화공동체를 구축하기 위해, 일제 강점기 일본의 국가폭력과 식민 지배에 대하여 일본정부의 책임 있는 자세와 일제 강점기 반성과 청산, 진실과 화해를 실현하기 위해 함께 할 것을 부탁드립니다. '일본군 위안부 피해자'들의 명예 회복은 피해 할머님들이 살아 계실 때 반드시 받아야 합니다. 우리 모두 함께 하여 이 문제를 해결합시다.

고난의 역사를 배우고 해결해야 할
책무를 저버리지 말자

날마다 소중한 날이요, 의미 깊은 날이지만 우리에게 삼일절은 그 어느 날보다 의미심장하게 다가옵니다. 1919년 3월 1일은 일제의 압박에 항거하여 전 세계에 민족의 자주독립을 선언하고, 온 민족이 총궐기하여 평화적 시위를 전개했던 날이요, 이날의 궐기가 시발점이 되어 마침내 자주독립을 이룰 수 있었기 때문입니다. 삼일절은 평화·인권·자유에 대한 가치를 새기고 정의구현을 실천한 민족적 항거일이기도 합니다. 과거 역사에서도 볼 수 있듯 우리 민족은 언제나 평화를 사랑했고, 지금도 세계평화를 위해 많은 활동을 하고 있습니다.

그러나 일본의 아베 정권은 역사를 부정하고, 일본군 위안부는 강제성이 없었다는 망발과 망언으로 피해자 가슴에 대못을 박고 있습니다. 1993년 발표된 고노 담화는 '일본군 위안부 피해자' 동원에 일본 정부와 군이 개입되었음을 부정할 수 없다는 내용입니다. 고노 담화를 부정하려는 움직임에 당시 무라야마 총리와 고노 관방장관은 아베 정권을 강하게 비판하고 있습니다. 아베 총리의 역사 수정 발언은 비상식적·반인권적·반역사적 행동으로 전 세계의 질타를 받고 있습니다.

'일본군 위안부 피해자'들의 숨결과 역사가 살아 있는 '나눔의 집'은 삼일절에 외롭게 투쟁하다 돌아가신 독립지사들과 이제는 고인이 되신 할머니들을 추모하고, '나눔의 집'에서 노후를 보내고 계신 할머니들과의 만남을 통해 살아 있는 역사를 배우고 가슴에 되새기고 있습니다.

현재 'UN인권위원회', '국제노동기구', 'UN고문방지위원회' 그리고 '미국', '유럽의회', '캐나다', '네덜란드'를 비롯한 국제사회에서는 '일본군 위안부 피해자' 문제는 20세기 가장 반인륜적 범죄이자 인권유린사건으로 규정하고, 피해자 문제를 해결할 것을 권고하였으나, 일본은 아직도 해결하지 않고 망발을 일삼고 있습니다. 이와 같이 정의를 실행하지 않는 일본은 반인권적·반역사적 국가로 국제 평화를 깨뜨리는 국가라는 오명을 지울 수 없습니다.

역사를 통해 과거와 소통하고, 미래를 개척하는 민족만이 인류사에 길이 남을 수 있다고 생각합니다. 우리는 '일본군 위안부 피해자' 문제를 통해, 전쟁의 고통과 인권의 소중함을 알아야 합니다. 이러한 고난의 역사를 배우고 해결하고 미래에 이런 일이 다시는 되풀이 되지 않도록 하는 것은 이 시대를 살고 있는 우리들의 책무입니다.

우리나라와 세계 곳곳에 세워지고 있는 '평화의 소녀상'

한국정신대문제대책협의회를 주축으로 각 시민단체 회원들과 의식 있는 이들이 일본 정부의 사과와 진상 규명 및 적절한 배상, 책임자 처벌 등을 위해서 1992년부터 지금까지 대한민국 주재 일본 대사관(서울특별시 종로구 소재) 앞에서 매주 수요일마다 항의하는 수요집회를 개최하고 있습니다. 앞에서 말씀드렸듯이 '나눔의 집' 할머니들도 정기적으로 수요집회에 참석하셨으나 지금은 모두 다 연로하셔서 가끔 참여하고 있습니다.

지난 2011년 12월 24일, 천 번째 수요집회 때 일본 대사관 앞에 첫 번째 '평화의 소녀상'을 세웠습니다.

"1992년 1월 8일부터 이곳 일본대사관 앞에서 열린 일본군 위안부 문제 해결을 위한 수요시위가 2011년 천 번째를 맞이함에, 그 숭고한 정신과 역사를 잇고자 이 '평화의 소녀상'을 세운다."

'평화의 소녀상' 빗돌에 새겨진 문구입니다. 이 내용에서도 알 수 있듯이 '평화의 소녀상'은 일본 정부의 반성을 촉구하는 한편, 잘못을 잊지 말라는 뜻으로 세운 것입니다. 2013년에 거제도에도 '평화의 소녀상'이 세워졌고, 같은 해 미국 캘리포니아 주의 글렌데일 시립공원에도

'평화의 소녀상'이 세워졌습니다. 우리 한인뿐만 아니라 미국 시의원과 하원의원이 모두 참여하여 건립한 이 '평화의 소녀상'은 매우 큰 의미를 담고 있습니다. '일본군 위안부' 문제가 대한민국뿐만 아니라 세계의 문제이며 다시는 이런 역사가 반복되지 않아야 한다는 평화의 메시지를 전 세계에 전하고 있는 것입니다.

이후 성남시와 수원시, 호주에서도 호주 전역에 한국과 중국이 공동으로 설립해 나가기로 결의했습니다. 이렇게 '미국'에서는 기림비와 '평화의 소녀상'이 세워지고, '프랑스'에서는 만화 전시를 통해 일본을 압박하고 있습니다. 우리 모두 '일본군 위안부 피해자'들이 살아 계실 때 이 문제를 해결할 수 있도록 더욱 적극적으로 뜻을 모으고 행동으로 보여주어야 합니다. 굳건한 표정의 '평화의 소녀상'이 천 마디 말보다 더욱 강력하게 역사의 진실을 보여 주고, 전쟁의 반성을 촉구하고 있듯이 우리의 마음을 하나로 모은 행동이 일본의 반성과 사죄, 배상 책임을 묻는 계기가 될 것입니다.

2015년 12월 28일 일본군 위안부 문제에 대해 한일합의를 했습니다. 박근혜 대통령의 깊은 관심과 적극적인 노력과 아울러 한·미·일 공조체제의 결과물이라 할 수 있습니다. 박근혜 대통령과 정부의 노고가 컸다는 점은 인정하지 않을 수 없지만 할머니들의 아픔을 치유하기에는 여러 모로 미흡하고, 여전히 문제는 잔존하고 있습니다. 그 후에도 일본의 아베 총리가 "일본군 위안부가 강제 동원이 아니었다, 전쟁 범죄의 유형은 아니라고 했다"는 발표를 언론 보도를 통해 지켜보면서 이 문제가 아직까지도 종결되지 않았다는 생각이 들고 탄식이 절로 나왔습니다.

일본군 위안부 강제동원은 역사적 사실입니다. 여성 인권을 유린하고 성노예로 삼은 일본군 위안부는 죄질이 극악한 전쟁범죄가 확실합니다. 전 세계의 지도자들도 이를 통감하고 일본에 압박을 가하고 있습니다. 2014년 오바마 대통령이 방한했을 때, 일본군 위안부 문제에 대해 미국 대통령으로서는 사상 처음으로 "전쟁 중인 것을 감안하더라도 이 여성들은 충격적 방식으로 성폭행 당했다. 이는 끔찍하고 지독한 인권침해"라고 공개적으로 비판하였고, 일본의 아베 총리는 이틀 뒤 일본의 생각과 방침을 설명해 나가겠다는 즉각적인 반응을 내놓았습니다. 힐러리 클린턴 미 국무장관은 '일본군 위안부(comfort women)'라는 표현 대신 '강제적인 일본군 성 노예(enforced sex slaves)'라는 명칭을 써야 한다고 하면서 일본 정부의 자세가 바뀌어야 함을 지적했습니다.

또한 앙겔라 메르켈 독일 총리도 작년에 이틀간의 방일 기간에 "독일은 과거와 정면으로 마주했다"고 하면서 아베 정권에 과거사를 직시할 것을 우회적으로 표현하기도 했습니다. 특히 일본의 과거사 해결을 위해서는 일본군 위안부 문제를 해결해야 한다고 하면서 일본에 공식적이고도 법적인 반성을 촉구했습니다. 이에 대해 일본 언론은 언짢은 반응을 보이며, 산케이 신문은 "유럽 각국은 한국의 로비 활동에 상당한 영향을 받고 있다"고 전하면서 우리 정부의 노력 덕분에 앙겔라 메르켈 총리가 이례적으로 예민한 문제를 거론했다고 보도하기도 했습니다.

정부와 세계 정상들의 공조 덕분에 이번에 위안부 문제에 대해 한일합의를 하고 이 문제를 종결지으려 했는데, 일본이 법적인 책임에서 벗어나기 위해 애매한 입장을 취하고 있는 실정입니다. 일본은 이 모든 것을 깊이 반성하고, 현재 살아 계시는 일본군 위안부 할머니들은 물론이고 돌아가신 분들께도 진심을 담아 공식적인 사과를 통해 명예 회복을 시켜드리고, 충분한 피해 배상과 함께 다시는 이와 같은 참담한 전쟁범죄가 일어나지 않도록 재발방지대책을 세워야 할 것입니다.

한편 일본이 주한 일본대사관 앞 '평화의 소녀상' 철거를 조건으로 내세웠는데, 그 또한 반성의 자세가 아닙니다. '평화의 소녀상'은 그 어떤 합의의 조건이나 수단이 될 수 없습니다. 일본군 위안부 피해자 할머니들과 의식 있는 시민들이 1992년부터 수요일마다 일본군 '위안부' 문제 해결을 위해 수요시위를 했고, 2011년 천 번째 수요시위를 기리기 위해 세운 동상입니다. 수요시위의 정신을 기리는 살아 있는 역사의 상징물이자 우리 공공의 재산을 일본 정부에서 철거해 달라고 요청하고, 우리 정부는 관련단체와의 협의를 통해 해결하려고 노력하겠다고 했는데, '평화의 소녀상' 이전을 운운하는 자세 자체가 어불성설입니다. 역사를 왜곡하고 진실을 외면해서는 안 됩니다. 오히려 '평화의 소녀상'을 역사의 상징물로 남겨 다시는 일본군 위안부와 같은 참담한 전쟁범죄를 미연에 방지하는 계기로 삼아야 마땅합니다.

인터뷰. 편.

이웃의 고통은 덜고
기쁨을 주는 삶을 살아가야…

● 수행과 실천은 양 날개와 같다. 저는 월주 스님을 떠올리면 이 말씀이 먼저 떠오르는데요, 수행과 실천을 함께 하시느라 늘 바쁘시죠? 근황이 어떠신지요?

○ 개인의 수행이 지구촌 사회에 대한 이타행과 둘이 아닙니다. 마음을 깨달아 자기 본성 자리로 돌아가는 것(歸一心源)과 뭇사람들의 고통을 덜고 안락하게 하는 일(饒益衆生)은 동전의 양면과 같습니다. 세상과 자기가 하나로 소통할 때 불법이 세상의 빛이 되고 자기 자신도 구제할 수 있습니다. 저는 산속 금산사와 서울 도심의 영화사를 오가면서 수행과 실천이 다르지 않음을 체험하고 있습니다.

● 내일이 부처님 오신 날입니다. 부처님 오신 날을 맞아 한 말씀 부탁 드립니다.

○ 부처님은 중생에게 불지(佛智)를 열어 보여 깨달음에 들게 하려는 (開示悟入) 일대사 인연으로 몸을 나투어 사바세계에 나셨습니다. 그리고 모든 존재의 소중함을 일깨우기 위해 우리 곁에 오셨습니다. 하지만 부처님께서는 도솔천을 떠나시기 전에 이미 왕궁에 내려 오셨으며 마야 부인의 태에서 나오시기 전에 이미 사람들을 다 제도해 마치셨습니다.

이것이 무슨 말이냐 하면 일체의 모든 생명체는 불성이 있으며 본래 그 자체로 지혜와 덕상을 구족한 완성된 존재라는 의미입니다.

그러나 요즈음 우리 지구촌 곳곳에는 전쟁과 인권 탄압으로 귀중한 생명이 무참히 살상당하고, 가진 자와 못 가진 자의 양극화가 심화되고, 무분별한 개발과 환경 파괴, 그로 인한 지구촌 온난화와 기후변화로 인해 각종 자연재해, 물질만능주의와 이기주의가 우리 삶을 고통스럽게 하고 있습니다. 참으로 안타까운 일입니다. 부처님께서는 마음 바깥에 진리와 깨달음이 없으며 오직 마음 가운데서 진리를 구하고 깨달음을 얻어야 함을 증명해 보이셨습니다.

이제 우리는 불기 2552년 부처님 오신 날을 맞이하여 나와 우주 만물이 한 몸 한 생명이라는 중도 연기법을 통해 마음을 청정하게 하고 세상을 맑고 아름답게 만드는 동체대비행의 주인공으로 거듭나야 합니다.

● 최근에 금산사 미륵전에서 귀한 유물이 발견돼서 화제가 되고 있는데 무엇인가요?

○   올해 3월 16일 미륵전에 모셔져 있는 좌협시보살인 법화림보살상을 수리·보수하는 과정에서 소조불인 법화림보살님 복장에서 후렴통과 책자가 발견되어 현재 국립문화재연구소에서 보존·처리하고 있는 상태입니다. 보존·처리 과정을 마치고 문화재자문위원회 자문을 통해 후렴통을 개봉하면 안에 있는 유물 내용이 공개되리라 생각됩니다.

●   월주 스님께선 '중생을 교화하는 보살도의 정신'을 평생의 지도이념으로 삼고 계신데, 스님께서 말씀하시는 보살도의 정신이란 구체적으로 무엇을 뜻하는지요.

○   조금 전에 귀일심원과 요익중생이 둘이 아니라고 말씀드렸는데요. 우리 존재는 상의상관 관계에 있으며 자성이 본래 공한 존재입니다. 모든 존재는 무상하며 무수한 관계 속에서 생명을 영위하고 있습니다. 그러므로 나라고 하는 존재는 반드시 다른 객관적 존재가 있을 때만이 비로소 존재할 수 있습니다. 다시 말하면 나는 남이 없으면 존재할 수가 없습니다. 그러므로 자타일여입니다. 구도의 본질은 자각각타, 각행원만으로 상구보리 하화중생이 둘일 수 없습니다. 특히 대승불교에서는 자기 수행과 이타행을 분리하지 않습니다. 남을 이롭게 하는 보현행을 함으로써 자신의 깨달음뿐만 아니라 남을 깨닫게 하는 실천을 밑바탕으로 삼고 있습니다.

●   월주 스님께서는 부처님의 자비를 실천하기 위해 빈곤국가 구호사업NGO인 지구촌공생회를 설립하셨는데 언제 시작하셨으며 하는 일은 구체적으로 무엇입니까?

○   지구촌공생회는 2003년 10월에 창립하여 2004년 2월에 사단법인 설립인가를 받아 현재 캄보디아, 라오스, 몽골, 스리랑카, 케냐 등 5개 국에 지부를 설립하여 구호활동을 벌이고 있습니다. 사업내용은 안전한 식수를 마시지 못하는 사람들을 위해 우물을 파서 식수를 공급하고 있으며, 유치원과 초등학교를 지어 교육 기회를 받지 못하는 어린이들에게 교육혜택을 주고 있습니다. 그리고 쓰나미, 지진 등 재해가 발생하면 긴급구호 활동을 벌이고, 절대 빈곤층 가정과 자매결연을 하여 최소한의 생존환경을 제공하고 있으며, 병원에 못 가는 빈곤층에게 보건소를 지어 의약품을 지원하고, 주거시설을 개선하며, 마을도로를 보수하고 다리를 놓아주는 개발사업 등 지구촌의 절대빈곤층을 위한 구호와 개발 사업을 하고 있습니다.

●   캄보디아와 몽골에서의 우물 파기 캠페인은 참 인상적이던데요, 어떤 계기가 있었나요?
○   현재 캄보디아 지부장이 현지 상황을 조사하면서 어린이, 노약자 등 85%가 수인성질환으로 죽는데 이는 비위생적인 물 때문이라고 합니다. 동남아는 건기 때에는 식수 사정이 아주 좋지 않은데 돼지와 닭이 노는 웅덩이 물을 마시고 각종 수인성 질환에 걸리기도 하고 심지어는 죽기도 합니다. 그래서 현지사람들의 여론을 종합해 캄보디아에서도 가장 열악하고 가난한 지역인 캄퐁주에서 두레박이 있는 재래식 공동우물을 파 주게 되었는데 아주 반응이 좋았어요. 그래서 이 지역을 중심으로 해서 1,000개를 목표로 우물을 파줄 예정인데 현재 370개 (2016년 6월 현재 2,243기 완공)를 파주었습니다.

● 국내에선 어떤 활동들을 하고 계신지요.

○ 지구촌공생회 부설로 공생노인복지지원센터를 설립해 무의탁독거노인과 소득원이 없는 빈곤가정과 결연하여 후원하고 무료급식 및 봉사활동을 하고 있습니다.

1996년에 경기도 광주시 퇴촌면에 '나눔의 집'을 설립해 일본군위안부 피해자 할머니들을 돌보고 있고, 금산사 복지원을 설립해서 서원노인복지관, 군산 은적사 보현노인복지관, 송광노인요양원 등을 설립하여 운영하고 있으며, 서울 영화사를 통해 광진노인복지관, 영화유치원 등을 운영하는 등 노인과 어린이를 위한 국내 사회복지활동을 전개하고 있습니다.

● 지구촌공생회의 활동으로 얻은 성과가 있다면 어떤 점을 꼽으시겠습니까.

○ 우리 인류는 빈부, 피부, 인종, 민족, 국가 등의 구분은 있지만 생명의 소중함의 등가성은 같습니다. 생명은 절대 무차별하며 하나입니다. 요즈음 지구촌은 교통·통신의 발달로 일일생활권입니다. 국경과 민족의 구분이 별 의미가 없어졌습니다. 삶의 고통을 받고 있는 곳이면 어디든지 가서 도와야 합니다. 과거에는 국내복지활동에만 국한했지만 이제는 눈을 돌려 지구촌의 이웃이 삶의 고통에서 벗어날 수 있도록 도와야 합니다.

그러한 의미에서 우리 사회와 국민들이 국제적 책임을 갖고 지구촌의 이웃을 돕는 기부문화 확산에 기여하고 인류의 보편적 가치를 실현하는 문제에 더욱 관심을 갖도록 하는 데 일조하고 있다고 생각합니다.

● 새 정부가 출범한 후 남북 관계가 경색되는 분위깁니다. 현 정부의 대북정책에 대해선 어떻게 생각하십니까.

○ 국제공조와 한미동맹 토대 속에서 6자회담의 성과와 북핵 폐기를 전제로 대북관계에 유연하게 대처하며 물자 지원은 상호주의의 원칙 속에서 전개해야 합니다. 다만 인도적 지원은 긴급구호나 시급한 질병 퇴치 등에 한해 전개될 필요가 있다고 봅니다.

● 새 정부의 여러 정책들에 대해서도 관심이 많으실 텐데 그 중 가장 논란이 많은 게 대운하죠. 지난 2월 스님께선 대운하 건설 저지 도보순례도 하신 것으로 알고 있는데요, 대운하 정책에 대해 한 말씀 해 주신다면?

○ 전 국토에 걸쳐 대규모 환경파괴를 야기하는 대표적인 개발사업이 새 정부의 한반도대운하사업계획입니다. 한반도대운하는 근본적으로 자연의 순리를 역행하는 역리(逆理)입니다. 산은 강을 넘지 않고 강은 산맥을 가르지 않습니다. 물은 위에서 흐르고 해는 동쪽에서 뜨며, 봄이 오면 꽃이 피고 가을이 오면 열매 맺는 것은 자연의 이치입니다. 인간이 그 어떠한 이유로도 이 대자연의 이치를 거스를 수 없습니다.

정부가 운하 강행의 논리로 물류와 관광을 통한 경제성장의 기반 구축을 위해 운하사업이 필요하다고 역설하지만 경제적으로도 전혀 실익이 없다는 것이 수많은 경제전문가들의 판단이며 경제전문가들과 국민들의 반대여론이 65%가 넘습니다. 국가지도자가 경제성장 정책을 통해 그 과실을 국민에게 나눠주는 것은 서민경제를 살리고 복지사회를 실현하는 면에서 너무나 지당한 일입니다. 비록 경제성장과 고용창출에 일부 효과가 있다 하더라도 국민의 반대 여론이 많고 국토의 근간을 훼손하며 환경을 대량 파괴한다면 개발 계획을 백지화하는 것이 국민의 뜻을 섬기는 지혜로운 지도자의 덕목입니다.

새 정부는 국토 환경을 훼손하지 않고 국제 무역 다변화와 무역 활성화, 경제성장 기반 조성을 통해 경제를 크게 성장시킬 수 있는 경제정책을 제시해야 합니다. 하지만 전 국토에 걸쳐 환경을 대량 파괴함은 물론 엄청난 재앙을 불러올 수 있는 운하 건설을 통해 경제성장을 도모한다면 이는 너무나 그릇된 일입니다.

● 환경과 개발에 대해 한 말씀해 주십시오.
○ 지금 우리 지구촌은 무분별한 개발과 환경 파괴, 온실가스 배출 급증으로 지구온난화가 급속히 진행되는 기후변화를 초래해 자연재해가 빈발하고 있습니다.

수많은 동식물들의 종류가 감소하거나 멸종 위기에 처해 있으며, 토지는 황폐화·사막화되어 식량 부족이 심각하고, 황사의 강도는 강해지고 횟수는 증가하고 있으며, 북극의 빙하와 남극의 오존층은 빠른 속도로 파괴되어 몇 십 년 내에 사라질 운명에 처해 있습니다.

이제 우리 인류는 현재의 온실가스 배출을 50% 이상 감축하지 않으면 금세기 안에 지구온도가 1.8도에서 4도까지 상승하고 이로 인한 지구촌 재앙이 빈발하여 일상화될 것이라고 합니다. 편하게 살겠다는 인간의 탐욕이 결국 함께 살아야 할 자연을 병들게 해서 그 업보를 받는 것이니 이것이 연기의 법칙입니다. 이제 우리는 전 지구적으로 생명의 가치를 회복하고 자연환경과 생태계를 보전하는 노력을 하지 않으면 지구상의 모든 생명체는 그 삶을 기약할 수 없는 생명위기의 시대를 맞고 있습니다. 따라서 환경을 파괴하는 개발은 지양되어야 하며 부득이한 개발은 환경을 보전하면서 최소한의 편의를 추구하는 자연과 인류의 공생이라는 관점에서 친환경적으로 이루어져야 합니다.

● 우리 사회가 더 관심을 가져야 할 부분들, 미처 챙기지 못하는 부분들을 스님께서 껴안아 주고 계신다는 생각이 드는데요. 우리 사회에서 불교의 역할은 어때야 한다고 생각하십니까?

○ 중생의 고통을 덜어주는 것은 불교의 사회적 존재가치이며 다른 생명의 고통을 느낄 줄 아는 것은 자기수행의 원동력이 됩니다. 나아가 개인의 수행이 세상에 대한 이타행과 둘이 아님을 깨닫는 것이 곧 법을 깨닫는 것입니다.

배고프고 질병으로 시달리는 사람에게는, 본래 생사가 없으니 마음을 갈고 닦아서 진리를 깨달으라는 심오하고 고차원적인 설법을 해도 귓전에 스쳐지나가는 말이 되기 쉽습니다. 불교는 그들의 삶의 질을 높여주고 몸과 마음으로 느끼는 고통을 덜어주는 자비와 이타의 종교임을 확실히 보여주어야 합니다. 그래서 불자들은 남과 나를 이롭게 하는 동체대비 보살행을 생활화하고 깨달음의 사회화를 구현해야 합니다.

● 수행과 교화, 사회사업으로 늘 바쁘실 텐데, 건강관리는 어떻게 하시는지요.

○ 항상 채식으로 소식을 하며 규칙적인 식사를 한 후에는 꼭 포행을 합니다. 그리고 어떠한 대상이나 사물에 집착하지 않고 있는 그대로 받

아들이려고 노력합니다. 신문을 보면서 세상 돌아가는 일도 파악하지만 혼자 있을 때면 시심마 즉, '이 뭐꼬' 화두를 듭니다. 참선을 통해 자신의 내면에 있는 자성을 성찰하는 일에도 소홀하지 않으며 항상 여일한 마음으로 삽니다.

● 끝으로 우리가 잊지 말아야 할 덕목에 대해 한 말씀 해 주시지요.
○ 우리 지구촌에는 기아와 질병, 빈곤과 무지, 환경 파괴, 인권 탄압, 남북 분단, 사회 양극화, 국론 분열 등 우리가 안고 있는 사회적·시대적 고통이 우리의 삶과 함께 있습니다. 인간과 자연, 민족과 민족, 나와 이웃은 서로 유기적 관계성 속에서 함께 공존 공생하고 있는 한 생명입니다. 이웃의 고통은 덜어주고 즐거움은 더해주는 실천이 바로 동사섭이요, 동체대비행입니다.

불기 2552년 부처님오신날을 맞아 불자들뿐만 아니라 우리 국민들은 지역 간·계층 간·세대 간의 화합을 이룩하고 환경 보전과 생태계를 보전하며, 민족의 비원인 평화통일이 속히 성취되도록 기반 조성을 위해 노력하여야 합니다.

모든 생명을 내 몸처럼 아끼고 사랑하며 보살피는 '이타행' 즉, 나보다 더 어려운 지구촌 이웃의 고통은 덜고 기쁨을 주기 위해 애쓰며, 봉사활동과 기부, 환경을 보호하는 일, 우리 전통문화를 사랑하고 유형 무형의 전통문화재를 보호하는 일 등 사회공익적인 활동에 관심을 갖고 실천하길 바랍니다. 그러면서 자신의 내면을 성찰하고 자신의 마음으로부터 행복을 찾길 바랍니다. 감사합니다.

다른 것을 인정할 수 있어야 성숙한 사회
"한국사회의 갈등 해소를 위해서는 피차 다름을 인정해야"

「평택시사신문」에서는 '민세안재홍기념사업회'와 함께 민세상 수상자와의 특별인터뷰를 추진해 김지하 시인·조동일 서울대학교 명예교수·한영우 이화여대 이화학술원장·정성헌 한국DMZ평화생명동산 이사장 등 한국사회의 대표적 지성과의 인터뷰를 게재해 왔다. 이번호에는 제1회 민세상 사회통합부문 수상자인 송월주 스님과의 인터뷰를 통해 함께 더불어 살아가는 사회란 무엇인지 들어보는 시간을 마련했다. 민세상 수상 소감과 최근 근황, 불자로서 중생에게 전하는 제언과 한국사회에 던지는 화두를 통해 나타난 송월주 스님의 철학을 정리해 본다. – 편집자 주

● 민세상을 수상한 소감?

○ 1998년 조계종 총무원장 임기를 마치고 무엇인가 사회를 위해 봉사를 해야겠다는 생각을 했습니다. 불교에는 자비가 있고 기독교에는 사랑이 있으며 유교에는 측은지심이 있지요. 이것은 즉 사람에게는 누구나 남을 도와주고 싶은 마음이 있다는 것입니다. 그 마음을 실천에 옮기면 사람은 행복해지기 마련입니다.

제가 평소에 주장하던 것이 동체대비(同體大悲)요, 화이부동(和而不同)입니다. 이는 나와 우리뿐만이 아니라 지구촌 전체가 한 몸이요, 누구나 자신만의 주장을 가지고 있으되 양보하고 화합하는 정신입니다.

이러한 사상은 민세 선생이 60여 년 전 이미 주창했었고 저 또한 그분의 사상을 이어받고자 노력했는데 뜻밖에 평소 존경하던 민세 안재홍 선생을 기리는 상을 받게 되니 과분하다는 생각과 함께 더 분발하고 잘하라는 격려가 아닌가 여겨집니다. 상을 수상한 이후 민세 선생이 추구하던 계층과 지역의 통합, 나아가서 민족화합의 문제에 더 관심을 갖게 됐습니다.

아직은 손발을 움직일 수 있으니 '노후'는 아니지요? 정말 움직이기 어려워지면 내가 처음 출가했던 금산사에 내려가 여생을 마칠 계획이지만 그 때까지는 민세 선생의 뜻을 계속 이어나갈 생각입니다.

● 아프리카에 민세지를 만들었는데?

○ 우리나라에서도 빈곤층 문제가 있는데 사실 우리가 겪는 빈곤은 절대적 빈곤이라고 말하기 어렵습니다. 비근한 예로 단돈 1달러로 하루를 살아가는 세계인이 아직도 많고 그마저도 없어서 굶주리고 있는 사

람들이 수억 명에 달한다는 사실을 알아야 합니다.

민세지를 만든 케냐는 우리나라처럼 식민지의 아픔을 겪은 나라입니다. 우리나라는 6·25 한국전쟁 이후 20년 동안 선진국으로부터 230억 달러의 공여를 받았습니다. 덕분에 굶주림과 가난과 병든 몸을 치유하고 지금은 OECD 국가로 발전했을 뿐 아니라 수여국에서 원조국으로 바뀐 거의 유일한 나라입니다.

이런 의미에서도 우리는 헐벗고 굶주린 국가에게 도움을 주는 것이 당연합니다. 더 나아가면 꼭 도움을 받았으니 주는 것이 아닌 인간의 당연한 도리로서 그리 하는 것이 옳은 것입니다.

현대세계는 안방에 앉아 세계가 돌아가는 모습을 볼 수 있는 시대입니다. 가족과 마을과 국가를 벗어나 관심을 가질 수 있는 폭이 전 세계로 확대된 것이죠. 몰랐으면 모를까 속속들이 형편을 알게 됐으니 결국은 돕도록 되어 있는 것입니다.

과분한 수상과 더불어 상금 2000만 원을 받았는데 그 돈은 민세 선생이 주신 것이기에 그분의 뜻을 기리고 원주민들에게 한국인의 사랑을 전하기 위해 저수지를 만들어 민세지라고 명명했습니다.

● 민세는 어떤 분인가?

○ 중도가 무엇인지 꿰뚫고 있는 분이었습니다. 이데올로기를 초월해 좌우통합을 주장하였고 시장경제를 지향하면서도 분배를 논한 사회민주주의 철학을 가진 어른이었습니다.

의사결정에 있어서도 열린 마인드를 가지고 있어 리더를 뽑을 때는 선거를 통하는 것이 가장 좋다는 민주적인 생각을 가지고 있었죠.

그분이 주창하던 것이 21세기인 요즘에도 적용되는 것을 보면 참으로 미래를 내다보는 남다른 혜안을 가진 분이 아니었나 생각합니다.

지구촌이라는 말을 쓰기 시작한 것은 불과 20여 년 전인데 민세 선생은 이미 60여 년 전에 그와 같은 사상을 설파했습니다. "민족은 세계로 세계는 민족으로"를 강조한 민족주의자면서도 "나와 이웃과 인류가 하나"라는 것을 내세웠습니다. 혜초 대사가 우리나라 최초로 세계화의 문을 열고 이끈 분이었다면 민세 선생은 우리나라 최초의 세계인이었다고 말할 수 있습니다.

2003년 지구촌공생회를 설립해 국제개발협력사업을 수행해 온 지도 10년이 되었습니다. 아직은 걸음마 단계고 부족한 점도 많지만 지금 하는 일 역시 민세 선생이 생각했던 일이 아닌가 합니다.

무엇보다 민세는 편식을 하지 않는 다재다능한 지식인의 면모도 보여주었습니다. 문화인이었고 언론인이었으며 정치인이고 학자로서도 훌륭한 족적을 남겼습니다. 이런 분의 업적을 발굴하고 널리 알려 민세의 사상과 철학을 실천할 수 있는 사람이 많이 나와야 할 것입니다.

민세의 철학 중 하나는 시장경제와 대의민주주의입니다. 이러한 정신을 설파해 대한민국 건국의 토대를 만든 분이라는 것도 잊어서는 안 됩니다. 이승만·김구·김규식과 함께 민족진영을 대표하는 네 분 가운데 한 분이 민세 안재홍 선생입니다.

● 우리 사회의 갈등 해소 방법?
○ 갈등을 해소하기 위해서는 피차 다름을 인정할 줄 알아야 합니다. 이는 원효가 설파한 화쟁적 사고, 즉 갈등을 초월해 조화를 이루는 사

고, 혹은 모든 것을 인정하면서 각각 다르지만 화합할 수 있는 사고로 풀어가야 합니다. 여기서 중요한 것은 다름을 인정하더라도 하나의 원칙, 예를 들어 나라의 건국정신 같은 것은 잃지 말아야 한다는 것이죠.

그러기 위해서는 지도자들이 솔선수범해야하고 알리는 역할을 해야 합니다. 이런 점에서 새삼스레 북침이니 남침이니 말이 나오는 것이 걱정스러운 현상입니다. "아닌 것은 아니다"라고 명확히 알려줘야 합니다. 특히나 잘못된 역사교과서는 단순한 오류에 그치지 않고 민족의 혼을 갉아먹는다는 것을 알아야 합니다.

● 미군기지가 평택으로 이전하는데?
○ 지금 미군기지가 자리한 용산은 우리나라를 지배하는 외세의 거점이 되어 왔습니다. 일제의 통감부가 있었고 한국전쟁 당시 북한군 사령부도 용산에 있었죠. 그리고 바로 뒤를 이어 미군이 그곳에 자리를 잡았습니다.

이렇듯 한 나라의 수도 한가운데 외국군 사령부가 있는 것은 부적절한 것입니다. 그런 의미에서 평택으로 이전하는 사업은 잘한 것이라고 생각합니다.

우리나라는 미군의 안보에 기대면서 경제성장을 하다 보니 상대적으로 군사력이 약합니다. 현실적으로 미군 주둔이 필요하다는 말이죠. 제주 강정마을 해군기지도 같은 맥락으로 봐야 합니다. 이어도 문제 등 해상 주권 강화가 시급한 시점에서 꼭 필요한 기지입니다.

힘이 있을 때 평화가 정착됩니다. 이런 의미에서 평택시민들이 미군을 수용하고 받아들여야 한다고 봅니다. 다만, 미군들도 현지인들과 평화롭게 함께 어울릴 수 있는 방안을 만들 필요성이 있습니다. SOFA 도 개정이 필요합니다. 문제가 있겠지만 그런 불평등한 조약은 줄기차게 요구해서 고쳐나가야 한다고 봅니다.

'잘 살아보세' 대신
'올바르게 살아보세' 운동 일어나야'

"겉만 번드르르하지 윤리의식 부족하고, 도덕성도 실종돼 속은 다 비어 있는 대한민국을 완전히 리모델링해야 합니다."

월주(月珠) 스님은 지난 9일 서울 광진구 영화사(永華寺)에서 조선일보와 인터뷰를 갖고 이렇게 말했다. 2003년부터 아시아와 아프리카 등 제3세계 국가들을 돕는 지구촌공생회를 이끌고 있는 월주 스님은 "우리가 돕는 나라에서 한국은 '성공한 나라, 가보고 싶은 나라, 취업하고 싶은 나라'로 본다"며 "우리가 돕는 나라에 실망을 줘 부끄럽다"고 말했다.

그는 "세월호 참사는 우리 스스로 대단한 나라인 줄 환상에 취해 있다가 당한 일"이라며 "세계 10대 교역국에, 한류(韓流) 효과까지 있으니 준비 없이도 (사회가) 요행수로 돌아갈 줄 착각했다"고 지적했다.

그는 또 대통령 퇴진 등의 주장에 대해 "대통령이 '무한책임을 느낀다', '대안을 갖고 사과하겠다'고 했으니 우선 그 대안의 내용을 보고 부족하면 비판해야 한다는 생각"이라고 말했다.

불교 지도자 월주 스님(지구촌공생회 이사장)은 조선일보 인터뷰에서 "세월호 참사로 생긴 혼란과 갈등을 큰 거울삼아야 한다"며 "지금은 '올바르게 살아보세' 같은 정신운동이 필요하다"고 말했다.

월주 스님은 불교계의 대표적 사회운동가로 경제정의실천시민연합(경실련) 공동대표, 공명선거실천시민운동협의회 공동대표, 우리민족 서로돕기운동 공동대표 등을 지냈다. IMF 때는 김수환 추기경 등과 함께 실업극복 국민운동에 앞장서기도 했다. 현재 전북 금산사, 실상사 그리고 서울 영화사 조실(祖室)이며 '함께일하는재단'과 '나눔의 집', 지구촌공생회 이사장을 맡고 있다.

지난 2012년 만해대상을 받은 월주 스님은 상금을 전액 케냐에 '만해초등학교'를 짓는 데 기부했다.

● 세월호 참사 이후 20여 일이 흘렀지만 슬픔과 애도는 식을 줄 모른다.

○ "제가 금산사 주지(住持) 시절 서해 훼리호 침몰 사건(1993년)이 발생해서 위령제와 49재를 치러드리며 신도 500여 명과 격포 앞바다에 가서 꽃을 뿌리고 애도했던 기억이 생생하다.

그동안 얼마나 사건 사고가 많았나. 또다시 이런 참사를 겪었으니 슬퍼하고 애도하는 것이 당연하다. 불교엔 중도(中道)가 있다. 기쁠 때도 지나치게 기쁨에 빠져들지 말아야 하고, 슬플 때도 슬픔에 지나치게 끌려가지는 말아야 한다. 진심으로 슬퍼하는 가운데, 슬기롭게 이 슬픔과 고통을 극복해 나가야 한다. 희생자들도 그걸 바랄 것이다."

● 세월호 참사의 사회적 근본 원인이 무엇이라고 보나?

○ "우리 스스로 위대한 나라라는 환상에 취해 있다가 당한 것이다. 10대 교역국에 한류(韓流) 효과까지 있으니 경제뿐만 아니라 문화적으로도 대단한 줄 알고, 제대로 된 준비 없이 요행수로 돌아갈 줄 착각했다. 우리는 2차대전 이후 독립한 나라 중 가장 성공적으로 압축 성장하며 산업화·민주화·정보화를 이뤘다.

그러나 그 사이 한편에선 책임은 지지 않고 권리만 주장하는 방종(放縱)이 싹텄다. 절차와 법질서를 무시하고 목적과 성취를 위해서는 수단과 방법을 가리지 않는 풍조도 생겼다. 민주화 이후에는 시민단체 사람들이 정부와 정치권에 들어가면서 감시기능과 긴장관계도 사라졌다. 그 허실이, 그런 문제가 총체적으로 모인 것이 이번 세월호 참사다. 세월호뿐만이 아니다.

지하철 사고가 나고, 날림공사로 체육관이 무너지고, 하늘에선 북한 무인기에 뚫리지 않았나. 해상·육상·공중에서 지금 우리는 안전불감증에 안보불감증까지 겹쳐 있다. 압축 성장 과정에서 생긴 구멍들이다. 그걸 잘 메워야 한다."

● 국민은 정부, 특히 대통령에게 무한책임을 묻고 있다.

○ "사전에 부실하게 감독하고, 얼른 가서 구조하지 않고, 영역 다툼 벌이고, 실종자와 생존자 숫자도 왔다 갔다 하다가 엊그제 또 바뀌었다.

불신(不信)이 생길 수밖에 없다. 대통령은 그 위에 얹혀 있는 꼴이다. 하지만 일단 박 대통령이 사고 다음 날 진도에 내려간 것은 잘한 일이라고 본다. 또 대통령이 '무한책임을 느낀다' '대안을 갖고 사과하겠다'고 했으니 우선 그 대안 내용을 보고, 부족하면 비판해야 한다고 본다. 결국엔 유권자들이 평가할 것이다. 대통령은 계속 사과하는 자세로 수습에 진력해야 한다. 여야도 세월호 참사로 정쟁(政爭)하면 안 된다. 여야는 정치력을 회복해야 한다."

● 대통령이 말하는 대안은 어떤 것이라야 국민이 납득할 수 있겠나?

○ "'무한책임'이라 했으니 그에 걸맞게 해야 한다. 외국의 사례도 충분히 조사하고 연구해서 법과 제도를 고쳐야 한다. 개각은 총리를 위시해 책임 있는 사람, 늑장 대응한 부처의 장(長) 등 바꿀 사람을 바꾸고 능력과 전문성 있는 인재를 적재적소에 골라 맡겨야 한다. 싹쓸이 개각은 오히려 혼란이 생길 수 있을 것 같다.

그리고 전관예우, 관민 유착, 관피아 같은 문제는 공소시효 끝나지 않은 것은 모조리 조사해야 한다. 법이 물렁했는데, 조사해서 처벌할 사람은 경중을 가려 처벌해야 한다. 부조리 척결하는 데 미적거리면 안 된다. 대통령이 통치만 할 것이 아니라 정치력을 발휘해 의견을 많이 들어야 한다."

● 인터넷과 SNS에는 각종 괴담이 떠돌고 있다. 대통령 퇴진 요구도 나오고 있다.

○ "정권을 싫어하거나 비뚤어진 공명심을 가진 사람들이 괴담을 만들어 내는 모양인데, 상황을 혼란스럽게 만들 뿐이다. 서해 훼리호 사건 때도 선장이 살아있다는 이야기가 있었지만 결국 배와 함께 인양되지 않았나. 건전한 비판은 몰라도 괴담은 유가족들에게도 상처를 입힌다. 언론도 선정적인 보도를 자제해야 하고, 부정확한 정보를 옮겨 혼란을 더하면 안 된다.

대통령 퇴진은 지금 이야기할 때가 아니다. 더 큰 혼란만 온다. 먼저 수습해야 한다."

● 100만 명 이상의 국민이 분향소를 찾았고, 자원봉사자들이 진도에 줄을 이었다.

○ "거기에 희망이 있다. 이권(利權)과 이해관계에 따라 왔다 갔다 하는 사람도 있지만 그렇게 의로운 사람들이 이번에도 얼마나 많았나. 학생들은 서로 구명조끼를 입혀줬고, 박지영 같은 승무원은 (학생들에게) '먼저 나가라'고 하고 끝끝내 배를 지켰다.

참사 가운데도 그런 명암(明暗)이 있는 것이다. 지금 대한민국이 침몰할 것 같아도 그런 도덕성 가진 사람들이 위대한 대한민국을 만들어 온 것이다. 언론도 이런 부분을 많이 보도해 전화위복을 이룰 수 있는 전기(轉機)를 만들어야 한다."

● 정신개혁 운동이 필요하다는 의견도 많다.

○　"서구는 개인주의라고 하지만 권리와 함께 책임도 다하는 시민의
식으로 사회를 건강하게 키워 왔다.

　　우리나라를 비롯한 동양권 국가들은 시민의식, 책임 부분이 좀 약
한 것 아닌가 싶다. 이제 '잘 살아보세' 대신 '올바르게 살아보세' 같은
정신운동이 필요하다. 탐욕을 버리고 남을 배려하고 법질서를 지키자
는 것이다. 그러나 하향식(下向式)으로 하면 안 되고 자발적으로 일어나
도록 해야 한다. 새마을운동이나 IMF 때 금모으기운동처럼 국민 사이
에서 '올바르게 살아보세' 운동이 일어나면 좋겠다. 나도 시민사회 원
로들과 함께 '국가 재창조 국민운동'을 펼 계획이다."

평화는
이해에서 시작된다

지난 22일 경기도 광주에 위치한 '나눔의 집'을 찾은 데 이어 사회복지법인 대한불교조계종 '나눔의 집' 이사장 월주 스님을 만났다. 지구촌공생회를 통해 세계 오지를 찾아다니며 생명의 우물을 만들어 주고 있는 스님은 2년 전 16회 만해대상을 수상한 바 있다.

이번 평화대상은 스님 개인이 아니라 '나눔의 집' 단체가 받은 것이지만, 사실상 월주 스님이 만들고, 이뤄온 단체라는 점에서 의미는 크게 다르지 않다. 월주 스님은 "만해대상이라는 큰 상을 받게 돼 매우 영광스럽다"며 "그동안 '나눔의 집'을 아끼고, 후원해 준 모든 분들과 함께 하고 싶다"며 수상소감을 전했다.

"1992년에 할머니들의 이야기를 전해 들었어요. 일제 때 정신대라는 것이 있었는데, 소위 처녀공출이라고도 불렀지요. 그들은 몸을 유린당한 것이 아니라 군수공장에 끌려가 강제노동을 하고, 임금을 제대로 못 받았어요. 하지만 위안부는 몰랐어요. 치부를 숨기지 않고 적극 공개해 세계에 위안부를 알린 그 할머니들, 정말 대단한 일을 한 거예요."

월주 스님은 김학순 씨의 증언을 듣고 그들을 위해 불교가 무엇을 해야 할지 고민했다. 당시 정신대대책위원회가 문제제기와 국제여론을 환기시키는 데 주력하고 있었다.

"우리는 쉼터를 마련하겠다. 평생 가슴앓이하며 제대로 사람 대접을 받지 못한 할머니들에게 '따뜻하게 밥 한 끼 먹도록 해줘야겠다' 하고 시작한 사업이 '나눔의 집'이었어요. 처음에는 단순한 쉼터로 시작했지요. 그런데 점점 활동이 다양해지고, 찾는 사람들도 늘어나더군요. 요즘은 외국도 자주 나가 증언을 하며, 평화를 위해 많은 역할을 하고 있어요. 나는 그런 활동을 원활하게 하도록 뒷받침해 주는 역할을 했지 특별한 건 없어요."

스님은 위안부를 '여성인권 유린사건'으로 규정하며 전쟁범죄가 재발되지 않도록 무거운 배상책임을 일본에 물리고, 국제적인 법을 만드는 것이 중요하다고 지적하며 "'나눔의 집'은 이를 위한 교육도량이 되어야 한다"고 말했다.

"위안부 피해 할머니들이 사는 동안 편안하게 쉬고, 먹고 싶은 것 마음껏 먹으면서 행복을 누리기 바란다"는 월주 스님은 그동안 '나눔의 집' 건립과 운영에 도움을 준 분들의 이름을 한 명 한 명 거론했다. '나눔의 집' 건립을 위해 1억 원을 기부한 전 조계종 종정 월하 스님, 부지 구입 대금 1억 원을 선뜻 빌려준 설송 스님, 인권테마 박물관을 기부해 준 대동건설, '나눔의 집' 운영을 위해 많은 노력을 기울였던 초대원장 혜진 스님, 능광 스님, 원행 스님과 실무자들의 공로도 잊지 않고 있었다.

"'나눔의 집'에 그동안 많은 분들이 다녀갔어요. 국내 정치인은 물론이고 미국의 혼다 의원과 몇몇 하원의원들이 찾아 위안부의 실상을 보고 갔어요. 이후 미국에서 큰 도움을 주고 있어요. 일본인도 많이 찾고 있는데, 특히 청소년들이 수학여행 차 한국에 왔다가 오기도 해요. 정말 중요한 일이고, 또 고마운 일이지요."

월주 스님은 최근 '새로운 한국을 위한 국민운동' 공동대표로 추대됐다. "우리 사회가 점점 극한 대립으로 치닫고 있다. 상대를 인정하지 않는 가치관은 폭력보다 더 심한 갈등을 만들어 낸다. 다만 법 때문에 물리적 충돌이 일어나지 않고 있지만, 이런 갈등은 더욱 큰 폭발력을 갖고 있다"고 지적하고 "사회의 갈등을 극복하기 위해서는 불교의 화쟁 원리로 나서야 한다"고 말했다.

"들어보자고 하고 싶어요. 나와 다른 생각의 주장이지만, 우선 들어보자. 말도 안 되는 주장 같아도 한번 들어보자. 사회와 종교 지도자들이 '들어보자'를 실천해야 할 때입니다."

사회적 평화는 상대에 대한 이해에서 시작된다는 월주 스님은 "'나눔의 집'이 사회를 향해 말하는 것은 평화다. 우리가 평화를 위해 어떤 일을 하고 있는지 돌아봐야 한다"고 강조하고 "이번 만해대상 수상을 계기로 인권센터를 건립해 평화의 중요성을 알리는 일에 더욱 매진하겠다. 불자와 국민들의 많은 관심을 당부한다"고 말했다.

평화·인권 상징하는 일본군 위안부 보금자리 '나눔의 집'

- 제18회 만해 평화대상 수상

만해사상실천선양회가 오는 8월 12일 수여하는 만해대상 평화대상에 '나눔의 집'이 선정됐다. 평화대상 수상자로 개인이 아닌 단체를 선정하는 것은 드문 일. 왜 '나눔의 집'이 평화대상으로 선정됐을까. 일본군위안부 피해자 할머니들이 거주하며 일제의 잔혹한 인권침해를 고발해 온 '나눔의 집'은 1992년 당시 불교인권위원장이던 월주 스님이 "갈 곳조차 마땅치 않은 피해할머니들을 하루라도 따뜻한 방에서 따뜻한 밥 한 그릇 대접해야 한다"며 처음 문을 열었다. 나눔에 집의 역사에 대해 간단히 소개한다. – 편집자 주

1991년 8월, 한국사회를 발칵 뒤집어 놓은 인터뷰가 보도됐다. 김학순 할머니가 일본군에 끌려가 강제로 성노예 생활을 했다고 증언했다. 해방 후 국내에 귀국했지만, 유교적 관념이 강한 우리 사회는 그들을 외면했다. 대부분은 일제의 만행을 가슴속에 묻어놓고 '쉬쉬'하며 살았다. 하지만 김학순 할머니는 "더 이상 이를 숨겨서는 안 된다. 앞으로 이 같은 사건이 벌어지지 않기 위해서는 진상을 정확히 알려야 한다"며 일본군위안부의 실태를 고발했다.

'나눔의 집'은 이 일을 계기로 위안부 피해자 문제가 본격적으로 제기됐던 1992년, 불교인권위원회의 주도로 마련됐다. 국민의 성금을 모으고 선서화전을 통해 기금을 만들어 서울 서교동에 처음 문을 열었다. 하지만 지역주민들이 반발했다. 당시만 해도 위안부에 대한

사회적 인식이 부족했던 까닭이었다. '나눔의 집'은 3년간 혜화동, 명륜동으로 이사를 했다. 전세방을 전전하는 동안 할머니들은 '말 못할 서러움'을 겪어야 했다.

1995년 불자인 조영자 씨가 경기 광주 퇴촌면에 위치한 땅을 기증했다. 상수도보호구역이라 개발행위가 제한돼 있었지만, 거주 시설 건축은 가능했다. 그곳에 생활관 120평과 공동시설인 수련관 60평을 지어 20여 명의 할머니들이 정착했다.

이를 이끌었던 월주 스님이 조계종 총무원장으로 취임해 '나눔의 집'을 사회복지법인으로 승격시켰다. 한국정신대문제대책협의회에서 주도하는 일본대사관 앞 수요집회에도 꾸준하게 참가했다. 1998년에는 대동건설의 기증으로 세계 최초의 성노예 인권테마 박물관인 '일본군 위안부 역사관'을 개관했다. 역사관은 '나눔의 집'을 찾은 국내외 사람들에게 일제의 강제 성노예 실태를 고발하며, 평화·인권·교육의 장으로 활용됐다.

2003년 비영리민간단체로 국제평화인권센터를 등록하면서 '나눔의 집'의 활동은 한 발 더 나아갔다. 일본과 미국을 찾아 정부와 시민단체를 대상으로 위안부의 실태를 알리고, 일본의 배상을 촉구하기 시작했다. 또 전시 여성폭력에 대한 실태조사와 연구, 여성 인권보호를 위한 평화세미나와 한일청년들을 대상으로 한 평화교육 캠프도 열었다. 어느새 '나눔의 집'은 위안부의 역사와 여성인권을 상징하는 시설로 인식되기 시작했다. 각종 정치인의 방문에 이어 마이크 혼다 의원을 비롯한 미국 의원들의 방문도 이어졌다.

한국에서 위안부 진상규명 운동이 활발해지면서 일본인 위안부 피해자들도 일본 내에서 목소리를 내기 시작했다. 일본인으로서 일제의 성노리개로 전락했던 여성들이 모임을 결성하고, '나눔의 집' 할머니들을 일본으로 초청해 진상을 공유하게 된 것도 중요한 성과로 꼽힌다. 또 중국을 비롯한 동남아시아의 피해 여성들이 당당하게 피해를 증언하게 된 것도 '나눔의 집'의 활동에서 촉발됐다.

시간이 흐르면서 위안부 할머니들이 한 분, 두 분 세상을 등졌다. 남은 분들의 건강도 눈에 띄게 악화됐다. 이에 '나눔의 집'은 무료양로시설로 전환하고 집중치료실과 전문요양시설로 개축했다.

한국정신대문제대책협의회(대표 윤정옥) 주관으로 일본 대사관 앞에서 매주 수요일 여는 집회가 지난 7월 23일로 1,136회를 맞았다. 하지만 일본은 아직도 묵묵부답이다. 때때로 망언을 쏟아낸다.

'나눔의 집'은 국민의 성금을 모아 추모관과 인권센터를 건립한다는 계획이다. 여성가족부의 지원금과 성금을 합해 건립되는 추모관은 국내 위안부 여성들의 자료와 '나눔의 집'을 거쳐 간 할머니들의 유품을 보관하게 된다.

또 만해대상 상금을 비롯해 방송인 유재석 씨 등이 보낸 성금을 바탕으로 건립예정인 인권센터는 인권과 평화·역사의 교육장으로 활용하게 된다. 안신권 '나눔의 집' 소장은 "'나눔의 집'을 찾는 사람들이 연간 1만여 명이 넘는다. 이 가운데 외국인이 3,000여 명에 이른다"며 "인권센터는 주말과 방학을 이용한 학생들의 평화캠프를 운영하고, 다양한 인권문제를 조사·연구하는 시설로 활용될 것"이라고 말했다.

위안부에 대한 실태가 사회에 고발된 지 24년의 시간이 흘렀다. 그리고 '나눔의 집'은 그들의 아픔을 껴안으며 22년의 시간을 지켜왔다. 현재 국내에는 40명(2016. 6. 30. 기준)의 위안부 피해 할머니들이 생존해 있다. '나눔의 집'에 11명이 거주하며, 일본의 사죄와 배상을 요구하고 있다. 다시는 비인간적인 행위가 일어나지 않기를 바라는 마음에서다.

●

연합뉴스 '송년 인터뷰'

2014년 12월 15일. 이희용 기자

"자비심 있으면 대화 못할 상대나
껴안지 못할 상대 없어"

조계종 총무원장을 두 차례 지내며 활발한 대외 활동을 펼친 송월
주(宋月珠) 스님은 불교계에서는 NGO 운동의 대부이자 사회 참여의 아
이콘으로 꼽힌다.

한때는 천주교의 김수환 추기경, 개신교의 강원용 목사와 함께 '종
교 지도자 삼총사'로 불리며 북한 돕기와 실업 극복 운동 등을 이끌고
각종 사회 현안에 관해 대국민 메시지를 던졌다.

그런 그가 2000년대부터는 해외로 눈을 돌려 빈곤국의 어려운 이
웃을 돕는 데 앞장서고 있다. 그가 창설한 국제구호단체 지구촌공생회
(地球村共生會)는 올해로 활동 10년을 맞았다.

캄보디아와 케냐 등지의 오지 마을에 판 우물이 2천 기를 넘어섰으며 라오스와 미얀마 등지의 벽촌에 지어준 교육 시설도 50곳에 이른다. 지구촌공생회는 이제 불교계 해외봉사단체의 선두주자이자 국내의 대표적인 국제개발협력 NGO로 성장했다.

한 해를 마무리하는 시점에서 빈곤과 기아 등 지구촌 저개발의 문제와 빈부·이념·세대 간 갈등을 해결할 수 있는 지혜를 얻고자 11일 오후 서울 광진구 구의동의 영화사(永華寺)를 찾았다. 회주실(會主室)에서 다탁(茶卓)을 사이에 두고 마주한 월주 스님은 팔순의 나이답지 않게 꼿꼿한 자세와 카랑카랑한 목소리로 세 시간 가까이 열변을 토했다.

"벽암록(碧巖錄)에 '천지여아동근(天地與我同根) 만물여아동체(萬物與我同體)'란 말이 있습니다. 세상은 나와 더불어 한 뿌리이고 모든 존재 역시 나와 더불어 하나라는 뜻이지요. 동체대비(同體大悲) 사상에 기반을 두어 자비의 종교라고 불리는 불교계가 이웃 종교보다 국제구호 운동에 뒤처진 것은 부끄러운 일입니다. 국가와 민족, 인종과 언어, 종교와 문화, 이념과 사상의 차이를 뛰어넘어 돕는 것이 글로벌 시대를 살아가는 우리의 의무입니다."

그는 정치적·이념적 갈등이 갈수록 깊어져 혼란을 겪는 세태에 관해서도 안타까운 심경을 털어놓았다.

"세월호를 둘러싼 대립과 갈등 탓에 이른바 '김영란법'을 위시한 정치·경제 개혁 입법들이 6개월 동안 묶이는 바람에 역사 발전이 지체

되고 막대한 재화의 손실을 봤다"면서 "원효 대사가 설파한 화쟁(和諍) 정신에 따라 각기 다른 생각과 견해들이 조화롭게 공존하는 가운데 해결책을 찾아나가야 한다"고 역설했다.

다음은 일문일답을 간추린 것이다.

● 국내 현안 해결과 북한 돕기 등에 나서다가 해외로 눈을 돌린 계기가 궁금하다.

○ 북한 동포를 돕기 위해 1996년 설립한 우리민족서로돕기운동에는 처음부터 상임대표로 참여했다. 북한이 미사일을 발사하고 핵실험 준비에 나서자 북한 돕기가 논란에 휩싸였다. 김대중 정권 때 보내준 쌀과 달러가 무기로 되돌아왔다는 주장이 제기된 것이다. 그래서 지구촌 빈곤국가로 눈을 돌려 지구촌공생회를 만들었다. 세계 65억 인구 가운데 단 1달러로 하루를 살아가는 사람이 9억 명에 달한다고 한다. 원조로 굶주림을 해결하고 경제개발을 이룬 우리가 이제는 지구촌의 어려운 이웃에게 손을 내밀어야 한다. 2003년 10월 발의한 뒤 이듬해 2월 보건복지부 인가를 받아 사단법인으로 출발했다. 그해 3월 캄보디아에 지부를 개설하고 빈민촌 지원사업을 시작했다.

● 이제 북한 돕기에는 반대하는가.

○ 인도적 지원은 해야 한다. 다만 투명성이 전제돼야 한다. 지구촌공생회도 북한 결핵 아동을 돕고 있고 자연재해나 식량 위기 등이 발생하면 긴급구호에 나선다.

● 처음 해외 봉사에 뜻을 두었을 때의 목표가 어느 정도 이뤄졌다고 보는가?

○ 불교계 인사들이 참여해 만든 국제구호단체는 지구촌공생회가 처음이다. 월드비전이나 굿네이버스 등은 역사도 오래됐고 규모도 훨씬 크다. 아직 갈 길이 멀다. 해외 지부는 캄보디아·라오스·몽골·미얀마·네팔·케냐 6곳이다. 우물·펌프·물탱크 등을 설치해 주고 학교·유치원·청소년센터 등을 지어 줬다. 몽골·케냐에는 농장을 만들었고 캄보디아에서는 지뢰 제거 사업을 펼쳤다. 우리에 이어 불교계에 국제구호단체가 10곳을 헤아리게 됐다. 여기까지 오는 동안 도와준 후원자들과 봉사자들에게 감사드린다.

● 대상 지역이 불교 국가라는 점도 감안했는가?

○ 외국 방문길에 나서는 혜진 스님에게 현지 조사를 부탁했다. 라오스나 캄보디아의 사진을 보니 6·25 전후 끼니를 잇기 어렵던 예전 우리 모습이 그대로 있었다. 나도 현지를 답사한 뒤 이곳부터 시작해야겠다고 결심했다. 종교를 따진 것은 아니다. 추가로 지부 설치를 검토하는 나라가 방글라데시와 인도네시아다. 이들은 이슬람 국가다.

● 해외 봉사 과정에서 종교 문제로 갈등을 빚는 사례가 종종 있다. 지구촌공생회는 포교도 하는가?

○ 이웃 종교의 사례를 언급하기는 조심스럽지만 선교 활동을 하다가 현지 당국에 적발돼 성물(聖物)을 빼앗기는 일도 있었다. 우리는 종교를 내세우지 않는다. 절을 짓거나 종교 행사를 열지도 않는다. 또 한국국

제협력단(KOICA·코이카)과 협력 사업을 하면 그렇게 할 수도 없다.

● 지구촌공생회의 브랜드는 우물인 것 같다.

○ 선행 가운데 목마른 이에게 물을 주는 급수공덕(給水功德)이 으뜸이라고 한다. 빈곤국에서는 빗물을 받아 식수와 생활용수로 쓰는 곳이 적지 않다. 가뭄 때는 오염된 웅덩이의 물을 마시다가 배탈이 나기도 하고 피부 질환이나 수인성 질병에 시달린다.

지난해 10월 캄보디아에서 우물 2천 기 돌파 기념식을 치렀다. 몽골의 13기까지 합치면 2천181기로 불어났다. 케냐에는 핸드펌프를 15기 설치해 맑은 물을 마실 수 있도록 했다. 미얀마에도 물탱크 15기를 기증했다. 우리는 사전 조사와 사후 관리를 철저히 한다. 20가지 수질 검사를 해 식수에 적합한지, 생활용수로 쓸 만한지 꼼꼼히 따진다. 우물 개발 이후에도 수질을 정기적으로 점검해 문제가 생기면 더 깊이 파주거나 이용을 제한한다. 그곳에서는 펌프가 고장 나면 부품을 구하기도 어렵다. 코이카 캄보디아 사무소도 우리를 믿고 우물 개발과 수질 검사를 맡겼다.

● 국내에서 복지활동에 나설 때와는 또 다른 보람을 느끼겠다.

○ 남을 도와준다는 것을 의식하거나 대가를 바라면 안 된다. 무주상보시(無住相布施) 정신이다. 그러나 현지 주민들이 좋아하고 고마워하는 모습을 보면 흐뭇해지고 뿌듯해진다. 우리에게 야자를 따와서 건네고 음식을 만들어 먹어보라고 권한다. 함께 따라간 분 가운데서도 주민들의 모습을 보고 국제구호운동에 발심한 분이 많다. 나도 해외 현장에

가면 강행군을 해야 하는데 하나도 힘든 줄 모른다.

● 스님은 1994년 개혁종단을 이끌면서 '깨달음의 사회화'를 주창했다. 그래도 최근까지는 불교계가 개신교나 천주교는 물론 원불교에 견줘서도 복지나 봉사 등에 소극적이라는 지적을 받았다.

○ 대승불교 경전에는 다 있다. 육바라밀(六波羅蜜) 가운데서도 보시(布施)가 첫째다. 『화엄경(華嚴經)』「보현행원품(普賢行願品)」에도 널리 공양(供養)하고 공덕을 회향(回向)하라는 내용이 나온다. 그런데도 승가(僧伽)에서는 세상과 떨어져 깨끗하게 살며 수행하는 생활을 최고로 여기고 있고, 불자(佛子)들은 기도와 기복이 전부인 것처럼 잘못 알고 있다. 관념에만 매달려 옳다고 생각하면서도 실천하지 않는 것이다. 동남아 국가의 불교는 개인 수행을 중시하는 소승불교의 전통을 이어왔는데도 어려운 사람을 돕는 게 체질화돼 있다.

● 결혼이주여성이나 이주노동자 등 국내 거주 외국인이 150만 명을 넘어섰고 다문화가정도 갈수록 늘어나고 있다. 이들과 함께 어울려 살아가려면 어떤 지혜가 필요한가?

○ 우리 동포도 중국·러시아·일본·미국 등지에서 이미 겪은 일이다. 이들이 절대빈곤에서 벗어나도록 도와주는 것이 급선무다. 이들이 공동체의 일원으로 건강하게 살아갈 수 있어야 한다. 자칫 잘못하면 지역감정 이상의 갈등 요인이 될 수도 있다. 서로 다른 가치관과 문화를 인정하고 공존하려는 자세를 가져야 한다.

● 스님은 일본군 위안부 할머니들의 보금자리인 '나눔의 집' 이사장도 창립 때부터 맡아왔다.

○ 1992년 할머니들의 이야기를 전해 듣고 '평생 가슴앓이 하며 제대로 사람 대접을 받지 못한 할머니들이 따뜻한 밥 한 끼 편안하게 먹을 수 있도록 해줘야겠다'고 생각해 독지가가 내놓은 땅에 '나눔의 집'을 지었다. 미국의 혼다 하원의원도 이곳에서 위안부의 실상을 보고 돌아가 도움을 주고 있다. 일본인도 많이 찾는다. 수학여행 길에 들르는 일본 청소년도 있다. 위안부 문제는 여성 인권 유린 사건이다. 전쟁범죄가 재발하지 않도록 일본에 무거운 배상책임을 물리고 국제법도 만들어야 한다. CIA의 고문 보고서가 미국의 치부를 드러냈지만 이를 공개한 용기가 오늘날의 미국을 있게 만든 것이다.

● 야권 인사들과 가깝게 지내고 진보적 행보를 보여 오다가 최근 들어 세월호 협상이나 통합진보당 해산 심판 등에 관해 보수 진영과 비슷한 목소리를 내고 있다. 지난 5월에는 보수 인사들과 '새로운 한국을 위한 국민운동'을 결성했다. 가치관이 바뀐 것인가?

○ 난 중도파다. 북한 문제에 관해 바뀐 생각을 얘기하다 보니 진보에서 보수로 한 걸음 옮겼다고 말하는 이들이 있다. '새로운 한국을 위한 국민운동'은 보수단체가 아니라 극우나 종북 빼놓고는 모든 사람이 대화하자고 하는 모임이다.

● 가깝게 지내던 강원용 목사와 김수환 추기경이 각각 2006년과 2009년 세상을 떠났다. 외롭다고 느끼지는 않는가?

○ 두 분 모두 내게는 10여 년 연상인데 20년 지기처럼 가깝게 지냈다. 두 분은 남의 종교 이야기는 하지 않는다. 강 목사는 진보 인사이면서도 정당에는 참여하지 않았다. 김 추기경은 프랑스 함대를 보내 조선 정부에 압력을 넣어달라고 한 황사영 백서사건, 3·1운동 때 천주교가 33인에 참여하지 않은 것, 신사참배를 거부하지 않은 것에 대해 한국 천주교의 이름으로 사과했다. 존경하던 두 분이 안 계시니 외롭다는 생각이 들 때가 많다.

● 올해로 법랍(法臘) 60년을 맞았다. 세수(世壽)로는 내년에 구순을 바라본다는 망구(望九·81세)가 된다. 건강은 어떻게 유지하는지 궁금하다.

○ 지난해 말부터 1년 동안 8차례나 외국을 다녀왔다. 비행기 타도 끄떡없고 봉사 현장을 방문하고 오면 몸이 더 좋아지는 느낌이다. 내게는 잠이 보약이다. 늦게 자면 늦게 일어나고 일찍 자면 일찍 일어난다. 낮잠도 꼭 잔다. 잠을 청하면 금세 잠이 든다. 한강변 산책을 즐기고 반신욕도 한다. 신문과 TV 뉴스를 보는 데 하루 두 시간은 소비한다. 각계 인사들과 대화를 나누려면 세상 돌아가는 이야기를 알고 있어야 한다. 아침에 일어나자마자 화두(話頭)를 들고 흩어진 생각을 정리한다. '이뭣고'를 골똘히 생각하면 구방심(求放心), 즉 달아난 마음을 찾게 된다. 화두는 자기 전에도, 차 안에서도 든다. "행주좌와(行住坐臥) 어묵동정(語默動靜)에 간단(間斷)없이 정진(精進)하라"는 만공(滿空) 스님의 말대로 바쁜 중에도 수시로 참선하려고 한다.

● 이제 얼마 지나면 2015년 새해를 맞는다. 신년 덕담을 한마디 해

달라.

○   을미(乙未)년은 청양(靑羊)의 해다. 양은 이해심 많고 마음이 넓어
어디서든 잘 융합되는 동물이라고 한다. 양의 마음으로 온 국민이 화합
하고 통합했으면 좋겠다. 신도들에게 신년 선물로 줄 다포(茶布)에 '발
고여락(拔苦與樂)'이라는 글씨를 새겼다. 고통을 없애고 즐거움을 준다
는 뜻이다. 자비는 어떤 가치보다 소중하다. 자비심이 있으면 대화를
못할 상대가 없고 껴안지 못할 상대가 없다. 연말연시를 맞아 주변에
가난하고 외롭고 고통 받는 이웃이 없는지 한 번쯤 둘러보기 바란다.

태공 월주 큰스님 행장

1935.	전북 정읍 출생
1947.	산외초등학교 졸업
1950.	서울 중동중 졸업
1954.	법주사에서 금오 스님 계사로 사미계 수지
1955.	정읍농고 졸업
1956.	화엄사에서 금오 스님 계사로 비구계 수지
1961.~1974.	금산사 주지
	전북 종무원장. 재단법인 전북교원 이사장
	금산 상업중·고등학교 이사장
1965.~1967.	학교법인 대승학원 이사장
1966.~1981.	대한불교조계종 제2~7대 중앙종회 의원
1968.~1974.	학교법인 동국학원(동국대) 이사
1969.	동국대 행정대학원 수료
1970.~1973.	대한불교조계종 총무원 교무부장
1971.	한국종교인협의회 총무
1973.	대한불교조계종 총무원 총무부장
1978.	대한불교조계종 제5대 중앙종회 의장
1980.4.~11.	대한불교조계종 제17대 총무원장
1980.~2012.	금산사 회주
1981.~2012.	영화사 회주
1982.~1985.	LA 반야사 회주
1988.	10·27 법난 진상규명추진위원회 대표
1988.6.~1990.6.	지역감정해소 국민운동협의회 공동의장
1989.7.~1997.	경제정의실천시민연합 공동대표

1990.~1995.	공명선거실천시민연합 상임공동대표
1994.~1998.	대한불교조계종 제28대 총무원장
1995.~1998.	한국불교종단협의회 회장
1995.~1998.	학교법인 승가학원(중앙승가대학교) 이사장
1996.	원광대 명예철학박사 학위
1996.~2006.	우리민족서로돕기 상임공동대표 겸 이사장
1996.~1998.	한국종교지도자협의회 공동대표의장 겸 이사장
1998.	중동고등학교 명예졸업
1998.~2000.	대통령국토통일고문회의 고문
1998.~2003.	실업극복국민공동위원회 공동위원장
1998.~현재	사회복지법인 나눔의 집 이사장
2000.6.	국민훈장 모란장 수훈
2003.~2007.	(재)실업극복국민재단 함께일하는사회 이사장
2004.~현재	(사)지구촌공생회 이사장
2005.	대한불교조계종 포교대상 수상(종정상)
2006.~현재	(재)함께일하는재단 이사장
2009.3.	대통령 자문 국민원로회의 위원
2010.11.	제1회 민세(안세홍 선생)상 수상
2011.	국민훈장 무궁화장 수훈
2012.	만해대상(평화부문) 수상
2016.	중앙승가대학교 명예문학박사 학위
2016.4.	제26회 여의대상 길봉사상 수상
2012.4.~현재	금산사, 영화사, 실상사 조실

세간과
출세간이

둘이
아니다

초판 1쇄 인쇄 ┃ 2016년 9월 18일
초판 1쇄 발행 ┃ 2016년 9월 24일

지은이 ┃ 송월주
펴낸이 ┃ 윤재승
펴낸곳 ┃ 민족사

주간 ┃ 사기순
기획편집팀 ┃ 사기순, 최윤영
영업관리팀 ┃ 김세정
사진 ┃ 김묘광
디자인 ┃ 쿠담디자인

출판등록 ┃ 1980년 5월 9일 제1-149호
주소 ┃ 서울 종로구 삼봉로 81 두산위브파빌리온 1131호
전화 ┃ 02)732-2403, 2404 • 팩스 ┃ 02)739-7565
홈페이지 ┃ www.minjoksa.org
페이스북 ┃ www.facebook.com/minjoksa
블로그 ┃ blog.naver.com/minjoksabook
이메일 ┃ minjoksabook@naver.com

ISBN 978-89-98742-68-3 (03220)